GUIDE VALLOT

LA CHAÎNE DU MONT-BLANC

GUIDE VALLOT

LA CHAÎNE DU MONT-BLANC

SÉLECTION DE VOIES PRÉSENTÉE PAR FRANÇOIS LABANDE

2

A l'est du col du Géant

ARTHAUD

ISBN : 2-7003-0568-X. Imprimé en France.

Avertissement

La nouvelle édition du guide Vallot, « sélection d'itinéraires », comporte deux tomes, dont les titres sont respectivement I, à l'ouest, et II, à l'est du col du Géant.

Les considérations générales sont développées en introduction au premier tome, elles sont valables pour l'ensemble de la chaîne du Mont-Blanc et ne seront pas répétées ici. On y trouve notamment les informations concernant la manière d'utiliser le guide Vallot, et plus particulièrement la définition de l'échelle des difficultés, dont les symboles sont rappelés ici.

Les autres informations contenues dans cette introduction au premier tome concernent la sélection des itinéraires, le découpage du guide et le plan descriptif, les cartes à utiliser, puis des précisions sur la description des itinéraires, les horaires indiqués et le matériel à utiliser, enfin des renseignements pratiques sur le secours en montagne, les offices de renseignements, les compagnies de guides et les services de météorologie.

Échelle des difficultés

Passages d'escalade libre	Difficulté d'ensemble	Signification
I	F	facile
II	PD	peu difficile
III	AD	assez difficile
IV (IV−, IV, IV+)	D (D−, D, D+)	difficile
V (V−, V, V+)	TD (TD−, TD, TD+)	très difficile
VI (VIa, VIb, VIc)	ED (ED−, ED, ED+)	extrêmement difficile
VII (VIIa, VIIb, VIIc)	EX (EX−, EX, EX+)	exceptionnellement difficile

SITES D'ACCÈS

FRANCE

Chamonix (vallée de l'Arve) 1 040 m

Voir le premier volume.

Aiguille du Midi 3 795 m (station)

Voir le premier volume.

Pointe Helbronner 3 462 m

Voir le premier volume.

Le Montenvers 1 913 m

Voir le premier volume.

Le Lavancher (vallée de l'Arve) 1 217 m

Hameau de la commune de Chamonix, rive gauche de l'Arve, situé entre Chamonix et Argentière, au-dessus des Tines et en bordure de la route nationale.

Argentière (vallée de l'Arve) 1 244 m

Village de la commune de Chamonix, à 8 km de Chamonix par la route ou par le train. Arrêts de la ligne Chamonix-Bus aux Chosalets et à Argentière. Départ du téléphérique des Grands Montets, près du hameau des Chosalets.

Lognan 1 973 m

Station intermédiaire du téléphérique des Grands Montets (voir ci-dessous). Sentiers d'Argentière à Lognan (1 h 45).

Aiguille des Grands Montets 3 295 m

Station supérieure du téléphérique Argentière-Lognan-les Grands Montets.

Téléphérique ouvert de décembre à Pentecôte et de fin juin à début septembre. Première benne à 7 h 30 en hiver et au printemps, plus tôt en été (se renseigner). Tél. 50.54.00.82 (gare de départ).

La station supérieure est reliée par des escaliers au col des Grands Montets. Le bivouac n'est pas autorisé à l'intérieur des installations.

Pour accéder au col des Grands Montets lorsque le téléphérique ne fonctionne pas, remonter la piste du Point de Vue qui utilise la rive gauche du glacier des Rognons (3 h de Lognan).

« La Pendant » 2 770 m env.

Gare d'arrivée de la télécabine de la Pendant, partant de Lognan. Fonctionne aux mêmes dates que le téléphérique. A pied, 2 h de Lognan.

Le Tour (vallée de l'Arve) 1 453 m

Village de la commune de Chamonix, accessible par la route depuis Argentière (3 km). Arrêt de la ligne Chamonix-Bus. Station SNCF à Montroc (à 1 km du Tour).

Départ de la télécabine pour Charamillon et Balme.

Charamillon 1 848 m

Station intermédiaire de la télécabine de Balme. Sentier depuis le Tour (1 h).

Balme 2 186 m

Station supérieure de la télécabine le Tour-Charamillon-Balme, située au S du col de Balme, versant français.

La télécabine fonctionne durant la période de la saison de ski, et au cours de l'été. Tél. 50.54.00.58.

ITALIE

Tunnel du Mont-Blanc

Voir le premier volume.

Courmayeur 1 226 m

Voir le premier volume.

La Palud (val Ferret) 1 360 m env.

Voir le premier volume.

Mont Fréty 2 174 m

Voir le premier volume.

Station du col du Géant 3 322 m

Voir le premier volume.

Val Ferret italien

En amont de la Palud, la route du val Ferret italien traverse plusieurs hameaux, d'où partent des sentiers de refuges :

Planpincieux (1 564 m) ;
Tronchey (1 367 m) ;
La Vachey (1 642 m) et Fréboudze (1 650 m) ;
Arnuva (1 769 m), à 12 km de la Palud.

La route s'achève au niveau du restaurant d'Arnuva ; parking 200 m en amont par une route de terre.

Services de cars en été, de Courmayeur à Arnuva.

En hiver, la route du val Ferret italien n'est pas dégagée.

Orsières (val d'Entremont) 901 m

Commune accessible par la route ou par le train depuis Martigny (15 km env.) ; située sur la route du Grand-Saint-Bernard communiquant avec l'Italie, au confluent du val d'Entremont avec le val Ferret suisse.

Val Ferret suisse

La route du val Ferret suisse, à partir d'Orsières, traverse plusieurs hameaux, d'où partent des sentiers de cabanes :

Som la Proz (968 m), Issert (1 055 m) ;
Praz de Fort (1 151 m)
La Fouly (1 592 m) ;
Ferret (1 700 m), à 13 km d'Orsières.

La route s'achève près des Ars-dessous : parking près d'un pont sur la Drance de Ferret, 1 775 m, à 1 km de Ferret.

Cars postaux d'Orsières à Ferret.

En hiver, la route est déneigée jusqu'à la Fouly.

Champex 1 477 m

Village et station de villégiature situé au-dessus du val Ferret suisse (rive gauche), au bord d'un lac. Accessible par la route depuis Orsières, à 10 km ; services de cars postaux.

A l'extrémité W de la station, départ du télésiège de la Breya.

« La Breya » (Grands Plans, 2 188 m)

Station supérieure du télésiège partant de Champex.

Télésiège ouvert en saison de ski, et durant l'été.

Col de la Forclaz 1 526 m

Entre Martigny et Trient, sur la route de Martigny à Chamonix, à 15 km de Martigny. Services de cars postaux.

ÉCOLES D'ESCALADE

De nombreuses écoles d'escalade ont été équipées dans les vallées d'accès à la chaîne du Mont-Blanc ; certaines sont de véritables falaises. Les plus nombreuses sont situées en bordure de la route Chamonix-Vallorcine.

Seront décrites ici les principales écoles du massif, y compris celles qui dépendent géographiquement du premier volume.

Les Contamines

Petite école située au-dessus du chemin du chalet-hôtel de Trélatête, à 45 mn du parking du Cugnon.

Saint-Gervais

Petite école d'initiation située dans le parc de la station thermale (voies d'une longueur).

Les Gaillands

La plus ancienne et la plus célèbre des écoles de la vallée de Chamonix, la plus fréquentée aussi.

Falaise située en bordure de l'ancienne route nationale, face au lac des Gaillands, rive droite de la vallée à 2 km à l'W de Chamonix. Orientation SE.

Une cinquantaine de voies d'une ou 2 longueurs, du III au V+ avec quelques voies plus dures. Gneiss très patiné.

Topo en vente à l'OHM et à Sports Alpins (Chamonix-Sud).

Pierre d'Ortha

Gros bloc (6 m env.) situé dans un terrain de camping sur la rive gauche de l'Arveyron, 2 km au NE de Chamonix : accès par la route de Martigny que l'on quitte à droite après le bois du Bouchet (panneau Orthaz).

Une dizaine de passages principaux, la plupart très durs. Granit.

Dalles de l'Arveyron

Falaise de 50 m de haut, rive droite de l'Arveyron. Accessible depuis le Lavancher : traverser le village en voiture (parking à l'extrémité de la route) et poursuivre 10 mn par le chemin du Chapeau ; un sentier descend vers l'Arveyron et mène au pied des dalles. Orientation SSW.

10 voies de 2 longueurs, du IV au VIIa, moyennement protégées ; rappels équipés. Gneiss.

Dôme du Chapeau

Falaise de 90 m, rive droite de l'Arveyron. Accessible depuis le Lavancher (voir Dalles de l'Arveyron) par le chemin du Chapeau jusqu'au-delà de la cascade du couloir du Chapeau ; 50 à 100 m après cette cascade, un sentier descend vers le sommet du Dôme du Chapeau, repérable par un arbre. Cet arbre marque le départ des rappels par lesquels on atteint la base de la falaise (seul accès possible actuellement). Orientation SW.

Une dizaine de voies de 2 à 4 longueurs, très bien équipées, AD à ED (maximum VIc). Gneiss, escalade en dalles. Voir « le topo du massif du Mont Blanc » (M. Piola) et Alpi Rando n° 79.

Dalles de la Joux

Également appelées « Plaques Bellin ».

Falaise en 3 parties, de 30 à 80 m de haut. Située rive droite de l'Arve, près du hameau de la Joux (au S d'Argentière, arrêt SNCF). 10 mn de sentier depuis la Joux. Orientation ESE.

Une dizaine de voies de 1 à 3 longueurs, de difficultés très inégales, parfois intéressantes (certaines en artif) ; niveau IV à VIIa. Se munir de plaquettes et boulons pour les voies d'artif.

Aiguillette d'Argentière 1 893 m

Ancienne école peu à peu abandonnée ; intéressante pour l'initiation.

Deux monolithes accolés, situés en bordure du sentier du tour du Mont-Blanc, face au téléphérique des Grands Montets ; accessible par ce sentier en 1 h depuis Tré le Champ.

Escalades de 1 à 3 longueurs, du III au V+ (une dizaine de voies d'intérêt inégal).

Dalles des Chéserys

C'est l'appellation traditionnelle ; elles sont aussi appelées « Dalles de la Remuaz ».

Situées en bordure du sentier du tour du Mont-Blanc, juste au-dessus d'Argentière ; accessibles par ce sentier en 1 h depuis Tré le Champ.

Elles sont hautes de 120 m et présentent une demi-douzaine de jolies voies, avec équipement de base (prendre des coinceurs). Orientation SE.

Les difficultés sont modérées (AD/D), il s'agit donc d'une très bonne école d'initiation. Gneiss glissant par temps humide. Descente en quelques rappels dans un couloir au milieu des dalles.

Col des Montets

Belle école de blocs, très fréquentée.

Située rive droite du vallon supérieur du col des Montets (versant Argentière), à proximité de la route. Parking juste de l'autre côté de la route, face au sentier qui conduit aux blocs. D'autres blocs sont situés plus près du col des Montets.

Aucun équipement, aucun balisage. On trouve un bon nombre de passages de difficultés variées (rarement fortes). Les chutes sont dans l'ensemble assez bonnes. Le rocher (gneiss) est patiné en certains endroits.

Le Buet

École aménagée par l'UCPA d'Argentière, également appelée « Dalle de Vallorcine ».

Falaise en 2 parties dont une dalle de 80 m. Située rive droite de l'Eau Noire, entre le hameau du Buet et Vallorcine : cette épaule rocheuse est très visible de la route. Accessible en 15 mn de la gare de Vallorcine : longer le terrain de foot et suivre un sentier montant dans un petit bois. Il existe un autre chemin partant du hameau du Buet. Orientation W.

7 voies de 2 à 3 longueurs dans la dalle ou en bordure (dièdres) ;

difficultés du IV/IV+ au V+/VIa. Sur la droite une zone facile est équipée pour les débutants. Descente en rappel ou par un sentier sur la gauche de la falaise. Granit.

Barberine

Falaise de dalles inclinées de 60 m. Située en territoire suisse, au-dessus du hameau français de Barberine (à l'W du poste de douane du Châtelard). Accès de ce hameau, par un sentier traversant le torrent de Barberine et montant en forêt sur la rive gauche du torrent jusqu'en vue des dalles (20 mn). Orientation ESE.

4 voies de 2 longueurs en IV+/V, bien équipées. En dehors des voies, le rocher est couvert de lichens. Escalade à base d'adhérence. Descente par un sentier terreux.

Dans la même région est située une autre falaise accessible par Finhaut (3 voies de 2 longueurs, du V+ au VIIa).

Courmayeur

Une importante falaise, située en amont de Courmayeur, rive gauche et au-dessus de la route principale conduisant au tunnel, est équipée et offre de nombreuses voies. Se renseigner à la Société des Guides de Courmayeur.

La Fouly

École d'escalade équipée par les guides de la Fouly. Se renseigner sur place.

Dalle de l'Amône

Magnifique paroi de dalles, située rive gauche du val Ferret suisse, à proximité de la route, non loin des chalets de l'Amône, un peu en aval de la Fouly.

La falaise est haute de presque 400 m, c'est donc plus qu'une simple école. Elle est parcourue par une voie TD+, soutenue dans la partie médiane (pas de VIa). L'escalade est fine, exposée (points d'assurage espacés) ; encordement 45 m indispensable. Il est déconseillé d'y aller par temps incertain : gros danger en cas d'orage ou à la fonte des neiges.

La voie attaque à droite de la traînée blanche descendant à l'aplomb de la goulotte sommitale, puis se développe le long de cette traînée. La descente s'effectue en longeant les bords de la dalle par la droite. Orientation ESE.

REFUGES, BIVOUACS ET CABANES

La presque totalité des refuges (cabanes en Suisse) mentionnés ci-après sont gardés en saison, c'est-à-dire en principe du 1er juillet au 10 septembre (dates susceptibles de varier). On peut y trouver des repas cuisinés. Une salle (ou un coin) réchauds est en général aménagée, avec eau à proximité. Les bivouacs ne sont pas gardés. Sauf indication contraire, tous les refuges, bivouacs et cabanes sont équipés de matelas et couvertures.

VERSANT FRANÇAIS

Hôtel du Montenvers 1 909 m

Privé. 120 places en chambres et dortoirs. Ouvert et gardé en été. Tél. 50.53.00.33.

Situé sous la station supérieure du chemin de fer du Montenvers.

Refuge du Requin 2 516 m

CAF Paris. 80 places. Gardé en été, et à certaines périodes au printemps. Tél. 50.53.16.96.

Situé sous la face E de la Dent du Requin, au sommet d'un rognon rocheux dominant la rive gauche du glacier du Tacul.

1. En été : du Montenvers, suivre le sentier des refuges en laissant à gauche celui de la grotte de glace, et traverser au-dessus de la Mer de Glace (20 mn). Suivre la rive gauche de la Mer de Glace (sentier, cairns, névés) jusque sous le débouché du vallon issu du col de la Bûche (20 mn).

Prendre pied sur la Mer de Glace et la traverser (cairns) jusqu'à la moraine centrale (bidon jaune). Remonter la Mer de Glace en son centre, puis se rapprocher de la rive gauche pour l'atteindre à la base des grandes dalles sous l'Envers des Aiguilles (marques vertes). Suivre la rive gauche, et parfois le glacier lui-même, jusqu'au pied de la barre rocheuse au sommet de laquelle est édifié le refuge (abord délicat en fin de saison, crevasses). Remonter cette barre rocheuse (échelles métalliques, sentier, marques vertes) jusqu'au refuge. 3 h du Montenvers.

En hiver : suivre l'itin. 4 jusqu'au débouché des séracs du Géant et traverser à gauche vers le refuge. 1 h à ski depuis l'Aig. du Midi.

Refuge de Leschaux 2 450 m env.

CAF Paris. 12 places. Gardé en été.

Situé 100 m env. au-dessus du glacier de Leschaux, sur la rive droite.

2. Du Montenvers, suivre l'itin. 3 du ref. du Couvercle jusque sur la moraine rive droite de la Mer de Glace. Ne pas traverser cette moraine, mais remonter une langue glaciaire secondaire qui vient du glacier de Leschaux. Rejoindre et remonter le glacier de Leschaux en se rapprochant de la rive droite. Le quitter avant d'atteindre le niveau du refuge, en remontant un cône de neige. En sortir à droite par une petite cheminée, puis suivre le sentier, coupé de névés, qui mène au refuge. 3 h du Montenvers.

En hiver : suivre l'itin. 4 jusqu'au glacier de Leschaux, où l'on retrouve l'itin. ci-dessus.

Refuge du Couvercle 2 687 m

CAF Paris. 137 places. Gardé en été. Tél. 50.53.16.94.

En hiver, l'ancien refuge est ouvert : 30 places, aucun matériel de cuisine.

Situé sous l'arête SE de l'Aig. du Moine ; vue magnifique.

3. Du Montenvers, suivre l'itin. 1 du ref. du Requin jusque sur la Mer de Glace (bidon jaune). Remonter alors la Mer de Glace en se rapprochant rapidement de la rive droite (pour éviter un torrent glaciaire difficile à traverser plus haut). La remonter le long de la rive droite assez longuement, jusqu'à se trouver au niveau (sur la rive opposée) des dalles sous l'Envers des Aiguilles (1 h 45).

La quitter en traversant une moraine (cairns). Gagner ainsi une langue glaciaire secondaire, la remonter un moment puis la quitter à gauche pour traverser une nouvelle zone de moraines, plus commodes, en direction de la haute barre rocheuse de la rive droite (cairns, traces) (30 à 45 mn).

Franchir cette barre par des échelles métalliques (marques rouges au départ, c'est le passage des Égralets). A son sommet, suivre à droite le sentier, coupé de quelques passages rocheux au début, qui mène au refuge (névés en début de saison) (1 h à 1 h 30). Du Montenvers, 3 h 15 à 4 h. — Photo 46.

4. En hiver : de l'Aig. du Midi, descendre à ski la piste de la Vallée Blanche, par le glacier du Géant, les séracs du Géant et le glacier du Tacul. Dans la partie plate de celui-ci, sous la « Salle à Manger », passer rive droite et traverser vers le glacier de Leschaux. Traverser ce glacier en remontant. Sur sa rive droite, remonter une moraine raide et croulante (câbles), pour atteindre la base de la longue crête morainique constituant la rive gauche du glacier de Talèfre. La remonter par la gauche jusqu'à un gros bloc (Pierre à Bérenger, 2 453 m), puis remonter le vallon neigeux à sa droite, et regagner la crête au niveau du plateau du glacier de Talèfre. Traverser ce glacier et rejoindre le ref. du Couvercle par une montée oblique à gauche dans des pentes raides. 3 h à 3 h 30 de l'Aig. du Midi au refuge (à ski).

Refuge de la Charpoua 2 841 m

Privé (comm. de Chamonix), géré par le CAF. 12 places. Gardé en été.

Situé près du sommet du Rognon de la Charpoua.

5. Du Montenvers, suivre l'itin. 3 du ref. du Couvercle jusque près de la rive droite de la Mer de Glace. Gagner cette rive et remonter la moraine (marques jaunes), jusqu'au premier grand ravin descendant du bassin de la Charpoua. Remonter une pente morainique instable (sentier éboulé, câbles) ; le sentier bien tracé remonte alors des pentes d'herbe et débouche sur la crête divisant en deux le bassin de la Charpoua. Le remonter jusqu'au Rognon de la Charpoua. Escalader ce rognon tout droit puis à gauche (III ou câbles), puis par un couloir de rochers mêlés d'herbe, et gagner le refuge sur la droite. 3 h du Montenvers. — Photo 35.

Bivouac du Rognon du Dru 2 725 m env.

Ce n'est pas une construction, mais un site où il est d'usage d'aller bivouaquer avant l'ascension du versant Nant Blanc de l'Aig. Verte, ou de l'une des faces N ou W du Dru. Situé en haut de la moraine rive gauche du glacier du Nant Blanc.

L'accès usuel se fait à partir des Grands Montets ; il existe plusieurs itinéraires selon la saison et l'état du glacier du Nant Blanc.

L'itinéraire du Montenvers est utile lorsque le téléphérique des Grands Montets est fermé (dès septembre), mais aussi lorsque le glacier du Nant Blanc est trop crevassé ; il est normalement emprunté pour la descente.

6. En été : du col des Grands Montets, atteint par le téléphérique, traverser vers la rimaye sous l'épaule de la Petite Aig. Verte. Franchir son arête WNW vers 3 270 m et descendre en oblique (terrain mixte) vers un couloir raide et très encaissé. Le descendre s'il est en neige, ou prendre sa rive droite. On débouche sur le glacier du Nant Blanc, le traverser et descendre sa rive gauche en longeant les rochers à la base de la face N de l'Aig. Sans Nom, pour gagner le Rognon du Dru. — 1 h du col. — Photos 1, page 25, 36, page 114.

7. Variante. Franchir l'arête WNW de la Petite Aig. Verte plus bas, vers 3 170 m, atteindre et traverser à gauche une grande plaque de neige ; descendre ensuite le promontoire rocheux 3 156 m (50 m, facile), et encore à gauche prendre pied sur le glacier du Nant Blanc au même point que l'itin. 6. — Photos 1, page 25, 36, page 114.

8. En hiver : descendre le glacier des Grands Montets jusque vers 3 000 m puis en tirant à gauche prendre un couloir raide (couloir Rectiligne, 40°), au S de l'éperon du P. 3 009 m. On débouche sur le glacier du Nant Blanc ; le traverser en remontant légèrement vers le Rognon du Dru. — 1 h à 1 h 30 du col. — Photos 1, page 25, 36, page 114.

9. Variante. Descendre complètement le glacier des Grands Montets, puis l'une des 2 combes qui suivent. Traverser en remontant vers le Rognon du Dru. Plus facile mais plus long. — 1 h 30 à 2 h. — Photos 1, page 25, 36, page 114.

10. Du Montenvers : descendre sur la Mer de Glace (chemin de la grotte de glace) et la traverser pour atteindre sur la moraine rive droite le chemin du Chapeau ; le suivre vers le N sur 200 m. Juste avant le petit torrent de Bayer, à 30 m au-dessous d'une barre rocheuse humide, prendre un petit sentier à peine marqué. Il s'élève d'abord vers la droite puis revient à gauche au-dessus de la barre rocheuse précitée, et continue par une assez longue montée en oblique à gauche, en passant bientôt sous de grandes dalles rocheuses. Il s'élève ensuite en lacets à gauche de ces dalles, jusqu'à la moraine rive gauche du glacier du Nant Blanc. Remonter cette moraine jusqu'en haut et monter sur le Rognon du Dru, qui la couronne. — 2 h 30 à 3 h. — Photo 1, page 25.

Refuge d'Argentière 2 771 m

CAF Paris. 140 places. Gardé de la mi-mars au début de septembre, avec interruption au mois de juin ; toujours ouvert (60 places en hiver). Réservation nécessaire en week-end au printemps. Tél. 50.53.16.92.

Situé rive droite du glacier d'Argentière, au pied de l'arête du Jardin de l'Aig. d'Argentière, dans un cadre magnifique face aux Droites. On l'atteint généralement au départ des Grands Montets, parfois à partir de Lognan ; la descente s'effectue sur Lognan. — F.

11. Du col des Grands Montets, atteint par le téléphérique, descendre le glacier des Rognons jusqu'au sommet de la moraine des Rognons (2 754 m). Traverser la branche S du glacier des Rognons pour atteindre le glacier d'Argentière, et remonter sa rive gauche jusqu'à hauteur du rognon 2 866 m (Rognon de la Verte, parfois appelé Pyramide d'Argentière). — Au printemps, on atteint ce point plus directement depuis le glacier des Rognons. — Traverser le glacier d'Argentière obliquement, et suivre le sentier sur la moraine de la rive droite, qui mène au refuge. — 1 h 30. Photo 52.

12. De Lognan, suivre une route vers l'E puis un sentier (pancarte) qui rejoint la moraine du glacier d'Argentière, et la remonter jusque vers 2 250 m, sous le Point de Vue. Prendre le sentier qui traverse de flanc dans la moraine et rejoint la rive gauche du glacier. Passer sur le glacier, remonter sa rive gauche assez crevassée, et la quitter pour aborder la moraine des Rognons qu'un vague sentier parcourt (chaînes). — Au printemps, on reste constamment sur le glacier. — Après un replat, revenir sur le glacier, suivre sa rive gauche où l'on retrouve l'itin. 11. — 3 h (à la descente, 2 h).

Refuge Albert Ier 2 706 m

CAF Paris. 130 places. Gardé en été. Tél. 50.54.06.20. L'ancien refuge sert de refuge d'hiver ((30 places).

Situé rive droite du glacier du Tour. L'accès le plus rapide est celui partant de la télécabine de Balme ; il est difficilement praticable au printemps, il faut alors venir des Grands Montets par le col du Passon.

13. De Charmillon ou de Balme (stations de la télécabine), rejoindre par un sentier les abords du lac de Charamillon. Le sentier traverse en montant vers le S, contourne l'éperon du Bec du Picheu, et poursuit en traversée en général ascendante vers l'E, pour rejoindre la moraine rive droite du glacier du Tour. La suivre jusqu'au refuge. — 1 h 45 à 2 h. — Un autre sentier partant du Tour rejoint la base même de la moraine ; intéressant à la descente.

14. En hiver : des Grands Montets, descendre sur le glacier d'Argentière par l'itin. 11 ; traverser aussitôt le glacier. Du point où l'on aborde sa rive droite, traverser en ascendance vers le NW, au-dessus de la rive droite du glacier, en passant sous le versant W de l'Aig. du Chardonnet et de l'Aig. Adams Reilly. On passe au P. 2 731 m. Poursuivre dans la même direction jusque dans l'angle supérieur gauche du petit cirque glaciaire du Passon.

On arrive au pied d'un double couloir dont la branche droite, la moins évidente vue d'en bas, débouche au col du Passon. La remonter (quelques rochers) jusqu'au col.

Du col, traverser le glacier du Tour, en descendant au début, pour aboutir au niveau du refuge. — 3 h 30 à ski, 4 à 5 h à pied.

En hiver et au printemps, le retour se fait à ski sur le Tour en utilisant la rive gauche du glacier du Tour.

VERSANT ITALIEN

Refuge Torino 3 375 m

« Nouveau » refuge, situé presque au niveau du col du Géant, sur l'éperon séparant les glaciers de Toule et du Mont Fréty.

Relié à l'« ancien » refuge par un escalier couvert.

CAI Turin et Aoste. 180 places. Ouvert et gardé en été. Tél. (0165). 84.22.47.

S'atteint en 10 mn depuis l'une ou l'autre des stations Col du Géant ou Pointe Helbronner du téléphérique « del Monte Bianco ».

Refuge Torino 3 322 m

« Ancien » refuge, attenant à la station Col du Géant du téléphérique « del Monte Bianco ».

CAI Turin. 66 places. Ouvert et gardé en période d'ouverture du téléphérique.

Refuge Boccalatte 2 804 m

Également appelé ref. des Grandes Jorasses. Dénomination complète : rif. Boccalatte e Piolti alle Grandes Jorasses.

CAI Turin. 30 places. Gardé en été, toujours ouvert.

Situé sur le rognon rocheux de la rive gauche du glacier de Planpincieux.

15. De Planpincieux (val Ferret italien), suivre un petit sentier qui s'élève vers le N à travers des bois, puis des pentes herbeuses, et gagner le pied des barres rocheuses qui soutiennent le glacier de Planpincieux. Franchir vers la droite le torrent et s'élever de l'autre côté par une côte de rochers herbeux (traces). Monter directement par du rocher et de l'herbe à une courte cheminée. La gravir (échelle) et par des pentes herbeuses gagner la moraine rive gauche du glacier. Suivre la crête de la moraine presque jusqu'à son extrémité supérieure. Traverser vers la gauche les restes d'une petite branche glaciaire (chutes de glace) et attaquer la barre rocheuse au-dessus de laquelle se situe le refuge. La gravir par un sentier coupé de roches polies (câbles) en appuyant à gauche, et gagner le refuge. — 4 h 30. — Photo 6.

Refuge-bivouac Canzio 3 825 m env.

CAI Turin, 10 places, toujours ouvert ; matériel de cuisine.

Situé au col des Grandes Jorasses, près des rochers de la Pointe Young. Il est utilisé pour la traversée des arêtes Rochefort-Grandes Jorasses.

Voir les itin. 43 (versant N) et 44 (versant S) du col des Grandes Jorasses.

Refuge-bivouac Jacchia 3 250 m env.

Également appelé ref.-biv. de l'Aig. de l'Évêque.

Privé (Société des Guides de Courmayeur), 8 places, matériel de cuisine.

Situé sur l'arête de Tronchey des Grandes Jorasses, entre l'Aig. de Tronchey et l'Aig. de l'Évêque.

16. Des chalets de Tronchey (val Ferret italien), suivre vers le NE un petit ruisseau jusqu'à sa source et continuer dans la même direction. Contourner l'extrémité E du bois de conifères et prendre une trace de sentier très raide qui monte directement en côtoyant le bois. Remonter des éboulis vers le N jusqu'à 2 000 m env., à proximité des premières barres rocheuses. Traverser à droite le torrent de Pra Sec (névé) venant des glaciers de Tronchey et de Pra Sec et gagner, rive gauche, la première croupe herbeuse (pour éviter de traverser le torrent, on peut partir des chalets de Pra Sec).

Gravir cette croupe (traces intermittentes de sentier en passant plusieurs bancs rocheux tantôt à droite, tantôt à gauche, jusqu'à son extrémité supérieure. Sortir sur des moraines moins raides, sous une paroi de dalles lisses et verticales, qui forment la base de l'arête S de l'Aig. de l'Évêque.

A 2 350 m env., tirer à droite et franchir la paroi précitée par une raide vire-couloir herbeuse, longue de 100 m, équipée de vieux câbles et pitons, qui traverse toute la paroi vers la droite en rejoignant une épaule d'éboulis. Monter directement dans une zone facile (rochers et éboulis) jusque sous les escarpements sommitaux de l'aiguille, et sortir à gauche sur une épaule (cairn) de sa crête S, à 2 800 m env. Descendre 10 m env. à gauche sur le flanc W et traverser à peu près horizontalement jusqu'à atteindre le bord du large couloir qui descend entre les Aig. de Tronchey et de l'Évêque (chutes de pierres). Remonter ce couloir rive gauche, par des névés, pierrailles et ressauts rocheux. Obliquer ensuite un peu à gauche vers le petit torrent et par des crêtes rocheuses et des petits ressauts, gagner directement l'épaule de l'arête de Tronchey sur laquelle on voit le ref.-bivouac. — 2 h 30.

Refuge-bivouac de Fréboudze 2 363 m.

Ce bivouac de 4 places n'existe plus. Il a été démonté en 1986 et est exposé à Courmayeur.

Refuge-bivouac Gervasutti 2 870 m env.

CAI Turin, 12 places ; matériel de cuisine, toujours ouvert.

Situé sur le rognon rocheux isolé (2 833 m à la base) qui se trouve dans la branche centrale du glacier de Fréboudze.

18. De la Vachey (val Ferret italien), gagner le hameau de Fréboudze, rive droite (parking). Suivre un sentier vers le N au bord droit d'un bois de pins. On débouche dans des pentes morainiques. Continuer par ces pentes dans la même direction, jusqu'aux environs des rochers rive droite du bassin, où la trace cesse (cairns). Traverser (névés résiduels) les nombreux ruisseaux issus du glacier et se diriger vers l'angle N de la conque dominée par les barres rocheuses qui supportent le front du glacier de Fréboudze. Monter par un petit sentier toute la côte raide et herbeuse rive droite du torrent issu de la branche orientale du glacier (torrent le plus à l'E). Traverser à droite ce torrent. Escalader sur 50 m env. les rochers faciles mais assez lisses d'un couloir-dièdre. Puis remonter une raide croupe herbeuse, où serpente une trace, jusqu'à l'emplacement de l'ancien ref.-bivouac de Fréboudze.

De là, un petit sentier s'élève à gauche dans les pentes herbeuses et rejoint la moraine de la branche orientale du glacier de Fréboudze. Continuer vers le NW sur des roches moutonnées, puis sur de la neige (chutes de séracs), pour passer au pied de l'arête SSE du P. 3 654 m. Remonter une pente raide au NW des rochers de cette arête, traverser horizontalement à gauche et atteindre le rognon, où se trouve le refuge (1 h 30). — 3 h 30 du val Ferret.

Refuge-bivouac Gianni Comino 2 614 m

Nouveau ref.-bivouac de 9 places. CAI Mondovi.

Situé à la base des contreforts du Mont Vert de Greuvetta. Il dessert principalement le bassin du glacier de Greuvetta.

19. De l'extrémité de la route du val Ferret italien (parking), suivre la route du col Ferret jusqu'à la bifurcation du sentier du ref.-biv. Gianni Comino (pancarte). Traverser le torrent (passerelle) et remonter la moraine, où l'on suit des traces de sentier (pente raide, marques rouges). Après 200 m env., la pente s'atténue. Obliquer progressivement à gauche dans une zone de dalles en suivant des vires herbeuses (marques rouges), vers la base d'un dièdre évident qui permet d'accéder au plateau supérieur. A 100 m env. sur la droite est situé le ref.-bivouac. 2 h à 2 h 15.

Refuge Dalmazzi 2 590 m

Appellation complète « rif. Cesare Dalmazzi al Triolet ».

CAI Turin. 18 places. Gardé un mois en été, toujours ouvert ; eau à 10 mn en amont près du sentier du glacier.

Situé à la base de l'éperon S de l'antécime de l'Aig. Rouge de Triolet, au-dessus de la rive gauche du glacier de Triolet. Il est visible depuis le val Ferret.

20. De l'extrémité de la route du val Ferret italien (parking), suivre le chemin du col Ferret et le quitter à gauche à son premier lacet (pancarte). Franchir la Doire. Le sentier passe dans de gros blocs puis rejoint une longue moraine qu'il remonte. Sur la droite, on découvre un grand couloir. Remonter le cône de neige à sa base, puis gravir les rochers de sa rive gauche (traces de sentier, marques rouges). 200 m au-dessus, le sentier traverse le couloir et s'élève sur l'autre rive. Après une cheminée terreuse, on gagne rapidement le refuge. — 2 h.

Refuge-bivouac Fiorio 2 724 m

CAAI. 20 places. Non gardé, toujours ouvert. Appellation précise « Bivacco Cesare Fiorio al Dolent ».

Situé au-dessus de la rive gauche du glacier de Pré de Bar. L'ancien bivouac, 30 m plus bas, offre 4 places (sommaire).

D'Italie :

21. Du bout de la route du val Ferret italien (parking), suivre le chemin du Grand Col Ferret (tour du Mont-Blanc) jusqu'à l'alpage de Pré de Bar (2 062 m). Laisser le chemin à droite et suivre le sentier mal marqué qui monte à gauche vers le Petit Col Ferret, par une arête schisteuse raide. Peu avant le col, traverser à gauche sous l'arête S de la Pointe Allobrogia. Remonter une combe le long de cette arête, et tirer à gauche dans des barres faciles pour atteindre le refuge. — 2 h 30. — Photo 49.

De Suisse :

22. Quitter la route du val Ferret suisse en aval de Ferret, juste en amont des Granges : une route de terre franchit la Drance de Ferret.

Suivre le chemin de la Léchère-Dessous, puis le sentier mal marqué de la Léchère-Dessus et monter au SW au lac de la Gouille (2 141 m). Rejoindre la combe des Fonds et la remonter jusqu'au Petit Col Ferret, derrière lequel on rejoint l'itinéraire du versant italien (itin. 21). — 2 h 45 de la route au ref.-bivouac.

23. En hiver et au printemps : de la Fouly, rejoindre le hameau de l'A Neuve et suivre une route menant au débouché de la combe des Fonds. Remonter cette combe rive gauche (sentier) puis en son centre, jusqu'au Petit Col Ferret. — 3 h.

VERSANT SUISSE

Bivouac du Dolent 2 667

CAS Gruyère. 12 places. Parfois gardé. Équipé en gaz et matériel de cuisine. Appelé aussi « refuge du Dolent ».

Situé rive gauche du glacier du Dolent, au pied de la brèche de la Maye.

24. De la Fouly, gagner le hameau de l'A Neuve et suivre une route menant au débouché de la combe des Fonds (parking).

Gagner la base des falaises de l'angle Grande Lui-Combe des Fonds. Le sentier s'élève jusqu'au-dessus de ces falaises, vers 1 900 m (les passages délicats sont équipés, l'itinéraire est balisé). Poursuivre vers le SW par les pentes herbeuses de Sur la Lys en contournant la Maye, jusque vers 2 150 m. Remonter vers le P. 2 731 m de l'arête E du Dolent ; le ref.-bivouac est situé sur la moraine au pied de cette pointe. — 2 h 30.

En hiver, remonter la combe des Fonds et revenir en diagonale vers la Maye (danger de chutes de séracs).

Cabane de l'A Neuve 2 735 m

Appelée aussi cabane Dufour.

CAS Diablerets. 26 places. Gardée en été. Tél. 026/4 24 24.

Située rive gauche du glacier de l'A Neuve.

25. De la Fouly, gagner le hameau de l'A Neuve, le traverser à droite vers le NW jusqu'à un pont (parking, 1 592 m).

Le sentier part en forêt puis remonte les moraines rive droite de la Reuse de l'Amône, et se dirige vers un promontoire rocheux triangulaire. Une cheminée (chaînes) mène à son sommet. On franchit la Reuse sur une passerelle vers 2 100 m, sous un bloc portant une inscription (« bloc Javelle »). Suivre le sentier qui monte en lacets dans de l'herbe et des rocailles ; après un large crochet à gauche, il revient sous la cabane, que l'on atteint par une cheminée rocheuse (chaînes). — 3 h.

Cabane de Saleina 2 691 m

CAS Neuchâtel. 43 places. Peut être gardée au cours de l'été.

Située au-dessus de la rive droite du glacier de Saleina. En hiver et au printemps, elle n'est normalement accessible que par le haut.

26. De Praz de Fort, une route goudronnée rive gauche de la Reuse de Saleina mène à des baraques de chantier, vers 1 540 m (circulation réglementée). — A pied, parking au bout de la route de la rive droite de la Reuse de Saleina (1 300 m env.) ; un sentier suit la rive droite du torrent, on le rejoint aisément depuis les baraques de chantier en traversant le torrent.

Le sentier s'élève alors au-dessus de la rive droite du torrent, vers la falaise occupant l'angle du glacier de Saleina. Franchir cette falaise (passages aménagés, câbles, balisage). Au-dessus, le sentier s'élève sur la moraine de Monnay et s'engage dans la combe du versant N des Pointes des Planereuses. Il traverse cette combe vers 2 500 m, et s'élève vers un promontoire de la rive gauche avant de parvenir à la cabane. — 3 h 30 depuis le parking inférieur.

Cabane d'Orny 2 830 m env.

CAS Diablerets. 75 places. Gardée en été. Tél. 026/4 18 87.

Située rive gauche du glacier d'Orny, au-dessus et à l'E du lac Supérieur d'Orny. L'ancienne cabane (2 686 m) n'existe plus.

27. De « la Breya » (arrivée du télésiège partant de Champex), suivre le sentier bien tracé dans le flanc SE de la Breya ; il monte en pente douce jusqu'à rejoindre le centre de la combe d'Orny. Il remonte cette combe, puis les moraines de la rive gauche du glacier d'Orny (nombreux névés) jusqu'à la cabane. — 2 h à 2 h 30.

28. De la sortie N d'Issert (val Ferret), suivre le sentier du tour du Mont-Blanc jusqu'à une bifurcation (1 319 m). Laisser ce dernier et prendre à gauche celui qui part vers la combe d'Orny, d'abord rive gauche, puis très largement rive droite du torrent du Darbellay. Vers 2 100 m le sentier commence à se rapprocher du torrent ; on retrouve plus haut l'itin. 27. C'est l'itinéraire le plus recommandable en hiver. — 4 h 30.

29. De Praz de Fort, suivre la route goudronnée rive gauche de la Reuse de Saleina, jusqu'au départ du sentier de la cabane, dans une épingle à cheveux (1 470 m env.) (circulation réglementée, parcage difficile ; à pied 30 mn depuis un parking spacieux vers 1 250 m).

Suivre le sentier qui remonte la rive gauche du vallon d'Arpette de Saleina, en lacets raides, débouche à l'W des Pointes des Chevrettes sur un plateau, et tourne à gauche pour rejoindre l'itin. 27 non loin de la cabane. — 4 h depuis le parking inférieur.

Cabane du Trient 3 170 m

CAS Diablerets. 155 places. Gardée en été, et au printemps (avril-mai). Tél. 026/4 14 38.

Située sur la rive droite du plateau du Trient, sous la Pointe d'Orny. Au printemps, elle s'atteint généralement depuis les Grands Montets et le glacier d'Argentière, par le col du Chardonnet et la Fenêtre de Saleina. On en redescend alors en franchissant la Fenêtre du Chamois (voir l'itin. 219 de la Pointe d'Orny), pour aboutir à Champex : c'est l'itinéraire de la Haute-Route Chamonix-Zermatt.

30. De la cabane d'Orny, le sentier rejoint le glacier d'Orny. Le remonter rive gauche jusqu'à proximité du col d'Orny. De là, 2 solutions :
a) passer le col et tirer à droite, puis remonter les rochers sous la cabane, ou faire un large crochet à gauche par la neige ;
b) prendre à droite avant le col, dans les rochers, par un bon sentier (panneau, marques rouges) qui passe derrière l'ancien refuge Julien Dupuis et mène à la cabane. — 1 h depuis la cabane d'Orny. — Photo 63.

Première partie

Secteur des Grandes Jorasses

Dent du Géant 4 013 m

Aussi nommée Aiguille du Géant. C'est l'une des plus célèbres aiguilles de la chaîne du Mont-Blanc. Sa première ascension a été effectuée grâce à des moyens artificiels.

Par la face SW (voie normale)

Jean-Joseph, Baptiste et Daniel Maquignaz, 28 juillet 1882, après trois jours de préparation.

Aujourd'hui encore, la voie normale est jalonnée de câbles (cordes fixes de gros diamètre), qui ne sont pourtant pas nécessaires. La difficulté augmente sensiblement si l'on ne se sert pas des câbles. La descente peut s'effectuer à l'aide des câbles, mais il est préférable de descendre à l'aide de 3 rappels jusqu'au pied des plaques Burgener.

C'est une belle course, très fréquentée, sur un excellent rocher ; étant donné l'orientation de la section supérieure difficile, il est inutile de partir trop tôt. Le sommet est très dangereux par temps d'orage.

AD– (avec les câbles, sinon D). — Photos 2, 3. — 3 h 30 à 4 h.

31. Du ref. Torino, traverser le plateau du col du Géant, contourner par la gauche la base des Aig. Marbrées, et remonter des pentes de neige jusqu'au cirque glaciaire situé à la base du socle rocheux de la Dent du Géant.

Gagner à gauche des rochers brisés, sur la rive droite d'un petit couloir issu d'une crête rocheuse secondaire portant un gendarme remarquable. Gravir les rochers de la rive droite puis traverser le couloir dans le haut et suivre la crête rocheuse précitée. Au-dessus, gravir des rochers brisés mêlés de neige, pour atteindre l'arête principale et la base d'un grand gendarme lisse. Le contourner par la droite (versant italien) et revenir à l'arête, neigeuse ; traverser alors à gauche pour atteindre une vaste terrasse d'éboulis à la base même de la face S de la Dent du Géant, la Salle à Manger (2 h 15 à 2 h 30).

Longer à gauche la base de la face, sur 30 m, jusqu'à un feuillet détaché que l'on gravit. R1. Monter 4 m au-dessus (III), traverser à gauche de 10 m et remonter un couloir raide peu marqué, haut de 40 m, qui mène à une grande terrasse de la face SW, dominée par les plaques Burgener, hautes de presque 45 m. R3.

Gravir ces plaques fissurées (III et IV, cordes fixes) jusqu'à une petite plate-forme sur une arête W peu marquée. R4. De là, les cordes fixes partent tout droit, puis à droite, sur 40 m ; en escalade, après 4 m traverser à gauche, passer derrière l'arête W puis revenir à droite et gravir des feuillets en oblique à droite (ensemble de IV/IV+). R5. Escalader une suite de fissures-cheminées le long de l'arête terminale (cordes fixes, sinon V/V+ puis IV). R6. Une petite arête et un court mur vertical (IV), puis une vire et un dernier mur mènent à la pointe SW de la Dent du Géant. R7.

Descendre une cheminée, puis un petit mur surplombant pour gagner la brèche entre les 2 sommets (laisser une sangle pour le retour). De là, monter directement (III) au point culminant (1 h 15 à 1 h 30 de la Salle à Manger).

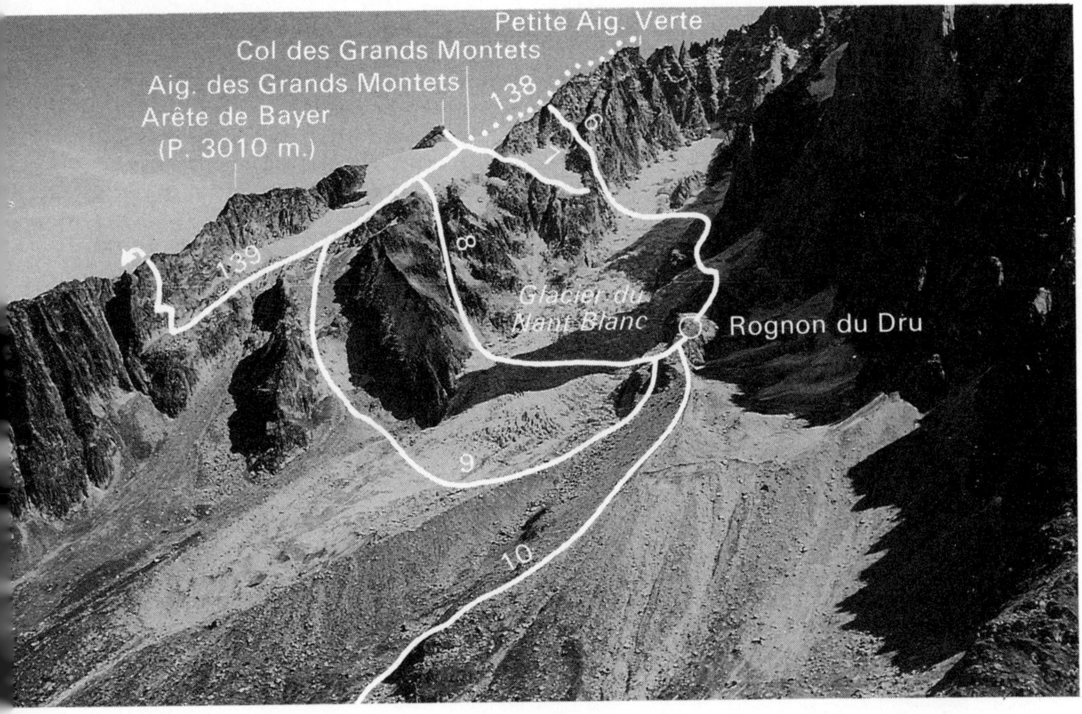

1. Accès au Rognon du Dru

Par la face S, voie classique

Herbert Burggasser et Rudolph Leisz, 28 juillet 1935.

Courte escalade, athlétique, avec des passages d'artif, sur un excellent rocher. La voie est équipée (20 p. env.) ; prendre des gros coinceurs.

Cet itinéraire est classique, mais relativement peu parcouru aujourd'hui ; l'escalade y est belle mais parfois pénible. Il doit être possible de passer en libre.

TD. — Photo 3. — 3 h.

32. Du ref. Torino, suivre l'itin. 31 jusqu'à la Salle à Manger (2 h 15 à 2 h 30).

Le bas de la face S est limité à gauche par un grand dièdre (voie Bonino-Girodo). Attaquer 15 m à droite de ce grand dièdre en rejoignant, par des plaques détachées, une fissure de 15 m oblique à droite, qui mène à une plate-forme. R1. Gravir un dièdre lisse au-dessus, bordé à droite par un petit pilier (15 m, V), puis soit passer le surplomb au-dessus (V athlétique), soit traverser légèrement à droite, franchir une petite arête et remonter une dalle à droite (V délicat) pour revenir à gauche au-dessus à un étroit replat. R2. Gravir la dalle au-dessus, avec léger crochet à gauche au départ (7 m, A1) puis traverser à droite par une vire sous un toit (délicat, V) ; petite caverne, R3. Traverser à droite (facile, cristaux), monter 2 m et revenir à gauche au pied d'un dièdre lisse légèrement surplombant. R4.

Gravir le dièdre sur 15 m (A1 et V) ; en sortir directement ou par un grand pas à gauche (A1 et V), pour atteindre une bonne vire aérienne. R5. La suivre à gauche sur 20 m env. (III) en contournant un angle (impressionnant), et rejoindre la base du couloir qui entaille la partie supérieure de la face. R6.

Gravir ce couloir (feuillets encastrés peu solides, III) jusqu'à une petite plate-forme allongée. R7. Monter à droite du couloir (ici à peine marqué), par une plaque fissurée (V) pour revenir dans le couloir formant cheminée ; monter facilement de 10 m env. R8. Appuyer un peu à droite vers un dièdre, en sortir à droite et par un petit mur (V) gagner la base du mur terminal surplombant haut de 30 m. R9.

Gravir ce mur par une fissure (A1) en tirant à droite en haut (sortie V+), et par des petits murs plus faciles gagner la brèche entre les 2 sommets de la Dent du Géant.

Les longueurs indiquées ci-dessus sont courtes, on peut choisir d'autres points de relais.

Aiguille de Rochefort 4 001 m

Ce n'est pas le point culminant des arêtes de Rochefort, mais néanmoins le sommet principal de ces arêtes reliant le col du Géant au col des Grandes Jorasses. C'est ici que se détachent l'arête des Périades au N, et l'arête du Mont de Rochefort au S.

Par l'arête W (voie normale, dite « traversée des arêtes de Rochefort »)

Ettore Allegra avec Laurent Croux, Pierre Dayné et Alexis Brocherel, 18 juillet 1900.

Magnifique course d'arête en plein ciel, l'une des plus belles de la chaîne du Mont-Blanc. Elle est presque entièrement neigeuse.

Cet itinéraire est très fréquenté. Les difficultés sont celles des courses de neige en altitude : passages étroits et raides, corniches (sur les 2 versants).

Le retour se fait soit par la même voie (il est alors usuel, s'il n'est pas trop tard, de gravir la voie normale de la Dent du Géant), soit par le glacier du Mont Mallet, itin. 34.

AD. — 3 h 30 à 5 h.

33. Du ref. Torino, suivre l'itin. 31 jusqu'au niveau de la Salle à Manger, et rejoindre par l'arête faîtière la base du « spigolo » SE de la Dent du Géant (2 h 30).

Continuer par le fil de l'arête, neigeux (ou un peu en contrebas versant S si les rochers y sont découverts), jusque près du P. 3 933 m. Contourner cette pointe par la gauche ou la traverser. Poursuivre par l'arête neigeuse et très effilée (sauf un passage dans une cheminée rocheuse), jusqu'au pied des rochers de l'Aig. de Rochefort. Traverser un peu à droite et monter le long d'un couloir de rochers brisés, mal marqué, jusqu'au sommet (1 h à 2 h 30).

Par le glacier du Mont Mallet (voie de descente classique)

James Eccles avec Michel-Clément et Alphonse Payot, le 14 août 1873.

Itinéraire magnifique, mais presque exclusivement emprunté à la

2. Dent du Géant, versant SW.

descente : la plus haute rimaye du glacier du Mont Mallet, très importante, est en général difficilement franchissable à la montée. Rappel à la descente, sur champignon de glace ou sur piquet de bois. Le glacier du Mont Mallet, sous la rimaye, est très crevassé.

PD. — Photo 4. — 4 h du sommet au ref. de Leschaux.

34. Du sommet, suivre un instant l'arête N (vers le Mont Mallet) et tourner à droite sur le plateau sommital. Le descendre en tournant le dos au Mont Mallet, jusqu'au-dessus d'une zone de grandes crevasses, qu'il faut franchir (en général un rappel, de longueur variable suivant les années). On aboutit dans un petit cirque glaciaire sous les arêtes faîtières. Franchir une seconde zone de rimayes, plus commodes, et rejoindre la base du Mont Mallet. Descendre alors le glacier du Mont Mallet, crevassé, en restant rive gauche à proximité de l'arête des Périades. Le glacier s'oriente au NE, continuer à descendre sur sa rive gauche de plus en plus raide, mais moins crevassée que le centre du glacier, pour aboutir sur le glacier de Leschaux. Traverser ce glacier pour rejoindre plus bas le ref. de Leschaux.

Par l'arête NE (du col des Grandes Jorasses)

Itinéraire emprunté pour la traversée intégrale des arêtes de Rochefort, qui suit d'ailleurs parfois (ou précède) la traversée des Grandes Jorasses.

Voir les itin. 41 et 42 du Dôme de Rochefort.

Mont Mallet 3 989 m

Premier sommet de l'importante arête qui se détache au N de l'Aig. de Rochefort, en direction des Périades.

Par l'arête S (voie normale de descente)

Leslie Stephen, G. Loppé, F.A. Wallroth avec Melchior Anderegg, Cachat, Alexandre Tournier, 4 septembre 1871.

La voie de retour la plus pratique utilise les arêtes de Rochefort ; la plus rapide (si les rimayes sont bonnes) se fait par le glacier du Mont Mallet.

35. Du sommet, descendre un couloir évasé du versant E, jusqu'à des vires que l'on suit à droite (S). Poursuivre dans le flanc E de l'arête S par des gradins et une marche de flanc légèrement descendante, contourner les rochers inférieurs de l'arête et la rejoindre dans sa partie neigeuse facile. On retrouve sur le plateau supérieur l'itin. 34 de l'Aig. de Rochefort. Le suivre vers l'aiguille si l'on veut rentrer par les arêtes de Rochefort, ou vers le bas pour rejoindre le ref. de Leschaux.

Par le glacier des Périades et l'arête N

Paul Perret avec François Simond et Edouard Cupelin, 31 juillet 1882.

C'est la plus belle voie du Mont Mallet : belle et grande course variée, classique. Le glacier des Périades est très crevassé. La grande pente de neige ou de glace donnant accès à l'épaule est inclinée à 45°-50°, et haute de presque 500 m.

AD. — Photo 4. — 6 à 7 h.

36. Du ref. du Requin, suivre l'itin. 38 jusque sur le glacier des Périades. Le remonter (crevasses) jusque dans son cirque supérieur, au pied de la grande pente de neige oblique qui descend de l'épaule de l'arête N du Mont Mallet en direction W (3 à 4 h).

Franchir la rimaye (3 300 m env.) sur la gauche de la grande pente, au pied d'une pente de neige adjacente plus étroite. Remonter la grande pente sur son bord gauche, par une ligne de petits îlots rocheux mêlés de neige, le long d'une arête peu marquée. On débouche ainsi sur l'arête N à l'extrémité inférieure de l'épaule (3 769 m) (2 h).

Suivre l'arête N, d'abord neigeuse, puis rocheuse : passer alors légèrement flanc gauche jusqu'à un palier précédant un ressaut. Gravir une cheminée verticale et suivre l'arête aiguë jusqu'au sommet (1 h).

Brèche Supérieure des Périades 3 432 m

Appelée aussi brèche Puiseux.

Excellent passage pour gagner le glacier du Mont Mallet depuis le glacier des Périades, ou même en sens inverse, pour revenir de l'Aig. de Rochefort sur le ref. du Requin.

Par le versant W

R. et V. Puiseux avec Gustave-Alfred Couttet, 28 juillet 1925.

PD. — 4 h.

37. Du ref. du Requin, suivre l'itin. 38 jusque sur le glacier des

3. Dent du Géant, face S.

Dent du Géant
Sommet SW
Sommet NE
31
32

Périades. Le remonter en se dirigeant vers la base de l'arête des Périades (crevasses). Passer au pied de l'îlot 3 098 m pour gagner le débouché du couloir oblique issu de la brèche Supérieure des Périades, vers l'aplomb de la Pointe Cupelin (3 166 m). Remonter le couloir, par son fond ou par les rochers de sa rive droite, jusqu'à la brèche.

Par le versant E

La brèche domine de 60 m la rive gauche du glacier du Mont Mallet, où passe l'itin. 34 que l'on rejoint aisément, par une pente de glace assez raide.

Au-dessus de la brèche, sur l'arête menant à la Pointe Sisyphe, au-delà du premier sommet de cette pointe, est situé le ref.-bivouac des Périades, abris de 3 places en mauvais état.

Aiguille du Tacul 3 444 m

Beau belvédère d'accès aisé. Les itinéraires de ce sommet sont de difficultés très variées ; ils sont peu fréquentés, faute de point de départ commode. Certains d'entre eux présentent cependant un intérêt marqué. Il en est de même de plusieurs voies d'escalade courtes, ouvertes récemment dans les Tours de Leschaux, à la base du versant N de l'Aig. du Tacul.

Par le col du Tacul et l'arête SE (voie normale)

Mme F. Burnaby avec Edouard Cupelin, été 1882.

C'est une jolie voie normale, intéressante et recommandée.

PD. — 4 h (du ref. du Requin ou du lac du Tacul).

38. Du ref. du Requin, suivre sur une courte distance les traces du col du Géant. Traverser le glacier du Géant en passant au pied des séracs, et rejoindre le glacier des Périades.

Du Montenvers, suivre l'itin. 2 du ref. de Leschaux jusque sur le glacier de Leschaux, puis traverser et, en franchissant une moraine croulante, gagner le lac du Tacul, desséché, au pied de l'arête NW de l'Aig. du Tacul (excellents bivouacs). De là remonter la moraine latérale droite du glacier du Tacul, jusqu'à un éperon herbeux qui mène à des névés, sous le versant NW de l'Aig. du Tacul. Tourner à droite et traverser de flanc sous l'arête SW pour rejoindre le glacier des Périades.

Remonter les premières pentes du glacier, assez crevassées, puis sa branche N jusqu'au pied du couloir issu du col du Tacul, formé par la réunion des couloirs issus de chaque brèche du col. Franchir la rimaye, remonter le couloir de la brèche SE (droite) jusqu'un peu au-dessous de cette brèche ; franchir l'éperon séparant les 2 couloirs pour gagner celui de gauche, qui mène à la brèche NW. — On peut aussi remonter les rochers de la rive droite du couloir de la brèche NW.

Du col, gravir l'arête SE de rocailles et d'éboulis jusqu'à une zone de gros blocs, 30 m sous le sommet. Passer entre 2 dalles à droites d'une tour penchée, et gagner le sommet.

Par l'éperon N et la face N

Maurice Berthemin avec Patrick Gabarrou, 29 août 1978.

4. Mont Mallet et Calotte de Rochefort, versant NE.

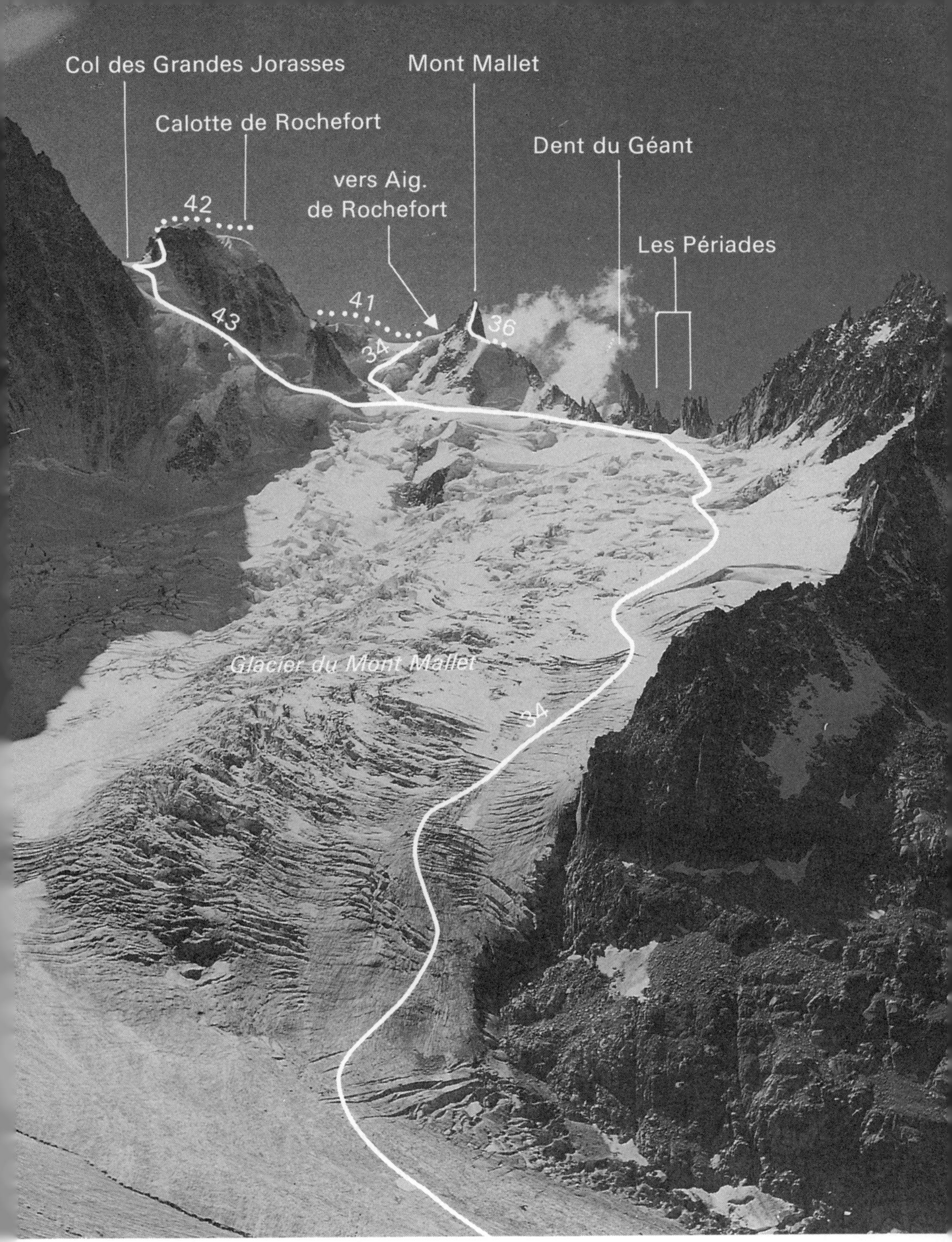
Col des Grandes Jorasses
Mont Mallet
Calotte de Rochefort
Dent du Géant
vers Aig.
de Rochefort
Les Périades
42
41
43
34
36
Glacier du Mont Mallet
34

5. Aiguille du Tacul, versant N.

Voie longue et variée, à conseiller en début de saison lorsque les parties de rocher brisé de l'arête médiane sont encore enneigées. Un pilier haut de 200 m env. donne accès à une longue arête très esthétique. Belle ambiance, particulièrement dans la partie terminale. 850 m.

D+. — Photo 5. — 10 h.

39. Du ref. de Leschaux, redescendre sur le glacier de Leschaux et le traverser pour remonter la moraine opposée. Gagner le pied du pilier situé à gauche de la grande barre de séracs suspendus de la face N (1 h 30).

Remonter des gradins sur 15 m env. pour rejoindre le pilier. Atteindre, par 3 belles longueurs en oblique ascendante à droite (IV et V, un pas d'A1), un grand dièdre de 50 m. L'escalader directement (IV et V). Au sommet, sortir à gauche par une fissure et un petit mur jusqu'à une grande terrasse, d'où une longueur facile en oblique à droite amène au sommet du pilier.

De là suivre le fil de l'arête (de belles longueurs alternent avec des longueurs de rocher brisé). Vers la fin de l'arête traverser à droite sur plusieurs longueurs, puis monter (un mur de glace raide) jusqu'à la barre de séracs supérieure. La franchir dès que possible et rejoindre directement le sommet.

Mont de Rochefort 3 456 m

Beau belvédère du versant italien des arêtes de Rochefort.

Par le versant SW

Tom Patey, seul, 14 août 1968.

Escalade intéressante de 1 000 m, peu soutenue, qui se déroule en ligne directe sur l'éperon central du versant SW. Les principales difficultés de la partie supérieure peuvent s'éviter.

D (ou AD). — 4 à 6 h.

40. Du Mont Fréty, traverser horizontalement vers l'E, et contourner la base des contreforts de la Dent de Jetoula. Continuer à traverser en-dessous du glacier de Rochefort, pour rejoindre le pied du versant SW du Mont de Rochefort (1 h 30).

Ce versant est limité à gauche par une longue arête SW ; elle est coupée à mi-hauteur par un névé touchant l'arête SW. Remonter d'abord cette arête sur 500 m, jusqu'à une vire horizontale qui mène facilement au névé.

Du névé, atteindre l'éperon central de la face SW, qui vers le haut se transforme en une jolie arête aboutissant au sommet. Remonter cet éperon jusqu'au pied de l'arête (passages de III). Gravir l'arête un peu à gauche sur 35 m (passages de V et V+ qui peuvent s'éviter), puis directement (IV) jusqu'au sommet.

Descente : elle se fait le long du même itinéraire, en partant sur la gauche (sens de la descente), puis longuement sur la droite de l'arête, et à la fin de nouveau à gauche pour rejoindre le névé d'attaque.

Dôme de Rochefort 4 015 m

Point culminant de l'arête de Rochefort, moins souvent gravi que l'Aig. de Rochefort (où s'arrêtent la plupart des cordées traversant les arêtes de Rochefort).

Par l'arête SW

Karl Blodig et Max Horten, 9 août 1903.

C'est la suite logique de l'itin. 33.

PD. — Photo 4. — 1 h 15 de traversée.

41. De l'Aig. de Rochefort, descendre dans la première dépression de l'arête faîtière (3 895 m). Suivre l'arête neigeuse en passant par la bosse 3 936 m et en laissant sur la droite le Doigt de Rochefort. L'arête neigeuse vient buter contre le ressaut rocheux qui précède le Dôme : le gravir directement jusqu'au sommet.

Par l'arête NNE (depuis le col des Grandes Jorasses)

Jean et Raymond Leininger, Pierre Madeuf, 4 août 1937.

Course délicate et exposée, qui permet de réaliser la traversée intégrale des arêtes de Rochefort.

D. — Photo 4. — 3 h 30 à 4 h.

42. Du col des Grandes Jorasses, s'élever soit à droite par des rochers solides mais souvent enneigés, soit à gauche par des vires et des petits murs faciles mais de rochers délités, pour rejoindre l'arête 80 m ou 100 m au-dessus du col.

De là, suivre une écharpe ascendante à gauche, dépasser une arête secondaire du versant italien, et remonter à l'arête (bon rocher, III). Traverser 2 tours et descendre dans une brèche profonde, sous un ressaut surplombant.

Descendre à droite (versant français) 5-6 m sur glace, et appuyer à gauche par un petit couloir qui mène à une fissure ; franchir un bloc par une enjambée (difficile), puis par des rochers enneigés moins difficiles remonter à l'arête. — Ce ressaut peut se gravir par le versant italien (passages de IV et un de V ou V+ selon l'itinéraire). — Suivre l'arête, en traversant une 3e tour, jusqu'à la Calotte de Rochefort (3 974 m).

De la Calotte, suivre l'arête faîtière, d'abord rocheuse, puis neigeuse, jusqu'aux rochers brisés du Dôme de Rochefort.

Col des Grandes Jorasses 3 825 m

Entre la Calotte de Rochefort et les Grandes Jorasses. Ce n'est pas un passage ni un but de course, mais le moyen d'atteindre les arêtes Rochefort-Gandes Jorasses. Au col, près des rochers de la Pointe Young, se situe le ref.-biv. Canzio.

Par le versant N (France)

A. Milman, F. Taylor, A.A.W. Wills avec Michel et Frédéric Payot, Claude Gurlie et Edouard Cupelin, 6 septembre 1864.

Ce versant est constitué par une raide pente de glace, dont la difficulté est fonction des conditions et surtout de la rimaye.

Photos 4, 7. — 5 à 6 h.

43. Du ref. de Leschaux, gagner le glacier de Leschaux et le traverser en direction S pour aborder le glacier du Mont Mallet. Remonter celui-ci par une langue de glace raide de la rive gauche, puis en allant à droite et en se tenant le plus à droite possible, jusqu'à longer par moments les rochers de la rive gauche. On débouche au plateau du glacier, d'où l'on découvre les Périades. Longer la crête des Périades jusqu'au niveau du col du Mont Mallet.

Se diriger alors vers l'ESE en passant sous la face N de la Calotte de Rochefort, pour gagner le pied de la grande pente de glace descendant du col. Franchir la rimaye (assez difficile) et gravir la pente, fort raide, jusqu'au col.

Par le versant S (Italie)

L'itinéraire décrit ici n'utilise pas le couloir du col, mais la paroi à l'E du couloir. C'est le seul qui soit emprunté aujourd'hui.

Evan Mackenzie avec Julien Proment, Laurent Bertholier et Laurent Croux, à la descente, 3 septembre 1894 ; M. Schintz avec Joseph Croux, à la montée, juillet 1899.

AD+. — Photo 6. — 5 h.

44. Du ref. Boccalatte, suivre l'itin. 45 des Grandes Jorasses jusqu'au pied du Reposoir. Traverser alors le glacier de Planpincieux jusque sous le col des Grandes Jorasses. Remonter, en se tenant le long des rochers de sa rive gauche, le large couloir neigeux du col jusqu'au pied de la haute paroi rocheuse coupée de 2 couloirs, qui défend le col.

Par une escalade directe de 40 m sur des plaques à droite, rejoindre le fil de l'arête constituant la rive gauche du couloir suivi jusqu'alors ; on l'atteint peu avant le point où elle se redresse et prend un aspect rébarbatif. S'élever un peu par cette arête, puis grimper un peu à sa droite par des vires et de petits ressauts jusqu'à un grand ressaut lisse dominé à droite par des surplombs et faisant angle à gauche avec une haute paroi verticale coupée de surplombs.

Traverser à sa base la plaque du ressaut pour attaquer à l'extrême gauche, s'élever par de petites fissures jusqu'à un premier puis un second feuillet détaché ; prendre un dièdre jusque sous un surplomb et sortir à sa droite sur une vire horizontale (du pied du ressaut, 25 m, IV+). Remonter de bons rochers moins difficiles et atteindre l'arête à l'E et au-dessus de la dépression topographique du col, juste au ref.-bivouac.

A la descente : du ref.-biv. Canzio, descendre légèrement vers la droite par 2 rappels de 40 m. Par un 3e rappel de 40 m, rejoindre la base de la grande plaque. Descendre facilement en tirant vers la droite, suivre sur quelques mètres l'arête rive gauche du couloir, et par un autre rappel de 40 m atteindre la neige du couloir. Rappels équipés.

Grandes Jorasses 4 208 m

Admirable montagne, qui réserve à l'alpiniste de magnifiques itinéraires et notamment quelques-uns des plus beaux et des plus difficiles de toutes les Alpes. Son arête faîtière orientée W-E, longue de près d'un km, présente successivement : la Pointe Young (3 966 m), la Pointe Marguerite (4 065 m), la Pointe Hélène (4 045 m), la Pointe Croz (4 110 m), le sommet W ou Pointe Whymper (4 184 m), le sommet E ou Pointe Walker (4 208 m).

Par le versant SW de la Pointe Walker (voie normale)

Horace Walker avec Melchior Anderegg, Johann Jaun et Julien Grange, 30 juin 1868.

C'est l'itin. le plus direct et le plus rapide ; il demande de bonnes conditions de neige. On ne l'utilisera à la descente que si la neige est dure ; sinon, prendre les Rochers Whymper.

AD–. — Photos 6, 12. — 5 à 6 h (3 h 30 à 4 h à la descente).

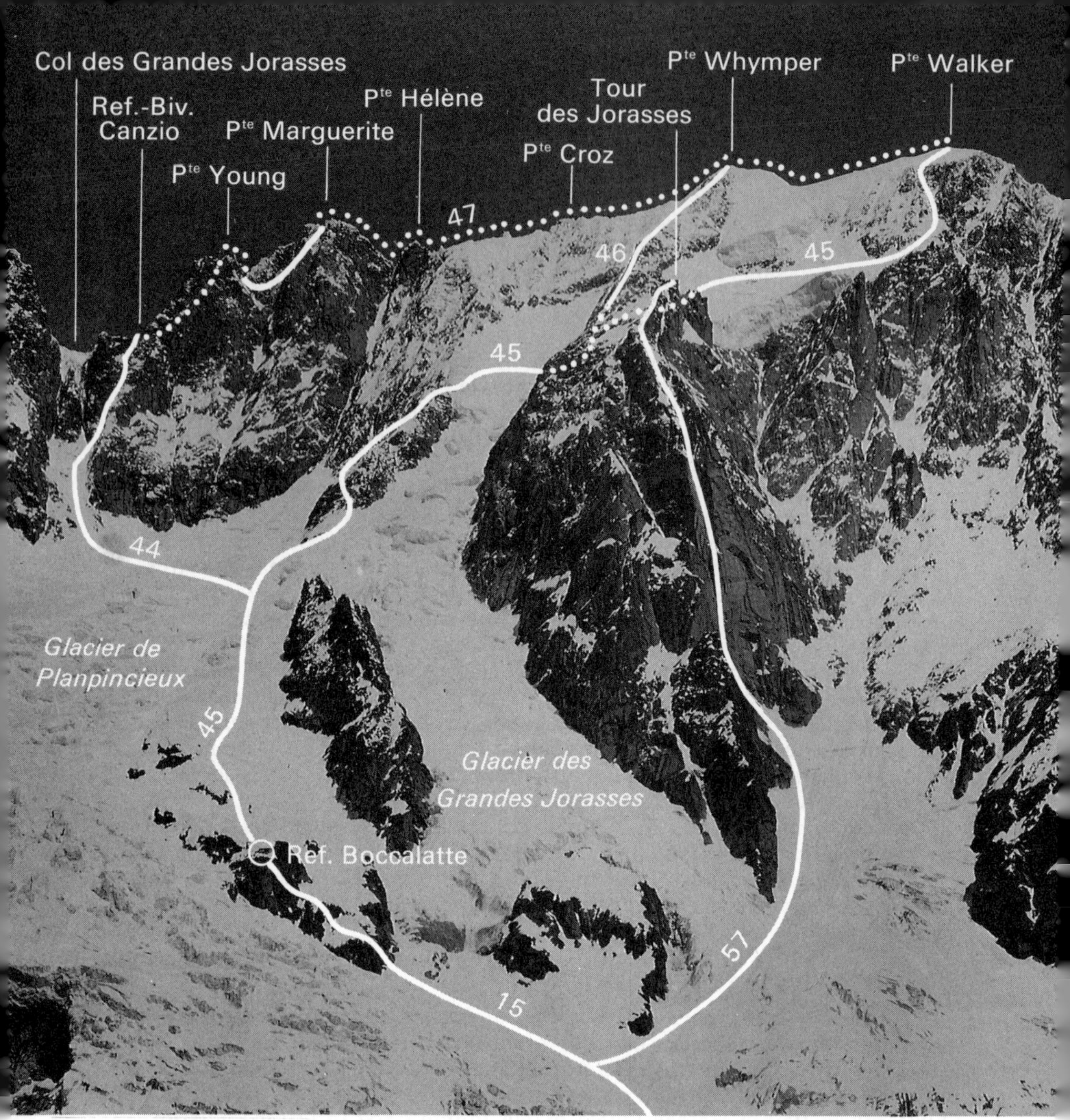

6. Grandes Jorasses, versant SSW (vue de printemps).

45. Du ref. Boccalatte, remonter l'îlot rocheux au-dessus. S'élever par une pente neigeuse à gauche de l'arête rocheuse (Rognon de la Bouteille) qui divise les glaciers de Planpincieux et des Grandes Jorasses (crevasses), et atteindre à 3 400 m env. le Rocher du Reposoir. Suivre sa crête jusqu'à son extrémité supérieure. Traverser à droite un large couloir neigeux (couloir Whymper ; danger d'avalanches par neige fraîche) qui n'est autre que la partie supérieure W du glacier des Grandes Jorasses, et rejoindre par un petit couloir l'arête rocheuse descendant de la Pointe Whymper, ou Rochers Whymper (3 h).

Gravir ses rochers sur une petite distance, jusqu'à ce qu'on soit au niveau d'un petit plateau incliné formé par la branche de droite (E) de la partie supérieure du glacier des Grandes Jorasses. Traverser ce plateau vers l'E (danger de chutes de séracs) et s'élever directement par une pente de rochers mêlés de neige à l'arête sommitale, qu'on atteint un peu à l'W du point culminant (on peut aussi monter plus à droite, à la limite E du plateau).

Par le versant SW de la Pointe Whymper (Rochers Whymper)

Edward Whymper avec Michel Croz, Christian Almer et Franz Biner, 24 juin 1865, jusqu'à la Pointe Whymper.

Itinéraire fréquenté, plus sûr que le précédent. On l'empruntera de préférence à la descente, surtout en cas de descente tardive.

AD–. — Photo 6. — 6 h à 6 h 30 (4 à 5 h à la descente).

46. Du ref. Boccalatte, suivre l'itin. 45 jusqu'aux Rochers Whymper (3 h). Gravir alors cette arête de rochers peu difficiles (passages de III) mais souvent enneigés, jusqu'au sommet de la Pointe Whymper, où l'on retrouve l'itin. 47.

A la descente, 1 ou 2 rappels utiles, non indispensables.

Par l'arête W

H.O. Jones et G.W. Young avec Josef Knubel, 14 août 1911, jusque non loin de la Pointe Whymper.

Très belle course d'arête, rocheuse dans sa partie inférieure, mixte dans sa partie médiane et neigeuse dans le haut. Au début, l'itinéraire n'est pas évident. Elle est aussi souvent faite dans le sens de la descente, pour réaliser la traversée intégrale des Grandes Jorasses, en la combinant avec l'arête des Hirondelles, ou encore avec la traversée des arêtes de Rochefort. C'est une course engagée, mais les passages rocheux ne dépassent pas le IV.

D. — Photos 6, 7. — 6 h 30 à 8 h.

47. Du ref.-biv. Canzio aux Grandes Jorasses, se porter à gauche de l'arête vers le débouché d'un couloir qui monte vers l'arête et paraît facile. Ne pas le prendre, mais attaquer les rochers de sa rive droite (IV), puis assez vite tirer vers la gauche, monter sur 20 m env. et suivre une fissure-rampe de 30 m, bien visible du col, oblique à gauche (IV) ; on atteint une terrasse en face N (neige). Suivre alors une ligne de fissures obliques, moins raides mais lisses et verglacées, qui traversent diagonalement toute la face N de la Pointe Young (passages de IV) ; 25 m au-dessus de la terrasse, un bloc surplombant se tourne par la droite. Parvenu 20 m sous l'arête faîtière, gagner directement celle-ci par des rochers fissurés. On atteint la Pointe Young (1 h 30 à 2 h).

Descendre versant N jusqu'à une petite épaule, juste au-dessus de la brèche à l'E de la Pointe Young. Descendre de 30 m (rappel utile) dans les rochers rive droite du couloir S de cette brèche. Traverser ce couloir et contourner un promontoire rocheux le séparant d'un couloir issu de l'arête W de la Pointe Marguerite, par une dalle bombée rayée d'une mince fissure à doigts (IV), puis par une fissure ascendante plus facile. Remonter le couloir précité sur 20 m env. (facile), puis le quitter vers la droite (gros blocs). Après 30 m env., monter à gauche vers la petite brèche séparant les 2 sommets de la Pointe Marguerite (1 h 30 à 2 h).

Suivre l'arête faîtière très aiguë et aérienne, mais bien garnie de prises (très esthétique). Franchir la Pointe Hélène et 2 autres gendarmes par les arêtes très aiguës, et atteindre la Pointe Croz.

Suivre l'arête plus large et plus facile mais toujours exposée (corniches en versant N), puis passer versant italien dans des rochers brisés faciles qui mènent à la Pointe Whymper.

Suivre l'arête de neige aiguë suivie d'une descente raide, jusqu'à la selle (4 113 m) entre les Pointes Whymper et Walker, et gagner cette dernière par une pente de neige peu inclinée (3 à 4 h).

48. A la descente. Même itinéraire jusqu'à la Pointe Marguerite. De là, par 2 rappels sur de grandes dalles (le 1er de 20 m, le 2e pendulaire, de 30 m), rejoindre une petite brèche. Contourner un mur raide versant N et suivre le fil de l'arête jusqu'à la Pointe Young.

Suivre l'arête jusqu'au point où elle s'abaisse brusquement au-dessus du col des Grandes Jorasses. En 2 (ou 3 petits) rappels, 60 m au total, gagner le couloir près de l'attaque de la voie de montée ; ce couloir mène aux neiges du col.

Face N

Cette magnifique et gigantesque muraille, l'une des plus belles et des plus sévères des Alpes, est aussi l'une des plus célèbres. Elle est parcourue actuellement par une vingtaine d'itinéraires différents, dont 3 sont classiques, dans des styles différents. Le plus élégant et le plus parcouru est l'éperon de la Pointe Walker.

Par l'éperon central de la face N (éperon Croz)

Martin Meier et Rudolf Peters, 28-29 juin 1935.

C'est l'itinéraire par lequel la face N a été conquise. Il est aujourd'hui classique, mais parcouru assez peu fréquemment.

Grande course mixte, très engagée. Les difficultés rocheuses ne sont pas très fortes, mais l'éperon est rarement en condition. La section la plus difficile est la barrière de dalles entre le névé médian et le névé supérieur ; la sortie originale en V+ peut être évitée. L'escalade est assez exposée, et les risques de chutes de pierres sont sérieux. L'ambiance est sévère. Hauteur 1 000 m.

TD. — Photos 7, 8. — 10 à 15 h.

49. Du ref. de Leschaux, remonter le glacier de Leschaux jusqu'au pied de la face (2 h 30).

Franchir la rimaye sur la rive gauche du grand couloir central (descendant entre l'éperon Walker et l'éperon central) et s'élever par la pente de neige ou de glace pour rejoindre le couloir compris entre la paroi même et une arête secondaire issue de l'éperon central, qui porte 2 grandes tours. Par le couloir (rochers verglacés, glace), atteindre la brèche en amont de la première tour.

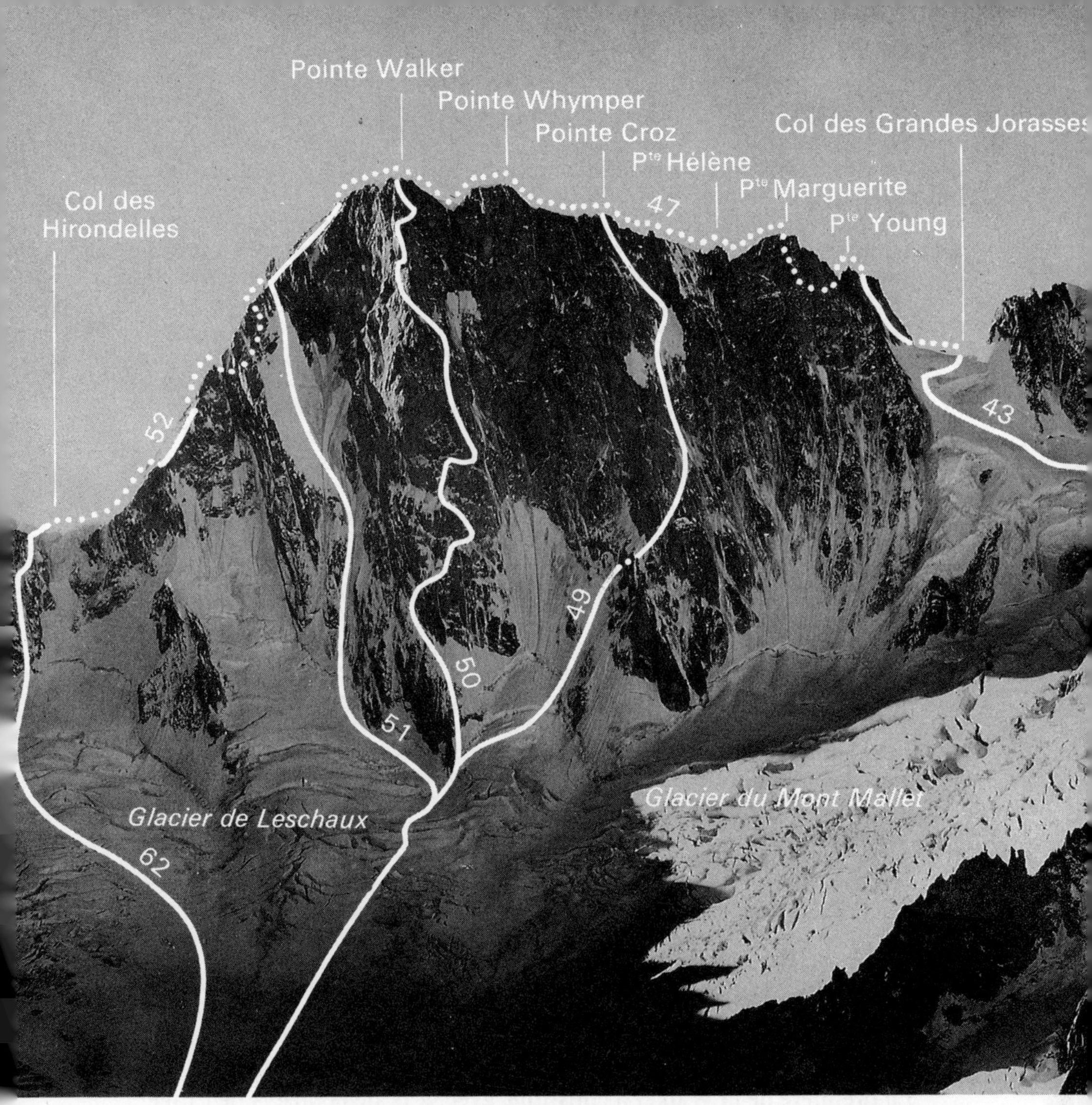

7. Grandes Jorasses, versant N.

S'élever de 40 m par le rocher sec de l'arête rive gauche du couloir puis reprendre celui-ci et le remonter jusqu'au sommet de la seconde tour, sans difficulté sérieuse, à part un passage à 70 m au-dessus de la brèche de la première tour, évitable par la rive droite si les conditions sont bonnes (tout le couloir est exposé aux chutes de pierres) (3 à 4 h).

De la deuxième tour, s'élever par la crête de l'éperon central, d'abord facilement (60 m), puis en franchissant une fissure et une plaque (60 m, IV). Traverser alors vers la droite la pente glacée (50°) du névé médian suspendu dans la face, et rejoindre son point le plus élevé au pied d'un couloir-dièdre qui s'ouvre dans le mur qui domine le névé (2 h).

Ne pas escalader le début de ce dièdre (VIa, passage des premiers ascensionnistes), mais s'élever par les rochers à droite (IV) pour le rejoindre par une traversée après 20 m. Gravir le fond du couloir-dièdre par une fissure de 20 m qui mène à une plate-forme. Le couloir s'achève contre un énorme surplomb. Sortir vers la gauche (en direction de l'éperon), puis s'élever directement de 30 m par des plaques très raides (V). Faire quelques mètres facilement, puis gravir de nouveau sur 20 m des plaques raides et lisses (V). Traverser vers la gauche pour rejoindre une niche pleine de glace sous une grande masse rocheuse émergeant du névé supérieur (2 à 3 h).

Sortir de la niche et remonter la pente de neige du névé supérieur (danger de chutes de pierres), plus raide que le névé médian, jusqu'aux rochers qui le dominent (3 807 m). Les utiliser sur 50 m, tout près du névé, et reprendre celui-ci très raide, sur 60 m ; il se transforme en couloir de glace, et mène au pied d'une grande cheminée qui descend d'une brèche de l'éperon central. Remonter cette cheminée jusqu'à la brèche.

Éviter le premier ressaut de l'éperon par la droite, puis reprendre la crête de l'éperon et la suivre jusqu'à 80 m env. de la Pointe Croz. L'arête se redresse nettement et devient impraticable, mais entre cette arête et une arête secondaire à l'W (droite) se creuse une petite gorge. S'élever de 30 m dans cette gorge puis sortir à gauche, par une vire en pleine paroi. S'élever de 30 m pour atteindre la base du dièdre terminal. Gravir ce dièdre (V+) et déboucher sur l'arête faîtière à 4 m env. à l'E du sommet.

On peut aussi sortir à droite : au-dessus de la brèche de la partie supérieure de l'éperon, dans le flanc droit du premier ressaut, traverser à droite afin de contourner à sa base l'arête secondaire précitée. Gagner ainsi un petit couloir secondaire à sa droite et le remonter jusqu'à une petite brèche. Traverser à droite sur 6-7 m (IV+). S'élever au-dessus par des plaques avec feuillets. Du haut des feuillets, faire un rappel de 15 m vers la droite dans un petit couloir. Remonter ce couloir pour sortir sur l'arête faîtière à l'W de la Pointe Croz (plus facile et plus court).

Par l'éperon N de la Pointe Walker

Voie couramment appelée « la Walker ».

Riccardo Cassin, Luigi Esposito, Ugo Tizzoni, 4-6 août 1938.

La première de la Walker a constitué, avec la 1re de la face N de l'Eiger, la plus grande réalisation de l'alpinisme de l'entre-deux-guerres.

Itinéraire superbe, devenu très classique ; l'équipement en place est important, supérieur à ce qui est nécessaire. L'escalade est soutenue, exposée, mais jamais extrême. Cependant la hauteur est très importante (1 200 m de la rimaye au sommet), l'inclination très forte, les emplacements de repos rares. La course est très engagée : le rappel pendulaire à mi-parcours empêche une retraite facile. Le rocher est excellent, sauf dans la cheminée rouge supérieure.

Grâce à l'équipement en place, la course est réalisable dans la journée, mais beaucoup de cordées bivouaquent encore ; il faut de toutes façons prévoir un bivouac à la descente de la voie normale, le meilleur endroit se

8. Grandes Jorasses, face N (détail).

situant dans les Rochers Whymper (itin. 46). Il est déconseillé d'attaquer dans l'après-midi pour bivouaquer au-dessus de la fissure Allain, ce début de l'itinéraire étant exposé aux chutes de pierres.

ED–. — Photos 7, 8, 9. — 12 à 15 h.

50. Du ref. de Leschaux, descendre sur le glacier de Leschaux et le remonter jusqu'au pied de l'éperon N de la Pointe Walker (2 h 30).

Franchir la rimaye à l'extrémité inférieure de l'éperon et remonter la pente de neige le long et à droite des rochers pour gagner une petite brèche sur le fil, 100 m au-dessus de la base. — On peut attaquer 30 à 40 m à gauche et rejoindre la brèche par un couloir de rochers friables (IV).

Gravir un petit mur (IV) et s'élever à gauche de la pente de glace inférieure, en tirant à gauche par des rochers brisés faciles et des pentes de neige suspendues, pour contourner la base du ressaut initial, vertical, de l'éperon, qu'on aborde à 3 longueurs sur sa gauche.

Monter de 20 m par une dalle (V), appuyer à droite (gradins, vire) et revenir à gauche par des plaques raides ; bonne plate-forme à la base d'un mur vertical. Sa partie droite est rayée de 2 dièdres fissurés parallèles, hauts de 30 m. Prendre celui de gauche sur 30 m (dièdre Rébuffat, V/V+ athlétique ou A1), traverser à droite (VIa) pour gagner celui de droite (dièdre Allain) et le remonter (V, un peu surplombant).

Descendre quelques mètres à droite, puis traverser en montant à droite sur des bandes de glace coupées de rochers (3 longueurs), pour rallier le fil de l'éperon. Le suivre sur 80 m (rochers brisés) jusqu'au pied du second grand ressaut.

Passer flanc droit de l'éperon par une courte vire horizontale, pour gagner le pied du dièdre de 75 m, que l'on remonte en 3 longueurs (25 m, IV+ en dalle à droite ; 20 m, surplomb au départ, V+ ; 30 m, V).

Au-dessus, monter à gauche sur 60 m env. (mixte) jusqu'à un mur encadré par des dièdres-cheminées très marqués. Prendre celui de droite, le gravir sur 12 m jusqu'à une plate-forme (IV+), d'où l'on traverse à droite de 10 m par une vire horizontale. Poursuivre la traversée sur une dalle lisse (10 m, V–) ; à son extrémité, faire un rappel pendulaire de 10 m sur 2 pitons, pour atteindre un étroit balcon.

Traverser horizontalement (IV+) puis monter à droite de 10 m, passer un surplomb noir verglacé (V) et s'élever à droite par une rampe-couloir ascendante encombrée de blocs et de glace ; on arrive à une petite plate-forme (bon bivouac), au pied d'un grand ressaut appelé la Tour Grise, dont le flanc droit est constitué par les Dalles Noires et au-dessus les Dalles Grises.

Attaquer les Dalles Noires par une courte fissure butant sous des surplombs, les éviter par une courte traversée à gauche menant à une fissure que l'on gravit sur 8-10 m (V et V+, soutenu) pour gagner une banquette inclinée. S'élever ensuite au mieux sur 80 m dans les dalles, en suivant au début une fissure ascendante à droite, puis une dépression se terminant en couloir surplombant, pour aboutir au-dessus du surplomb à une bonne vire inclinée, de mauvais rocher (de la banquette, V et V+/VIa).

9. Pointe Walker, face N.

Cette vire mène à droite vers le couloir bordant le pilier (variante Terray). Ne pas la suivre, mais attaquer directement les Dalles Grises, compactes et peu engageantes, et poursuivre en oblique à gauche (V et V+, exposé). On rejoint la crête de l'éperon, en forme de dos d'âne, dominant la Tour Grise ; la suivre sur quelques longueurs délicates et exposées (IV avec passages de V), jusqu'à une zone de terrasses et de névés ; passer à gauche sur le fil de l'éperon.

Remonter un névé suspendu (Névé Triangulaire) sur toute sa hauteur, jusqu'au pied du dernier ressaut. Par une traversée à droite de 25 à 30 m (délicat), gagner un système de couloirs-cheminées verticaux (cheminée rouge). Les remonter sur 80 m (délité, mixte, exposé, IV+ à V+) jusqu'au bastion surplombant du haut de l'éperon (Tour Rousse). Traverser de 40 m à droite, d'abord obliquement (V) puis par une vire horizontale. Par un petit mur (IV), pénétrer dans un couloir facile ascendant sur la gauche, qui mène sur le fil de l'éperon. Suivre l'éperon jusqu'au sommet (rochers plus faciles, corniche de neige).

Par le Linceul de la face N

René Desmaison et Robert Flematti, 17-25 janvier 1968.

Le Linceul est la grande pente de glace trapézoïdale de la partie orientale de la face N des Grandes Jorasses, entre l'éperon de la Walker et l'arête des Hirondelles. Elle s'écoule par des goulottes, dont deux sont importantes.

Superbe voie glaciaire, devenue relativement classique ; elle est fort exposée aux chutes de pierres et de la corniche sommitale. Les goulottes d'attaque sont très raides.

La voie sort vers 3 950 m sur l'arête des Hirondelles. Le retour se fait soit en montant par cette arête (itin. 52) et en suivant la voie normale des Grandes Jorasses, soit en descendant l'arête des Hirondelles (plusieurs rappels) et le versant N du col des Hirondelles (rappels) : celui-ci est le retour le plus pratique car il ramène dans le cirque de Leschaux, voir l'itin. 62.

TD. — Photos 7, 9. — 6 à 8 h jusqu'à l'arête.

51. Du ref. de Leschaux, remonter le glacier de Leschaux et rejoindre le pied de l'éperon N de la Pointe Walker, puis monter à gauche et gagner l'aplomb du Linceul (3 h).

Franchir la rimaye sous la goulotte principale, c'est-à-dire celle qui est la plus à droite, longeant le flanc gauche de la Walker. Gravir cette goulotte extrêmement raide, franchir dans le haut un mur de glace (80°) et déboucher dans le Linceul.

S'élever en oblique au mieux dans cette vaste pente de glace en franchissant d'abord une suite de goulottes (60° à 65°) ; la pente diminue ensuite (50°/55°), la gravir en longeant à sa fin sur sa gauche un petit éperon rocheux qui divise en 2 branches sa partie supérieure. Sortir ainsi sur l'arête des Hirondelles, vers 3 950 m.

De là, suivre l'itin. 52 jusqu'au sommet (2 à 3 h), ou descendre cet itinéraire en rappel et revenir au glacier de Leschaux par l'itin. 62 du col des Hirondelles.

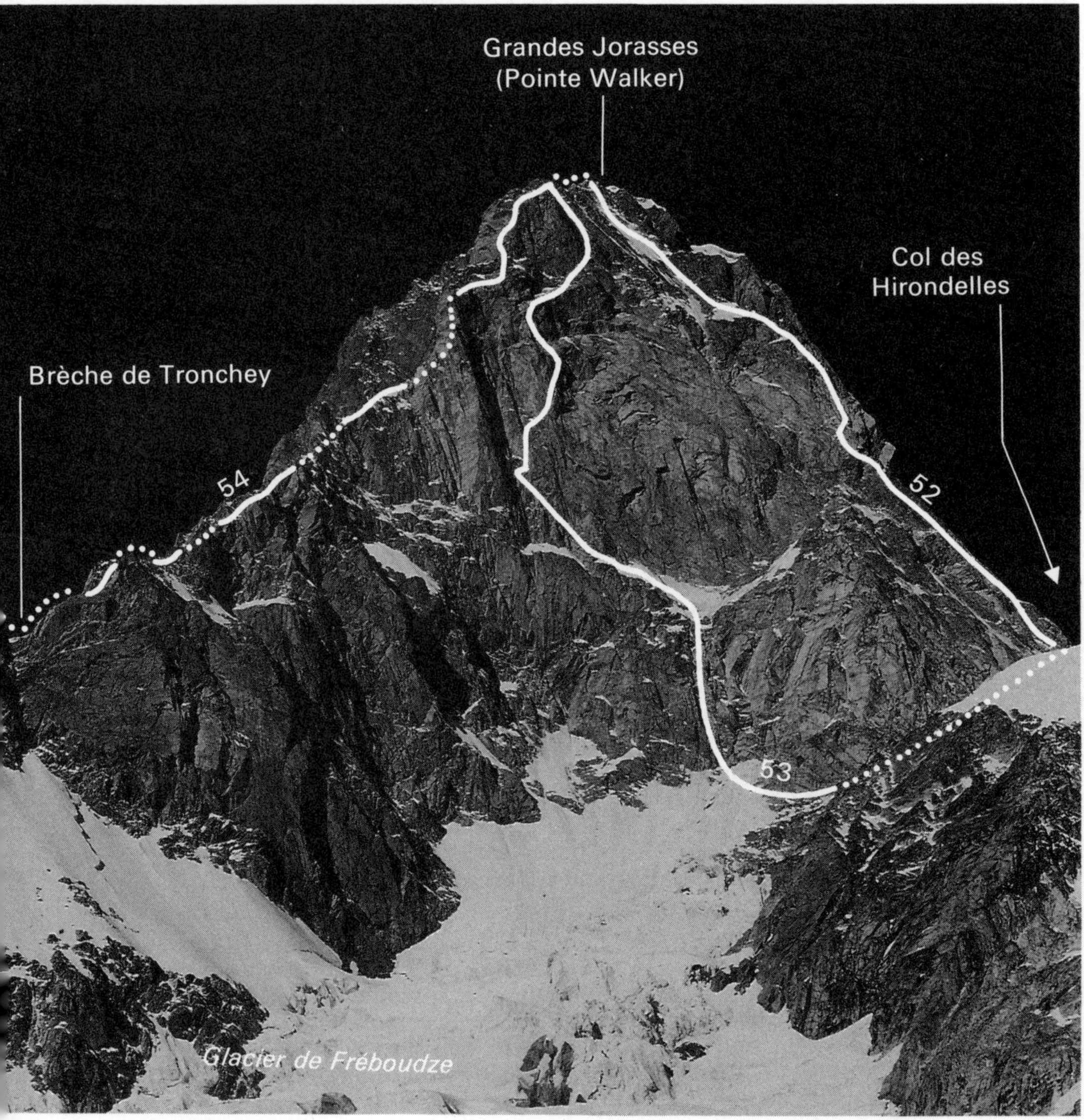

10. Grandes Jorasses, face E.

Par l'arête des Hirondelles (NE)

G. Gaia, S. Matteoda, F. Ravelli, G.A. Rivetti avec Adolphe Rey et Alphonse Chenoz, 10 août 1927.

Très bel itinéraire classique, mais rarement fait étant donné l'éloignement. Hauteur 730 m. L'escalade est peu soutenue, mais comporte une section difficile.

D. — Photos 7, 9, 10. — 6 à 8 h.

52. Du ref.-biv. Gervasutti, par l'itin. 61, gagner le col des Hirondelles (3 h).

Du col, traverser les douces pentes neigeuses du versant italien pour attaquer un peu à droite du milieu de sa base la facette triangulaire qui constitue le flanc gauche de la première partie de l'arête, et dont le sommet précède la brèche en V. S'élever sur 100 m par des rochers terreux d'abord au milieu de la facette puis à proximité de l'arête par des passages évidents. Suivre une large écharpe oblique à gauche jusqu'à une dépression de l'arête formant un petit amphithéâtre. — On peut attaquer par le fil de l'arête (III) et rejoindre après 100 m, par une vire, le petit amphithéâtre. — Une cheminée encaissée de 15 m (IV) ramène à l'arête. Suivre l'arête jusqu'au sommet de la facette triangulaire (III et IV soutenu, cannelures verticales ; 3 813 m). — Ce dernier ressaut peut s'éviter par la gauche.

Descendre (rappel utile) à la brèche en V. Traverser à gauche pour gagner la première de 2 fissures parallèles, haute de 20 m (fissure Rey) : d'abord encombrée de feuillets détachés, elle se termine par un petit dièdre lisse de 3 m (V à V+) ; on sort à gauche à une petite plate-forme. Un court dièdre (III+) mène à une seconde plate-forme, d'où la voie originale part à gauche dans un couloir évident. Il est plus intéressant de sortir par la variante Gobbi.

Traverser horizontalement à droite sous de gros rochers pour atteindre le pied d'une fissure verticale au fond d'un dièdre peu marqué, haute de 25 m ; la gravir en opposition, en évitant un ressaut par la droite (IV/IV+). Poursuivre par une fissure-dièdre qui disparaît dans un beau et facile passage de roche cristalline, menant à droite à un replat sur le fil de l'arête.

Franchir un mur de blocs à gauche, puis suivre le fil de l'arête (on retrouve la voie originale) par neige et rochers. Par l'arête et une pente de neige, déboucher au point de jonction avec l'arête de Tronchey. Suivre à droite le fil de l'arête terminale jusqu'au sommet.

Par la face E, voie originale Gervasutti

Giuseppe Gagliardone et Giusto Gervasutti, 16-17 août 1942.

Itinéraire magnifique, très engagé. Il se déroule sur un excellent granit, compact et difficilement pitonnable. Les principales difficultés sont concentrées dans les premiers 550 m. La voie originale n'a été reprise que 2 fois à ce jour, dont Renato Casarotto en solo hivernal, qui ne réussit qu'après plusieurs tentatives. C'est sans doute l'itinéraire le plus difficile ouvert dans la chaîne du Mont-Blanc avant 1950.

Plusieurs variantes ont été ouvertes à gauche de l'itin. original, et 2 autres voies indépendantes dans la partie droite de la face E.

La voie Gervasutti est très peu équipée ; prendre un grand choix de coinceurs, éventuellement des pitons. La partie inférieure de la face est sillonnée par une vire et un couloir en Y, qui marque la ligne d'attaque ; ces 200 premiers mètres sont exposés aux chutes de pierres et aux avalanches venant de la vire précitée. Certains passages, dans l'état actuel, sont en artif. Les passages en libre les plus durs seront cotés VI sans indice alphabétique, faute de pouvoir préciser.

ED. — Photo 10. — 15 h env.

53. Du col des Hirondelles (voir itin. 61), traverser par des pentes raides et des rochers brisés jusqu'au pied de l'Y. S'élever par la rive droite de son jambage jusqu'à la vire de neige (plusieurs itinéraires possibles, IV et V).

Vers l'extrémité gauche de la vire, là ou elle est coupée par un petit ressaut rocheux, suivre une ligne de rochers brisés oblique à gauche, sur 3 longueurs (2 surplombs, V et V+) jusqu'à une grande terrasse au pied d'un grand dièdre, le plus à gauche dans la paroi.

Ne pas prendre ce dièdre (vieux pitons) mais, de l'extrémité droite de la terrasse, escalader une fissure pénible (V) ; petite terrasse. Traverser à gauche, prendre un dièdre défendu par une bande horizontale de quartz, et le gravir sur 2 courtes longueurs jusqu'à une plate-forme inclinée (début VIa puis V et V+, soutenu).

Se porter franchement à droite pour aller escalader, par son fond, un dièdre vertical puis surplombant, sur 40 m (VI). Traverser à droite sur des échafaudages de glace jusqu'à un renfoncement sous une avancée rocheuse caractéristique : la Tour.

On voit à gauche une étroite fissure verticale, lisse, aux bords évasés. Sur sa gauche, gravir une petite fissure oblique et surplombante (artif). Au-dessus de la Tour, s'élever dans une zone moins inclinée sur 3 longueurs, jusqu'au large rebord surplombant qui traverse la paroi sur toute sa largeur. Gagner à gauche l'endroit où le rebord est le moins haut (20 m, avec une avancée de 1 m). S'élever là par un dièdre de 12 m (VI) jusqu'à un renfoncement, puis gravir une petite fissure oblique (VI et A2), et se rétablir au-dessus du rebord.

Traverser obliquement en montant à droite, par des plaques inclinées délicates, sur 2 longueurs. Franchir une coulée de verglas et atteindre une vire de rochers brisés. La suivre jusqu'à une sorte de brèche (terrain brisé et glacé délicat) qui donne accès à la facette terminale. S'y diriger au mieux pour rejoindre l'arête de Tronchey, que l'on suit jusqu'à la Pointe Walker.

Par l'arête de Tronchey (SE)

Titta Gilberti avec Elisée Croux, 22-23 août 1936. La variante directe de la 3e tour est due à J. Gourdain avec Lionel Terray, 31 juillet-1er août 1949, lors de la 2e ascension.

Magnifique escalade dans une ambiance grandiose et dans des lieux très peu fréquentés. Les difficultés sont concentrées dans les 3 tours qui caractérisent l'arête, principalement dans la 3e tour si l'on utilise la variante Terray. C'est ainsi que la course sera décrite ici.

Hauteur 950 m depuis le ref.-biv. Jacchia. La voie est peu équipée ; emporter un jeu de coinceurs pour la 3e tour.

TD–. — Photos 10, 11. — 10 à 12 h.

54. Du ref.-biv. Jacchia, suivre l'arête et rejoindre l'Aig. de Tronchey, puis descendre par le fil de l'arête dans la brèche suivante (brèche de Tronchey).

Suivre l'arête, éviter un gendarme rouge par un important crochet sur la gauche et revenir à l'arête par une cheminée raide (IV). Suivre alors le fil de l'arête ou son flanc gauche (passages de III). 50 m env. avant la

1re grande tour, traverser franchement le pilier de granit compact qu'elle projette sur le versant SSE, pour rejoindre le couloir-cheminée issu de la brèche entre la 1re et la 2e tours. Remonter ce couloir au début, puis sa rive droite (III) et atteindre l'arête au-dessus de la brèche précitée.

La remonter jusqu'au point où elle devient impraticable. Traverser, en montant un peu, le couloir de neige juste à gauche de l'arête et, par un passage évident, prendre pied sur le petit éperon issu de la 3e tour. Une longueur mène sur le fil de cet éperon (IV). Monter jusqu'au pied de la 3e tour (IV). La voie originale gagne la brèche à droite et sort en face E en rejoignant la vire de rochers brisés de la voie Gervasutti (plus facile que la variante Terray décrite ci-dessous).

Du pied de la 3e tour, traverser de 20 m env. à droite (facile), puis monter de 40 à 50 m par des rochers raides et peu solides (III et IV). On arrive à un emplacement peu incliné parsemé de blocs. De l'extrémité gauche de cet emplacement, faire une traversée bavaroise pour prendre pied sur une dalle compacte ; la gravir sur un peu plus de 15 m (III, puis IV et V avec pas de VIa), puis traverser à droite (V), pour rejoindre un dièdre surplombant, au-dessus et à gauche d'un vieux piton d'une tentative Croux. Traverser de 12 m en ascendance à droite au-dessus du surplomb dominant ce piton pour rejoindre une petite vire commode. De la vire, une courte longueur (pas de V) permet de rejoindre des rochers faciles qui ramènent à l'arête.

Rejoindre la brèche amont de la 3e tour et suivre le fil de l'arête (II, neige) jusqu'au sommet de la Pointe Walker.

Par la face SSE, « directissime »

Gian Carlo Grassi, Renzo Luzi, Mauro Rossi, 19 juin 1985.

Grande course glaciaire complète dans un versant au soleil, dans une face haute de plus de 1 000 m. L'itinéraire emprunte une succession de goulottes d'une grande raideur et sort directement à la Pointe Walker. Étant donné l'orientation et l'altitude (attaque vers 3 000 m), cette course n'est pas toujours en conditions.

ED–. — Photo 11. — 11 h.

55. Des chalets de Tronchey (val Ferret), suivre l'itin. 60 jusqu'au glacier de Pra Sec. Le remonter en longeant le socle de la face E des Aig. de Pra Sec, et franchir la plus haute rimaye à l'aplomb du système de goulottes issues des abords du sommet (5 h).

Remonter le couloir de neige jusqu'à la première difficulté. Gravir 35 m puis l'étranglement au-dessus (70°). La goulotte se redresse sur 25 m (70°/75°) et après 50 m moins raides on rejoint la base d'un névé. Ne pas aller à gauche mais gagner le pied du second ressaut entaillé par une goulotte rectiligne.

Gravir les premiers 50 m saillants (65° à 80°) et la cascade finale haute de 15 m (90°/80°). Par un petit couloir de glace, rejoindre le névé qui s'achève en un ravin où tombe une cascade de 45 m de haut. La gravir (85°/90°) et en sortir à gauche. Remonter un couloir sur 30 m et le ressaut suivant dont 20 m directement (90°). Poursuivre par le couloir et après 50 m, rejoindre une petite crête de neige à gauche.

11. Grandes Jorasses, versant SSE.

Grandes Jorasses
Aiguilles de Pra Sec
Brèche de Tronchey
Aig. de Tronchey
Ref. - Biv.
Jacchia
54
58
55
60
16
Glacier de Pra Sec

Traverser franchement à gauche le long d'une fausse vire (4 longueurs, début 55°). Après 50 m, on débouche dans le couloir central, à peu près à mi-paroi. Le suivre (parcours encaissé) jusqu'au-delà de la base d'un éperon oblique à droite, flanqué de tours jaunâtres (partie supérieure de la voie Gogna-Macchetto). On arrive à un coude très marqué qui se développe de gauche à droite.

Le remonter en délaissant une raide goulotte issue de l'arête de gauche, jusqu'à revenir dans le couloir caractérisé par quelques étranglements. Les gravir directement (65°) et suivre le couloir encore longuement, jusqu'à ce qu'il se réduise en une goulotte. Après un premier passage avec de courts ressauts (70°), suivre la goulotte sur 2 longueurs (75°, et 90° pour le second ressaut), et sortir par le couloir terminal qui mène directement au sommet de la Pointe Walker.

Il est possible, de la base de la goulotte, de sortir à gauche par une longueur difficile en mixte, sur l'arête terminale de Pra Sec, par laquelle on gagne le sommet.

Tour des Jorasses 3 813 m

Éperon puissant situé au milieu du versant S des Grandes Jorasses touché à l'W par le glacier des Grandes Jorasses. On dénombre 5 itinéraires d'escalades, dont l'un est de toute beauté.

Voie de descente

56. Du sommet W, descendre par l'arête (exposé) à la brèche qui le sépare du sommet secondaire E et, par 3 rappels (deux pour 50 m de rocher, un pour la pente de neige), gagner le glacier des Grandes Jorasses, face aux Rochers Whymper. On rejoint l'itin. 45.

Par le grand dièdre S

Gianni Calcagno, Leo Cerruti et Guido Macchetto, 5-6 août 1970.

Magnifique et élégante escalade de 700 m, devenue classique. Elle est soutenue dans les premiers 400 m ; bon rocher. La voie est en grande partie équipée ; se munir d'un large choix de coinceurs.

ED–. — Photos 6, 12. — 10 h.

57. Du ref. Boccalatte, descendre par le sentier d'accès 200 m env., et rejoindre la moraine. Remonter le glacier des Grandes Jorasses et contourner à droite la base de l'arête S de la Tour des Jorasses. Rejoindre le couloir séparant l'arête S de la paroi coupée par le grand dièdre S (3 100 m env.) (2 h). Gravir le couloir sur quelques dizaines de mètres et prendre sur la droite un dièdre montant vers la gauche. Gravir entièrement le dièdre (3 longueurs, passages de IV+) et atteindre une arête. Surmonter un ressaut à droite (V) et continuer directement vers de gros blocs que l'on contourne sur la gauche (passages de IV et IV+). Rejoindre une plate-forme à la base d'un dièdre en dalles, très ouvert, avec 2 fissures parallèles (ne pas emprunter le dièdre surplombant plus à gauche). Monter tout droit sur 140 m env. tantôt dans l'une, tantôt dans l'autre fissure (V et V+, 2 longueurs en VIa), et atteindre une petite plate-forme à la base du grand dièdre (seul bivouac de la voie).

12. Tour des Jorasses, face S.

Remonter le grand dièdre sur sa face gauche. Monter d'abord vers la gauche par des petits dièdres (V+), puis rejoindre une série de fissures conduisant vers le dièdre IV+, V). Suivre les fissures (petits surplombs, V/V+), puis à gauche le fil de l'arête sur une longueur (V/V+). Revenir vers le dièdre et par des dalles atteindre le bord du grand toit délimitant le dièdre (IV+). Gravir sur la droite un mur en dalles, au-dessus du toit (IV+), et atteindre des rochers plus faciles. On peut de là redescendre en rappel dans l'axe de la voie.

Continuer sur l'arête ou en contournant sur la droite des passages difficiles, jusqu'à l'antécime, et rejoindre le sommet par des névés et des éboulis.

Aiguilles de Pra Sec

Trois petites pointes rocheuses sur l'arête de Pra Sec des Grandes Jorasses. Elles déterminent une belle paroi E très raide, qui tombe sur le glacier de Pra Sec. Aig. Méridionale (3 438 m), Aig. Centrale (3 490 m env.), Aig. Septentrionale (3 549 m).

Voir normale de descente

Photos 11, 13. — 4 h.

58. De l'Aig. Centrale, on passe facilement à l'Aig. Méridionale. Suivre l'arête SSW de cette aiguille. Contourner les 3 gendarmes aigus de la partie médiane de l'arête par la droite, en descendant sur le flanc E (rochers raides et pourris mais non difficiles). Reprendre l'arête et la suivre jusqu'à sa base (2 600 m env.). La quitter vers la gauche par une large vire menant au névé situé entre les arêtes SSW et S de l'Aig. Méridionale. Traverser sous la base de l'arête S puis par de raides pentes herbeuses et une forêt de pins, descendre aux chalets de Tronchey (val Ferret).

Par la face E de l'Aig. Centrale

F. Bessone, Ugo Manera, Alessandro Nebiolo, E. Pessiva, 2-3 septembre 1978.

Belle escalade, sur un bon rocher en dalles, soutenue dans la deuxième partie de la voie. Hauteur de la paroi : 600 m env.

TD. — Photo 13.

59. Des chalets de Tronchey (val Ferret), suivre l'itin. 60 jusque sur la vire 200 m au-dessus de l'attaque (4 h 30).

Se porter à droite au-dessous d'un grand dièdre. Remonter sur 4 longueurs l'éperon qui côtoie le dièdre sur la gauche (III et IV, un passage de IV+) jusqu'à une série de vires. Traverser à droite sur 40 m, étant ainsi 20 m au-dessus d'une rampe qui porte vers le milieu de la paroi. Descendre sur la rampe (rappel utile) et la suivre vers la droite (d'abord facile, puis 2 longueurs de III), jusque là où elle bute contre un ressaut raide. Franchir le ressaut (IV−) et traverser toujours vers la droite sur de petites vires, pour atteindre la base d'un petit pilier détaché.

Gravir l'arête raide du petit pilier, en appuyant à droite où il devient vertical (IV/V) ; un dièdre (IV+) mène à une zone de rochers brisés faciles.

13. Aiguilles de Pra Sec, versant E.

Tour des Jorasses
Aig. de Pra Sec
Dôme de Rochefort
60
59
58
Glacier de Pra Sec
60

Monter directement à des dalles grises, que l'on attaque entre et au-dessous de 2 fissures. Rejoindre la fissure de gauche et la suivre sur quelques mètres (V/A1) ; traverser à droite jusqu'à une vire étroite, gravir une fissure et à gauche les dalles au-dessus (IV/IV+) ; bon relais. Monter en biais à droite, contourner une arête raide et atteindre un relais dans du rocher brisé (IV/IV+). Gravir des dalles et des dièdres légèrement obliques à gauche (35 m, V) puis par des dièdres (III+) rejoindre une zone facile sur la droite.

Traverser jusqu'au-dessus d'un mur vertical. Gravir sur la droite une série de fissures et de blocs surplombants qui mènent à un balcon (IV+). Gravir un petit dièdre (IV) puis une dalle de 7 m (V+) et rejoindre une grotte. En sortir en surplomb à gauche et suivre dans des dalles une fissure oblique à gauche (V), pour atteindre un petit pilier que l'on gravit (facile). Suivre sur 3 longueurs un long couloir-dièdre qui monte à gauche (III à IV+), en contournant à la base un dièdre bien marqué.

Monter sur la première d'une série de corniches obliques (V+/A1), la suivre vers la gauche jusque là où les dalles qui dominent sont fissurées. Gravir les dalles (30 m, IV+ à V+). Continuer droit, franchir une fissure en biais sur la droite (III+) et traverser sur des vires jusqu'à un dièdre. Le remonter et atteindre une arête raide près de l'arête faîtière (III). Traverser à gauche sur des rochers rougeâtres, puis par des dièdres rejoindre l'arête (IV) quelques mètres au N du sommet.

Par la face E de l'Aig. Méridionale, voie italienne

Gian Carlo Grassi, Alessandro Nebiolo, 10 août 1971.

Belle escalade en très bon granit, de 600 m de hauteur env. La paroi, formée par des dalles, est coupée par une longue fissure oblique, qui marque l'itinéraire. La voie décrite ici emprunte sur quelques longueurs, puis croise dans le haut, l'itin. original de la face (voie britannique de 1969). Elle est en partie équipée.

TD–. — Photos 11, 13. — 6 h 30.

60. Des chalets de Tronchey (val Ferret), suivre l'itin. 16 du ref.-biv. Jacchia. Ne pas traverser le torrent de Pra Sec, mais remonter le flanc de la moraine sur des pentes raides et rejoindre le glacier de Pra Sec (2 h).

Remonter ce glacier en direction de la base (2 570 m) d'une vaste rampe de plaques qui entaille la paroi des Aig. de Pra Sec de gauche à droite, et permet d'en surmonter le socle lisse et surplombant (1 h).

Pour monter sur la rampe, escalader les premières plaques en ascendance à droite (III/III+) et atteindre la conque détritique en partie couverte de neige. Continuer par un petit couloir évident de 40 m (III) et sortir sur une pente pierreuse. Tirer encore à droite et, par une vire, gagner le pied de la paroi proprement dite, 200 m au-dessus de l'attaque (1 h 30).

Gravir à droite une plaque lisse (une longueur, IV) entre des surplombs, et rejoindre un éperon qui borde de grandes plaques surplombantes. Escalader cet éperon sur 3 belles longueurs (III et IV), puis sur son flanc droit un dièdre oblique de 20 m (IV), et continuer jusqu'à une terrasse de l'éperon.

Se porter à droite et par une plaque fissurée pénétrer dans un petit couloir très lisse que l'on gravit en 2 longueurs par le fond (passages de IV).

Au-dessus, ce couloir oblique à droite et se transforme en fissure que l'on escalade en 2 longueurs (III/IV et IV+). Sortir sur l'arête à droite et la suivre jusqu'à une excellente terrasse. La fissure s'interrompt et reprend 30 m plus haut. Gravir quelques plaques et après 12 m franchir un mur vertical commode (III), puis rejoindre la fissure. La suivre et passer le surplomb qui la ferme 40 m plus haut (IV/V). La fissure monte en diagonale à droite, la suivre sur 3 longueurs (IV) jusqu'à une petite épaule au pied d'une fissure verticale.

Gravir cette fissure sur 40 m et rejoindre une niche commode dominée par un surplomb humide et visqueux (IV). S'élever de 3 m et traverser à gauche pour rejoindre une nouvelle fissure (IV+). La suivre jusqu'au sommet d'un bloc d'où l'on traverse en pleine paroi à gauche (V). Rejoindre ainsi une autre fissure invisible du bas, la remonter sur 40 m (IV) et poursuivre jusqu'à une terrasse (IV). Gravir à droite une plaque (IV) et revenir à gauche dans une gorge détritique (40 m). Remonter un petit couloir (III) qui débouche à une brèche en amont de l'antécime.

Monter 20 m sur l'arête au-dessus et atteindre un tunnel. Suit une longueur sur l'arête ou un peu à gauche (IV/IV+). Après 40 m directement (IV), rejoindre une petite entaille de l'arête S. Suivre la crête (3 longueurs amusantes) jusqu'au sommet.

Col des Hirondelles 3 480 m

T.S. Kennedy, J.A.C. Marshall, G. Loppé et Leslie Stephen avec Johann Fisher, Ulrich Almer et Henri Devouassoud, 14 juillet 1873, en traversée du NW au SE.

Utilisé pour rejoindre l'attaque de certaines voies des Grandes Jorasses, ou pour revenir sur le glacier de Leschaux après la descente de l'arête des Hirondelles.

Par le versant SE

Parcours sur un glacier raide et crevassé.

PD. — Photo 15. — 3 h.

61. Du ref.-biv. Gervasutti, redescendre sur le glacier plat sous le bivouac, ou traverser sur les rochers et rejoindre le glacier à l'W du rognon.

Remonter le glacier vers l'WSW en direction du col des Hirondelles (grandes crevasses) pour s'approcher, sans la toucher, du pied de l'arête ESE du sommet S de la Pointe des Hirondelles. Puis remonter la combe neigeuse et la pente raide qui descend du col, ou (préférable) longer vers la gauche un système de rochers qui monte sous le flanc S du col et rejoindre la selle neigeuse du col même par une raide mais courte pente glacée (3 h).

Par le versant NW (à la descente)

Ce versant n'est guère utilisé qu'à la descente (voir remarques ci-dessus). La montée en est désagréable et délicate.

Photo 7.

62. Du col des Hirondelles, rejoindre la bordure N de la calotte neigeuse du col, près des premiers rochers de l'arête frontière de la Pointe des Hirondelles, sur le versant français. On trouve les premiers anneaux de rappel. Descendre en rappel le long d'une côte rocheuse aboutissant au glacier de Leschaux, rive droite du large couloir du col : 400 m, rappels continuels, en principe équipés. Il ne reste qu'à descendre le glacier de Leschaux, assez crevassé.

Petites Jorasses 3 650 m

Sommet intéressant présentant une belle face W, sur laquelle ont été tracés plusieurs itinéraires difficiles.

Voir normale de descente sur l'Italie

M. Bron, A. Contamine, P. Labrunie, 21 août 1955, à la descente.

C'est le meilleur itinéraire pour descendre des Petites Jorasses sur l'Italie. Il utilise la facette SE de l'arête SW. Quelques rappels.
Photo 15. — 3 h.

63. Du point d'arrivée de la voie Contamine de la face W (itin. 65), sur l'arête SW, descendre un dièdre ouvert et très prononcé (rappels ou IV). Ce dièdre conduit aux terrasses superposées, bien visibles de l'arête.

Atteindre ces terrasses, les suivre au mieux en tirant plutôt à gauche, près du couloir central descendant du sommet. Puis, à droite, descendre une rampe suivie d'un rappel conduisant à une autre zone de terrasses. Tirer encore à droite, et descendre près d'un couloir provenant de la Pointe N de Fréboudze, suivre quelque peu cette arête.

Un autre ressaut coupe la voie. Tirer à gauche jusque sur le glacier, puis contourner ce ressaut et reprendre le rocher facile jusqu'à la rimaye. Descendre par cette branche du glacier de Fréboudze (grandes crevasses) et du replat au milieu du glacier monter à gauche au rognon rocheux où se trouve le ref.-biv. Gervasutti.

Face W

Très belle paroi de dalles, haute de 700 m au-dessus du glacier de Leschaux. Elle est parcourue par 4 itinéraires, dont un seul est classique. Le retour se fait soit par la voie Contamine de descente sur l'Italie (itin. 63), soit en rappel, le long de la voie classique Contamine (à gauche de cette voie dans le haut, à droite dans la partie médiane), mais attention : la plupart de ces rappels sont de 50 m, et il est nécessaire de prévoir cette longueur de corde (les rappels sont équipés).

Voie « La Beauté du Monde »

Christian Dalphin, Michel Piola, Pierre-Alain Steiner, 12-14 août 1981.

Cet itinéraire se déroule dans la partie droite de la face ; il franchit en son milieu le grand bouclier de dalles compactes, barré de 2 lignes de surplombs caractéristiques. Les difficultés sont concentrées dans la section médiane, très raide, comparable à la face S du Fou avec une escalade plus extérieure néanmoins. La voie est actuellement peu équipée : prendre des pitons et du matériel de bivouac. Lorsque tous les pitons seront en place, il devrait être possible de parcourir cette voie totalement en libre, même la première barrière de toits.

14. Petites Jorasses, versant NW et face W.

ED. — Photo 16. — Prévoir un bivouac.

64. Du ref. de Leschaux, descendre sur le glacier de Leschaux et le remonter pour gagner l'anse glaciaire au pied de la face W des Petites Jorasses (2 h). Attaquer à droite du long dièdre ouvert de la voie classique. Franchir la rimaye (difficile) et longer les rochers sur 3 longueurs jusqu'au pied de l'éperon bordant la face.

Gravir ce pilier sur 7 longueurs (IV+ et V) jusqu'à un bon bivouac (relais commun avec la voie classique), situé à gauche d'un névé, au pied des grandes dalles. Traverser vers ce névé (une longueur) pour gagner un dièdre caché conduisant à une fissure entaillant un surplomb (3 longueurs, V+ puis V/V+ et A2) ; relais à la fin de la fissure, au pied d'une dalle compacte, qui constitue le passage-clé.

Suivre des cannelures à gauche (A2 et V+), puis revenir à droite par 2 pendules successifs (1 spit en place) et gagner une petite fissure-rampe conduisant sous la 1re barrière de toits (VIa). Franchir cette barrière par une bonne fissure (2 m à l'horizontale, A2) et un dièdre surplombant de 5 m (VIa) ; 2 longueurs depuis le pied de la dalle. Tirer ensuite à gauche (V−) pour franchir la 2e barrière de toits par une veine de quartz (V+). Retraverser au-dessus à droite pour gagner un système de fissures et de dièdres menant à une plate-forme (2 longueurs, V+).

Continuer ensuite en très légère oblique à droite, par un pilier, en 6 longueurs jusqu'à l'arête sommitale (IV et V).

Voie classique Contamine

Marcel Bron, André Contamine, Pierre Labrunie, 20-21 août 1955.

Magnifique escalade classique ; mis à part 2 passages, il s'agit d'une escalade extérieure très soutenue, aérienne et exposée (relais exigus) ; le rocher est excellent.

La voie est équipée, les points d'assurage sont espacés mais suffisants. S'encorder à 50 m si l'on veut redescendre en rappel par la même voie.

TD. — Photos 14, 16. — 8 à 10 h.

65. Du ref. de Leschaux, descendre sur le glacier de Leschaux et le remonter pour gagner l'anse glaciaire au pied de la face W des Petites Jorasses. Un long dièdre ouvert marque le point d'attaque de la voie (2 h).

Franchir la rimaye et par des gradins (III/IV) atteindre la base du grand dièdre, haut de 200 m env. Passer un surplomb et remonter le dièdre sur 25 m (V+) ; poursuivre par la fissure du fond du dièdre sur quelques longueurs (IV+/V), jusqu'à une large vire de blocs, 50 m sous les grands toits. Virer à droite, gravir 2 courts dièdres puis traverser en dalle (lisse et exposé) pour franchir la zone de toits à son point faible (ensemble de V et V+).

Tirer en oblique à droite, puis remonter le bord d'un couloir parfois mouillé (V), pour atteindre un système de vires au pied des dalles (relais commun avec « La Beauté du Monde »). Le suivre en montant vers la gauche (III), et gravir la fissure-cheminée marquant la partie centrale de la face (V+ pénible, 20 m). De là, 2 passages :

a) s'élever à gauche dans le dièdre ou sur la dalle (V+), continuer à monter vers la gauche pour atteindre une corniche en surplomb (une longueur) ; passer à droite au-dessus du dièdre précédent, gravir un surplomb (A1) et le dièdre qui suit (V+), c'est le passage original ;

b) monter tout droit par des fissures et des dalles (V+) et passer directement le surplomb (VIa), un peu à droite de la voie originale.

Monter à gauche dans des dalles jusqu'à une bonne terrasse (longueurs de IV+). Continuer en oblique à gauche (IV), et prendre une rampe du versant NW, qui conduit à un névé triangulaire. Le remonter, ou passer en dalles à droite (V+). Traverser à droite sur 40 m env. (légère descente) et remonter derrière une arête la première cheminée rencontrée (IV+/V).

Poursuivre directement en face NW, par des dièdres ouverts et des dalles (3 longueurs), puis tirer à droite pour revenir en face W. Progresser au mieux par des dalles et des dièdres, près de l'angle de l'éperon (mais en restant en face W), jusqu'au sommet (IV+ avec des pas de V).

Par la face E, voie Bonatti-Mazeaud

Walter Bonatti et Pierre Mazeaud,en 2 jours, juillet 1962.

Très belle escalade sur un rocher excellent, dans une face particulièrement raide. Hauteur 450 m : première partie de 200 m avec des passages d'artif, seconde partie de 150 m en libre, et la fin en mixte très délicat. La voie est peu parcourue et n'est pas équipée.

TD+. — Photo 15. — 10 à 12 h.

66. Du ref.-biv. Gervasutti, descendre sur le glacier de Fréboudze et le remonter directement jusqu'au point le plus bas de la face, à gauche d'un

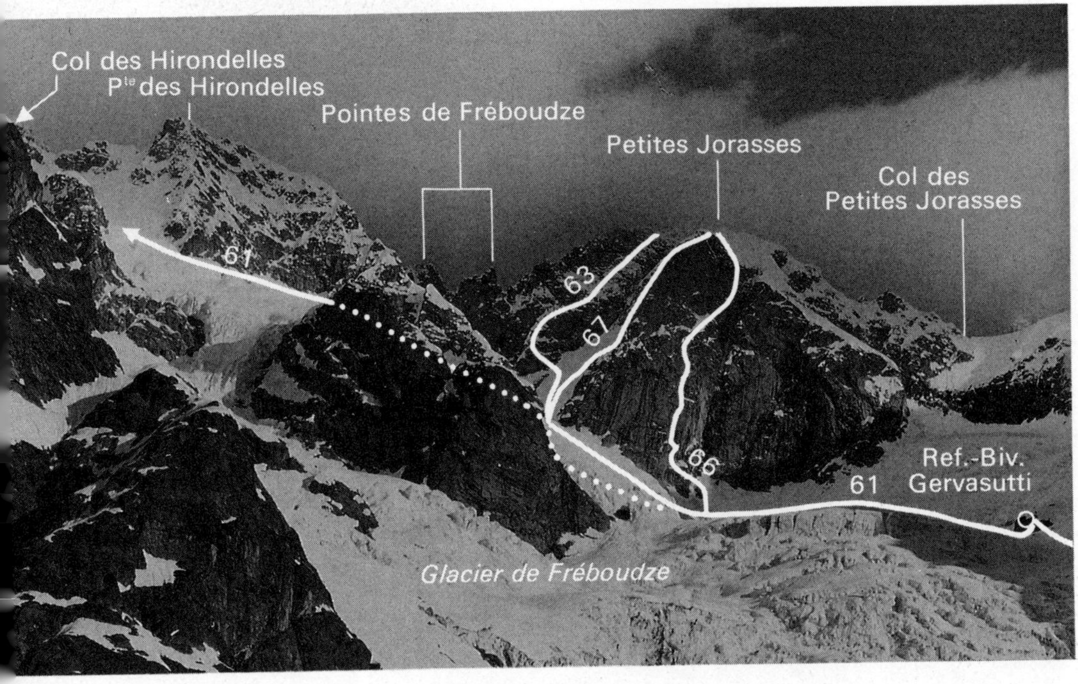

15. Petites Jorasses, versant SE.

large couloir (3 073 m) (1 h). Franchir la rimaye. Gravir des rochers brisés et tirer à gauche vers un couloir de dalles lisses. Le remonter sur 30 m (V+) puis traverser à droite vers une grande fissure que l'on gravit jusqu'à une vire sous un mur surplombant. Traverser à gauche de 10 m, gravir une fissure raide (V) puis aller à gauche jusque sous un dièdre impressionnant. Le gravir sur 35 m (V+ puis A1), et traverser à droite (A1) jusqu'à un bon relais sous un mur raide.

Gravir le dièdre au-dessus (A1, 15 m) jusqu'à un autre bon replat ; poursuivre par le dièdre (A1, 20 m) jusque sous un grand surplomb. Aller à gauche vers une niche (A1 et V), et toujours à gauche vers une seconde niche, puis passer au-dessus d'un surplomb et gravir une mince fissure jusqu'à une vire inclinée (V+ et A1). Monter tout droit (V+ et A1) vers un système d'écailles menant à gauche à un bon relais (IV).

Monter 5 m (V) et traverser à droite vers une bonne terrasse. De l'extrémité droite de cette terrasse, monter de 10 m, puis aller à gauche vers une fissure cannelée, que l'on remonte jusqu'à un petit replat. Traverser à gauche vers une autre fissure (VIa). La gravir jusque sous un toit, passer le toit sur la droite et revenir à gauche au-dessus (VIa).

Monter à droite en 4 longueurs (III et IV) vers un couloir, qui conduit vers la ligne de goulottes caractéristiques bordant la face à droite. Gravir le mur à gauche de celles-ci en 4 nouvelles longueurs (IV+), avec parfois de la glace, jusqu'aux pentes de neige terminales plus faciles.

Petites Jorasses
65
64

Par l'arête S

Alfonso Castelli et Michele Rivero, 18 août 1935.

Très belle et intéressante escalade, sur un excellent rocher. Elle est bien à tort assez rarement parcourue. Hauteur 400 m, dont 200 m de difficultés. Le passage le plus délicat est équipé ; prendre un jeu de coinceurs.

D–. — Photo 15. — 5 h 30 du refuge.

67. Du ref.-biv. Gervasutti, rejoindre le glacier et le remonter vers l'W (grandes crevasses), et pénétrer dans la baie glaciaire entre la Pointe des Hirondelles et les Petites Jorasses. Franchir la rimaye et dépasser le pied de l'arête S des Petites Jorasses. S'élever de 2 longueurs dans la pente de neige comprise entre les arêtes S et SW, et traverser à droite sur une langue de neige pour rejoindre l'arête. De l'extrémité de cette langue, s'élever flanc W (peu difficile), vers le point où, de bombée, l'arête devient effilée ; on rejoint une terrasse étroite du versant E (3 340 m env.) (2 h 30).

Attaquer l'arête par son fil sur 10 m (IV) jusqu'à une petite plate-forme à droite, d'où l'on s'élève directement vers un bloc pointu de l'arête (IV). Descendre de 1,50 m versant W pour rejoindre le pied d'un dièdre rouge de 20 m que l'on gravit (IV) jusque sous le toit qui le ferme. Par le flanc droit du dièdre, se rétablir sur l'arête (V) et sortir au-dessus du surplomb (bonnes prises), puis gagner (IV) une terrasse 2 m au-dessus.

Poursuivre jusqu'au sommet de l'arête rocheuse, le plus souvent flanc gauche (III/III+, aérien). Par une mince arête de neige, gagner le sommet.

Aiguille de Leschaux 3 759 m

Très belle montagne qui domine les glaciers de Fréboudze, de Leschaux et de Triolet.

Par la branche E du glacier de Fréboudze, et l'arête E (voie normale de descente)

T.S. Kennedy et J.A.G. Marshall avec Johann Fisher et Julien Grange, 14 juillet 1872.

C'est l'une des voies normales, et celle qui est conseillée pour la descente, bien qu'elle soit plus détournée que la voie normale du versant S.

PD. — 3 h de descente.

68. Du sommet, suivre l'arête E, neigeuse et cornichée versant N, en traversant le P. 3 662 m rocheux, et le P. 3 654 m, jusqu'à la brèche précédant le Mont Greuvetta. Descendre versant S, par la branche orientale du glacier de Fréboudze, en passant une rimaye contre les rochers du Mont Greuvetta ; la pente s'accentue et devient crevassée dans la partie inférieure. Descendre ensuite obliquement à gauche, sous les escarpements du Petit Mont Greuvetta, et rejoindre un sentier qui ramène au chemin du ref.-biv. Gervasutti.

Par la face W et l'arête SW (voie britannique)

Chris Bonington, Joe Brown, R. Ford et Tom Patey, 18 juillet 1964.

Belle escalade de 650 m en très bon rocher. C'est un bel itinéraire du versant français de l'Aig. de Leschaux.

D+. — Photo 17. — 7 h du refuge.

16. Petites Jorasses, face W.

69. Du ref. de Leschaux, suivre l'itin. 77 du col de Leschaux. Parvenu au-dessus de la zone crevassée de la branche E du glacier de Leschaux, traverser celui-ci et gagner le goulet inséré au centre des rochers soutenant le grand névé suspendu de la partie inférieure de la face. Escalader une courte cheminée à droite. Traverser horizontalement à droite à la limite du névé et des rochers pour remonter le névé en direction de l'éperon SW qui le borde à droite. Franchir aisément cet éperon pour remonter sans peine les ressauts de son flanc S.

Gagner, par une traversée facile en montant à droite, des petits gradins couverts de neige, 100 m au-dessus du pied de l'arête SW.

Gravir l'arête (qui se transforme en pilier) directement sur 150 m (III et IV), par des rochers raides mais solides, pour atteindre une petite épaule dominant le couloir du col des Petites Jorasses. De l'épaule, escalader une cheminée, puis des rochers plus raides, jusqu'au pied d'un dièdre de 40 m sur le bord du pilier. Le gravir sur 10 m, puis sortir à gauche par une traversée à la corde (V) et gagner des rochers plus faciles. Continuer par un ressaut raide (30 m, IV+) où le pilier se redresse, et atteindre le fil de l'arête par un long couloir-cheminée.

Suivre l'arête en longeant son fil sur le versant italien et en contournant sur ce flanc quelques beaux gendarmes. Rejoindre le sommet par une série de cheminées.

Par l'arête NW

Gustavo Gaia, Francesco Ravelli et Guido A. Rivetti avec Adolphe Rey et Alphonse Chenoz, 31 juillet 1927.

Escalade intéressante, aujourd'hui classique quoique encore rarement faite. 325 m de hauteur, peu soutenue. On peut redescendre par la même voie : rappel de 40 m au passage de la dalle.

D–. — Photos 17, 18. — 3 h 30 à 4 h.

70. Du col de Leschaux, suivre le fil de l'arête NW neigeuse sur quelques mètres. Obliquer à gauche au-dessus du versant de Triolet dans une sorte de facette limitée à gauche par une arête secondaire bien marquée qui va se perdre plus bas dans les à-pics du versant italien. Monter droit dans le couloir entre ces 2 arêtes jusqu'à une encoche qui marque son origine sur l'arête de gauche. — Si les conditions sont mauvaises, rallier cette arête plus bas, à une première échancrure et la gravir jusqu'à l'encoche ci-dessus. — Par une longue vire ascendante de rochers brisés, gagner la brèche entre le 1er et le 2e ressauts.

Suivre le fil de l'arête jusqu'au pied d'une dalle haute de 40 m, barrée d'une ligne de surplombs en son milieu. Aborder la dalle sur la droite, pour contourner le surplomb situé à sa base, et par une courte traversée à gauche venir au-dessus du surplomb de départ ; monter droit jusqu'à 7-8 m sous les surplombs : les contourner vers la gauche, par une traversée exposée sur des rainures étroites, puis monter à nouveau droit par un petit mur et des fissures minces rayant la dalle (40 m, IV et V–). Suivre ensuite l'arête jusqu'au sommet du second ressaut (3 696 m). Par une arête presque horizontale, aiguë et aérienne, gagner la base du dernier ressaut.

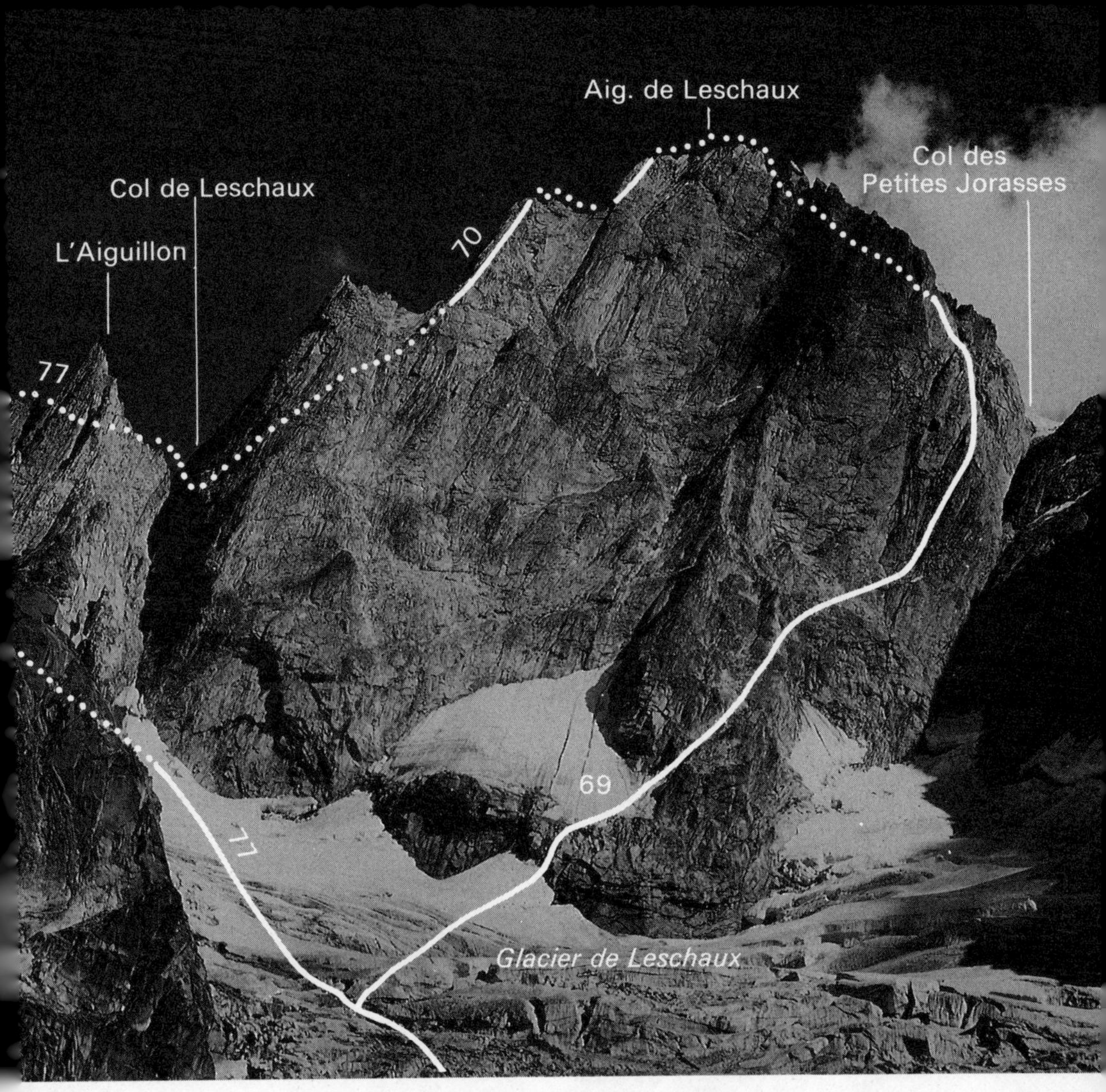

17. Aiguille de Leschaux, face W.

Traverser quelques mètres à droite. Suivre une étroite vire et gravir une cheminée, ou bien franchir un gros bloc, d'où l'on rejoint à droite la cheminée. Par la rive droite d'un grand couloir, gravir le mur terminal par des plaques et des cheminées débouchant sur l'arête près du sommet.

Par la face NE, voie originale Cassin

Riccardo Cassin et Ugo Tizzoni, 14-15 août 1939.

Belle escalade, assez rarement faite. Jusqu'à présent, la voie a été parcourue avec des passages d'artif, elle devrait pouvoir se faire en libre,

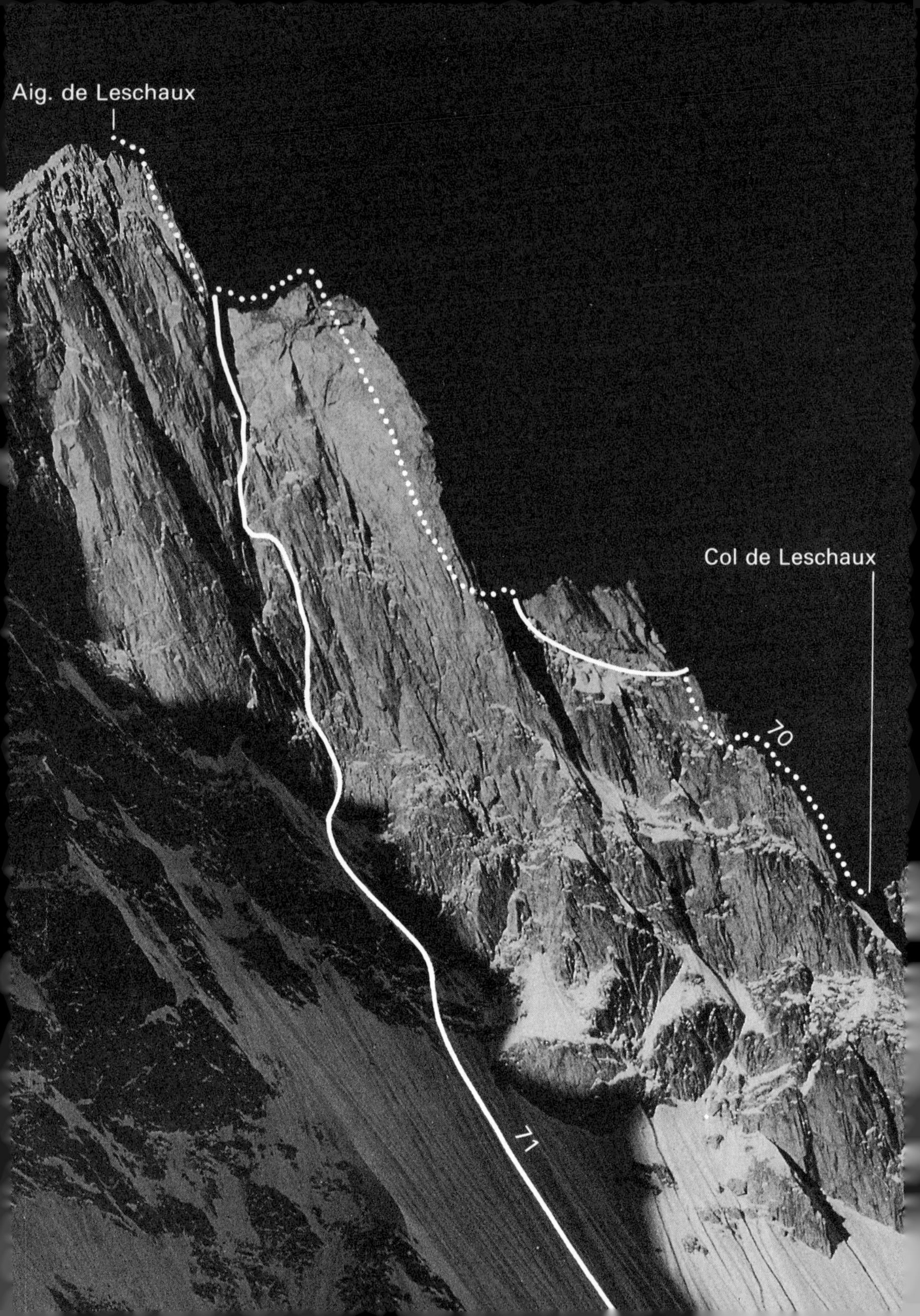
Aig. de Leschaux
Col de Leschaux
70
71

mais elle n'est pas encore très équipée. La section difficile est haute de 250 m ; de la rimaye au sommet, 750 m. Prendre un jeu complet de coinceurs et de Friends, et quelques pitons.

TD+. — Photo 18. — 12 h du glacier (horaire de la 1re ascension).

71. Du ref. Dalmazzi, suivre l'itin. 78 du col de Leschaux jusqu'au pied de la face NE (1 h 30).

Attaquer la face en son centre, en direction du sommet. Franchir la rimaye et remonter sur 400 m env. la grande pente de neige qui constitue la première partie de la face (50° à 55°). Rejoindre les rochers brisés situés au-dessus et les gravir pour gagner le pied d'un étroit couloir très raide, encombré de langues de glace, qui monte en légère oblique à gauche en direction de l'origine de l'arête E. Ne pas prendre ce couloir. Il faut s'élever au contraire dans le couloir-dièdre issu du pied du 3e ressaut de l'arête NW. Le point d'attaque de la voie Cassin n'est pas très évident : c'est une très mince fissure également oblique et passant sur la gauche d'un petit toit (3 h).

Rejoindre par une fissure-dièdre (IV/IV+) un bon replat sur la droite de la fissure précitée, et l'escalader (20 m, V+). Des rochers faciles mènent à la base d'une large cheminée. Gravir cette cheminée qui se termine par 2 gradins (IV+) et débouche sur une petite épaule. Gravir droit au-dessus un mur vertical (A1 et V) jusqu'à une étroite plate-forme. Descendre un peu vers la gauche, franchir une courte plaque (A1 et V) et se diriger à gauche (IV) vers un dièdre débutant par un surplomb. Éviter ce surplomb par le mur surplombant de droite (A1) puis rejoindre le dièdre et le gravir (V+). Il se termine par une courte fissure (IV) ; petit replat à droite. Se rétablir entre 2 blocs puis gravir un dièdre vertical de 20 m (IV+/V–) jusqu'à une grande terrasse.

La quitter en escaladant en diagonale une courte paroi verticale (A1 et V+) après laquelle on entre dans un couloir encombré de glace mais facile. Poursuivre dans un dièdre sur 25 m (IV et V) dont on sort à droite sur une excellente plate-forme.

Par un plan incliné, regagner le fond du dièdre et s'y élever sur 30 m (V et V+). Une courte cheminée facile débouche sur l'arête NW au pied du dernier ressaut.

Mont Greuvetta 3 684 m

Grand contrefort de l'arête E de l'Aig. de Leschaux. Nommé « Mont Gruetta » sur la carte IGN.

Voie normale de descente

Lionel Dècle avec Henri Devouassoud et Edouard Cupelin, 15 août 1876.

Itinéraire le plus simple et le plus facile.

PD. — 2 h 30 à la descente.

72. Du sommet, suivre l'arête W, ou par endroits les rochers brisés de son flanc S, jusqu'à la brèche séparant le sommet du P. 3 654 m, où l'on

18. Aiguille de Leschaux, face NE.

rejoint l'itin. 68 de l'Aig. de Leschaux, que l'on suit jusqu'au chemin du ref.-biv. Gervasutti.

Par le versant N, voie originale Boccalatte

Gabriele Boccalatte, Ettore Castiglioni, Titta Gilberti, 23 juillet 1937.

La face N est une superbe muraille, large et haute de 750 m, que parcourent seulement 3 itinéraires.

Escalade belle et intéressante, variée et soutenue, sur du rocher compact. La voie est relativement à l'abri des chutes de pierres, fréquentes dans toute la paroi.

TD. — 9 h.

73. Du ref. Dalmazzi, suivre l'itin. 78 du col de Leschaux, traverser le plateau du glacier de Triolet en appuyant à gauche vers le pied de la face (1 h 30).

A droite du couloir de glace qui coupe toute la paroi, on voit 2 grands éperons arrondis, séparés par un grand dièdre légèrement oblique. Franchir la rimaye et remonter la pente de glace initiale, raide, haute de 100 m, en direction de la base du premier éperon (1 h).
Rejoindre les rochers et s'élever directement sur 3 longueurs sur une paroi compacte, puis gravir une cheminée étroite (V pénible) qui s'achève dans l'angle du dièdre précité. Suivre une fissure, contre la paroi du deuxième éperon, jusqu'à une terrasse. Continuer dans la même direction, par des fissures et de petits dièdres, encombrés de glace, sur 4 longueurs, de difficulté croissante à mesure qu'on s'élève.

Dépasser ainsi une courte pente de glace en se tenant contre les rochers à droite pour prendre une cheminée qui s'ouvre en dièdre (V) et porte à droite sur la paroi du 2ᵉ éperon. Après quelques mètres commence une traversée en pleine paroi, longue de 70 à 80 m, assez exposée et très élégante (V, un passage de V+) qui permet de rejoindre la crête du 2ᵉ éperon.

Monter en oblique à droite par des plaques sur 15 m, puis reprendre l'escalade directe en se tenant sur le bord de la crête, à gauche d'un très raide goulot de glace, par quelques fissures superficielles (50 m). Deux longueurs faciles mènent à la base d'un ressaut lisse. Le remonter par une fissure oblique sur 60 m. Traverser à droite par une vire. Par un petit dièdre, quelques rochers plus faciles, et des plaques délicates, rejoindre un petit replat.

Surmonter une plaque verticale et une courte pente de glace verte qui prend fin contre un ressaut vertical lisse ; traverser à droite en légère descente jusqu'à un relais (du replat, 30 m, V). Continuer par du rocher friable entre la paroi et la pente de glace et, par un rappel oblique de 15 m, rejoindre une longue fissure qui remonte obliquement la paroi vers la droite ; l'escalader. On arrive à une zone de rochers plus faciles. La remonter (rocher raide, bonnes prises, neige parfois) et sortir sur l'arête W à peu de distance du sommet.

Par la face E, voie originale

Ugo Manera, Claudio Sant'Unione, 13 août 1974.

19. Mont Greuvetta, face E.

Mont Greuvetta
P. 3557 m
74
Glacier de Greuvetta

Cette belle paroi de 500 m n'a été explorée que tout récemment ; 3 voies ont été ouvertes entre les arêtes NE (voie de 1911) et SE (voie de 1942).

Très belle escalade principalement libre et très soutenue dans les deux premiers tiers. Hauteur 500 m. Le rocher est excellent. Les relais sont exigus dans les 300 premiers mètres.

TD+. — Photo 19. — 10 à 12 h.

74. Du ref.-biv. Gianni Comino, traverser à la base du Mont Vert de Greuvetta pour gagner le glacier de Greuvetta, et le remonter (grandes crevasses et ressauts raides, le meilleur passage est au voisinage de sa rive gauche). De sa combe supérieure plane, obliquer à gauche et gagner le pied de la face E (3 h).

Attaquer la paroi en son centre, à l'unique endroit non barré par des toits, à l'aplomb d'une fissure évidente qui s'élève en oblique vers la droite. La rejoindre par un dièdre vertical (V), la suivre en passant un surplomb (IV+, A1) et gagner à droite une niche. Suivre à droite une fissure dans une dalle grise (IV/IV+) et, quand elle se perd, traverser à droite (V) pour atteindre le début d'une série de dièdres et fissures coupées de petits toits.

En 4 longueurs (relais sur étriers), remonter ces dièdres (ensemble de IV+, V et A1), franchissant au passage 2 toits (A2) et contournant un 3e grand toit par la gauche pour atteindre au-dessus un bon relais. Remonter directement une cheminée verticale de 30 m (III et IV) et avant d'atteindre un surplomb noir, sortir à droite et surmonter un mur vertical de 5-6 m (V+). Suivre à droite une large fissure de 40 m (III+, un pas de IV+). Remonter un dièdre oblique (IV) qui porte à gauche sur une rampe parallèle à la fissure précédente, env. 30 m plus haut. Suivre cette rampe à droite sur 30 m (III/III+) jusqu'au pied d'une étroite fissure-cheminée verticale.

En 2 longueurs, s'élever de 75 m dans cette fissure (IV à V+). Laisser la fissure qui part sous de grands toits, et s'engager sur les dalles à droite. Traverser à droite 10 m en descendant, puis 20 m en montant (V, soutenu). S'élever alors directement dans les dalles (V) et après 30 m env., dépasser une petite arête et rejoindre un bloc commode.

Franchir un petit mur de 6 m (V) puis s'élever en oblique à gauche : d'abord 30 m dans des petits dièdres, puis 40 m sur de belles dalles (III et IV). De là, traverser 40 m à gauche sans difficulté, puis s'élever tout droit de 40 m dans des plaques faciles pour rejoindre un petit éperon de roche rouge qui mène sous l'ultime ressaut de dalles. Remonter directement ce ressaut en 3 longueurs (III et IV) pour sortir sur l'arête faîtière à quelques mètres au S du sommet.

Petit Mont Greuvetta 3 226 m

Situé sur la longue arête SSE du Mont Greuvetta. Souvent appelé aussi Pointe Bosio, ou « Petit Mont Gruetta » sur la carte IGN.

Voie normale de descente

Aucune voie n'est pratique pour descendre du Petit Mont Greuvetta.

Celle-ci est celle que l'usage a fait adopter au cours des dernières années.
4 h.

75. Du sommet, suivre l'arête SSE sur 20 m env., pour trouver le premier rappel. Faire 2 autres rappels sur le versant du couloir séparant l'arête SSE du contrefort SE, et un nouveau rappel sur le fil. On rejoint ainsi une épaule plate de l'arête. La suivre jusque sur le bord d'un grand ressaut surplombant. Par un rappel de 40 m dans le vide, descendre quelques dalles ; faire un autre rappel dans une zone lisse et compacte. Descendre longuement sur l'éperon médian, puis dans un couloir pour passer juste à droite sur un contrefort, au niveau d'un grand bloc dans le couloir. Descendre par le fil de cette arête, jusqu'à un nouveau ressaut raide (rappel de 25 m). Tirer à gauche du fil par une cheminée évidente, et repasser versant Fréboudze avec un dernier rappel de 25 m depuis une brèche bien marquée.

Par la face SW, voie Grassi-Meneghin

Gian Carlo Grassi et Isidoro Meneghin, 21 juillet 1983.

Très belle paroi de 600 m de haut à l'aplomb du sommet, dans laquelle ont été tracés 4 itinéraires intéressants.

La voie Grassi-Meneghin est la plus récente, mais elle est très rapidement devenue classique. C'est la plus belle de cette face. Elle est aérienne et se déroule sur un excellent rocher. Emporter un jeu de coinceurs.

TD. — 7 h.

76. De l'emplacement de l'ancien ref.-biv. de Fréboudze (v. itin. 18), rejoindre par le sentier la moraine de la branche E du glacier de Fréboudze. Remonter cette moraine et par un névé au-dessus, gagner le pied de la face. La ligne générale d'ascension est un éperon bien marqué dans le relief de la face (30 mn).

Attaquer à la base de la face, par un grand dièdre blanchâtre situé à droite de grandes dalles lisses. Gravir le fond du dièdre (IV), et quand il devient lisse et plus difficile, obliquer à gauche par de petits ressauts, vers une vire herbeuse. Gravir un mur de dalles polies à gauche d'une vire oblique à droite (V+), et poursuivre par une rampe ascendante à droite pour rejoindre le sommet du dièdre d'attaque.

Suivre une rampe à gauche (III+) vers le fond d'un couloir-cheminée prolongeant le dièdre. Aller en diagonale à gauche vers la base d'une fissure oblique à gauche, bordée de dalles verticales (III et pas de IV). Suivre la fissure et plus haut un goulot compact (IV/V, pas de V+), et rejoindre plus facilement des gradins commodes. Remonter une rampe de dalles au-dessus du relais (V), obliquer à droite vers un dièdre au fond compact. Gravir en oblique à droite la dalle qui le borde (IV et V), puis tout droit et ensuite à gauche sortir en haut du dièdre qui devient fissuré (V). Suivre une autre fissure oblique à gauche (IV puis V) et prendre un dièdre en utilisant une lame dans le fond (V+). Poursuivre jusqu'à sa sortie. De petits murs et des dalles mènent en oblique à droite (III+/IV). Suivre des vires faciles sur 45 m en tirant à droite. Gravir des dalles toujours en ascendance à droite (III/IV) et rejoindre une entaille sur le fil de l'éperon. Monter sur le fil rougeâtre vertical, mais avec de bonnes prises (III et IV) et aller tout droit (facile) vers une écharpe surplombante, s'élevant à sa base (IV+) ; traverser horizontalement à droite le long d'une série de corniches (IV).

Remonter une rampe évidente à gauche, puis une seconde rampe à droite ; à mi-hauteur de cette rampe, traverser à droite vers une grande lame accolée (III/IV). Franchir un mur rouge (IV+) et remonter un dièdre très encaissé, que l'on quitte par des rochers fissurés à droite (V), et rejoindre le fil de l'éperon.

Juste à droite du fil, prendre un mur caractéristique avec de grosses prises arrondies, puis des fissures et dièdres sur le fil (IV). Monter jusqu'à un surplomb 50 m au-dessus sur le fil. Éviter le surplomb par la gauche (IV) et reprendre l'éperon, qui est barré par un ressaut surplombant que l'on franchit tout droit (V–). Poursuivre plus facilement par l'arête, puis par une fissure-dièdre à gauche (III), et rejoindre le sommet de l'éperon, bien individualisé. De là au sommet du Petit Mont Greuvetta directement par l'arête SSE.

Col de Leschaux 3 433 m

Il n'est utilisé que comme accès à l'arête NW de l'Aig. de Leschaux. Sur le versant français on préfère, pour l'atteindre, passer par le col de l'Éboulement et traverser l'Aiguillon.

Par le versant français du col de l'Éboulement

Émile Fontaine avec Camille Ravanel et Léon Tournier, 29 août 1903. PD. — Photo 17. — 4 h 30.

77. Du ref. de Leschaux, gagner le glacier de Leschaux et le remonter le long de sa rive droite, puis prendre sa branche orientale. S'élever droit en direction de la base (2 820 m) de l'arête SW de l'Aig. de l'Éboulement, au-dessus d'un rognon rocheux, puis longer à droite le pied de cette arête (crevasses). Par des pentes assez raides et crevassées, gagner ainsi le plateau supérieur du glacier. Le remonter jusqu'au pied du grand couloir neigeux SW de l'Aig. de l'Éboulement. Là, deux solutions :
a) appuyer immédiatement à droite et passer à l'E de l'éperon rocheux constituant la rive gauche du couloir pour s'élever obliquement par des pentes de neige assez raides au pied de la barre rocheuse terminale du col ;
b) remonter le couloir jusqu'au niveau du sommet de l'éperon rocheux et franchir cet éperon pour rallier ensuite, par une marche horizontale vers la droite sur les pentes de neige, la barre rocheuse précitée.

Aborder cette barre à l'aplomb de l'échancrure N et s'élever par des rochers raides d'abord tout droit, puis vers la droite jusqu'à l'échancrure S du col de l'Éboulement.

De ce col, s'élever d'abord par l'arête N de l'Aiguillon jusqu'à une épaule, puis traverser le long de la muraille abrupte sur le versant de Triolet. Par une brève montée, rejoindre l'arête SE de l'Aiguillon à mi-distance entre ce sommet et le col de Leschaux, juste à droite d'un petit gendarme qui émerge plutôt versant Triolet, légèrement détaché. Suivre ensuite à la descente cette arête SE jusqu'au col de Leschaux.

Par le versant italien

J.B. Colgrove, Richard Pendlebury, Charles Taylor avec Gabriel et Josef Spechtenhauser, 23 juillet 1877.

AD. — 3 h 30.

78. Du ref. Dalmazzi, suivre le sentier jusqu'à la moraine rive gauche du glacier de Triolet. La suivre sur quelques dizaines de mètres, puis descendre légèrement pour prendre pied sur le glacier, au-dessus de sa zone crevassée. Traverser tout le plateau jusque sous le col de Leschaux (2 900 m env.) (1 h 30).

Franchir la rimaye de la pente sous le raide couloir de neige issu du col. S'élever le long de la rive gauche du couloir, passer ainsi sous la paroi de l'Aig. de l'Éboulement puis sous celle de l'Aiguillon. S'élever ensuite par des rochers de la rive gauche du couloir puis par le couloir lui-même, dont la partie supérieure est raide. Lorsque le couloir est en bonnes conditions, il vaut mieux l'utiliser d'un bout à l'autre (2 h).

Aiguille de l'Éboulement 3 599 m

Sommet peu fréquenté mais intéressant, qui offre un très beau panorama.

Voie normale par l'arête N

C.E. Mathews et A.A. Reilly avec Michel A. Ducroz et Michel Balmat, à la descente, 7 juillet 1866.

Le meilleur accès se fait par le versant français du col de Pierre Joseph.

PD. — 4 h.

79. Du ref. de Leschaux, suivre l'itin. 81 de l'Aig. de Talèfre jusqu'au plateau supérieur du glacier de Pierre Joseph (2 h 30).

Remonter le couloir de glace raide (ou les rochers de sa rive gauche) qui descend à droite (S) et parallèlement au couloir de droite de la face SW de l'Aig. de Talèfre. Au sommet du couloir, traverser vers la droite pour rejoindre le col de Pierre Joseph.

Du col, passer à l'W d'une petite aiguille rocheuse qui barre l'arête. Suivre ensuite l'arête neigeuse facile jusqu'au sommet (1 h 30 du plateau supérieur du glacier).

Par le couloir SW

Probablement C.E. Mathews et A.A. Reilly avec Michel A. Ducroz et Michel Balmat, 7 juillet 1866.

Bel itinéraire glaciaire, haut de 500 m : 45° à la rimaye, 50° sous le sommet. Par bonnes conditions, c'est la voie d'accès la plus rapide.

AD–. 5 h.

80. Du ref. de Leschaux, suivre l'itin. 77 du col de l'Éboulement jusqu'au pied du long couloir de neige situé entre l'arête SW de l'Aig. de l'Éboulement et un éperon rocheux légèrement détaché de la masse de la montagne. Remonter ce couloir, raide, pour rejoindre le faîte de l'arête W à courte distance du sommet.

20. Aiguille de Talèfre, versant N.

Aiguille de Talèfre 3 730 m

Sommet massif comportant plusieurs pointes : antécime NE (3 719 m), sommet NE (3 730 m, point culminant), sommet SW (3 726 m), antécime W (3 672 m). Il représente une belle face NW en regard du ref. du Couvercle.

Voie normale française par le versant SW

J. Baumann, F.L. Cullinan, G. Fitzgerald avec Émile Rey, Laurent Lanier, Joseph Moser, 25 août 1879 ; l'itinéraire suivi aujourd'hui est différent dans le haut.

La partie terminale est en rochers brisés. La rimaye est exposée aux chutes de pierres dans l'après-midi. C'est néanmoins la voie la plus pratique et la plus rapide.

PD. — 5 h.

81. Du ref. de Leschaux, remonter les pentes raides d'herbe et d'éboulis pour rejoindre la moraine rive droite du glacier de Pierre Joseph qu'on suit jusqu'à son sommet. — Lorsque le glacier est en très bon état, on peut le prendre et le remonter sur sa rive droite. — En général, il est préférable, du haut de la moraine, de gagner à gauche un vaste ravin d'éboulis ; franchir ensuite un ressaut par des dalles raides mais faciles, puis remonter des rochers et des gazons en traversant toujours vers la droite, pour gagner un replat terreux. Prendre alors le glacier. Passer au-dessus du rognon rocheux situé dans l'alignement de l'arête SW de la Petite Aig. de Talèfre, contourner une grande crevasse tout contre cette arête, et atteindre ainsi le plateau supérieur du glacier de Pierre Joseph (2 h 30).

Le versant SW de l'Aig. de Talèfre présente 2 grands couloirs neigeux séparés par une crête rocheuse qui marque la ligne générale d'ascension. Franchir la rimaye (3 320 m env.) sous le couloir de gauche, puis traverser vers la droite jusqu'à la crête rocheuse qu'on remonte jusqu'au sommet SW. On peut aussi l'abandonner à la base de son tiers supérieur pour traverser le couloir de droite et terminer l'ascension par l'arête S. Du sommet SW, traverser versant Talèfre, puis suivre le fil de l'arête par des rochers faciles jusqu'au sommet NE, point culminant (2 h 30).

Voie usuelle de descente sur le glacier de Talèfre

J.H. Gibson, G.H. Morse, J.H. Wicks, 29 juillet 1892.

C'est l'itinéraire le plus pratique et surtout le plus sûr pour revenir au ref. du Couvercle après une ascension dans la face NW. Il utilise, à la descente, l'arête W jusqu'à la Pointe Supérieure de Pierre Joseph, et ensuite l'éperon N de cette pointe.

PD. — Photo 20. — 4 h de descente.

82. Du point culminant, suivre l'arête et faire une traversée facile versant Talèfre pour gagner le sommet SW. Par des rochers enneigés et l'arête neigeuse très effilée, gagner le col des Aig. de Talèfre en traversant l'antécime W. Remonter à la Petite Aig. de Talèfre par une cheminée verticale de 12 m. Suivre l'arête W neigeuse, bordée de corniches, jusqu'à la Pointe Supérieure de Pierre Joseph (3 472 m) (1 h 30).

Descendre l'éperon N de cette pointe sur la moitié de sa hauteur, puis descendre dans son flanc gauche par neige et rochers, pour passer la rimaye et revenir sur le glacier de Talèfre à la base de l'éperon (3 009 m) (1 h 15). Sur le glacier on retrouve l'itin. 83 que l'on suit jusqu'au ref. du Couvercle (1 h 15).

Versant NW

Le versant NW de l'Aig. de Talèfre, haut de 600 m et aussi large, se structure en couloirs de glace et éperons rocheux mal définis. Il est limité à droite par la très belle pente de glace du col des Aig. de Talèfre.

Par la pente N du col des Aig. de Talèfre

C. Dumont et H. Fioroli, 31 juillet 1930.

Magnifique itinéraire glaciaire, qui n'est devenu classique qu'au cours des dernières années. Pas de dangers objectifs. Haut de 450 m, incliné de 50° à 55° avec plus de 60° à la sortie.

D+. — Photo 20. — 6 h du refuge.

83. Du ref. du Couvercle, suivre l'itin. 91 du col de Talèfre jusqu'à la moraine à la base du Jardin. Traverser le glacier en direction SE et monter vers la base du versant NW, en laissant à droite l'éperon N de la Pointe Supérieure de Pierre Joseph, puis gagner la base du large couloir N du col. des Aig. de Talèfre (2 h 30).

Franchir la rimaye, parfois difficile, sur le flanc du sérac qui la domine. Remonter la grande pente, en touchant l'îlot rocheux qui marque à peu près la moitié de sa hauteur et en poursuivant par un éperon de neige ou de glace très raide (certaines années, on peut passer plus directement), jusqu'au col où l'on rejoint l'itin. 82.

Du col, pour aller au sommet, suivre l'arête W effilée puis des rochers enneigés, et du sommet SW traverser versant Talèfre pour rejoindre la crête à proximité du point culminant.

Par le couloir central NW (voie Davaille)

Adrien Billet, Maurice Davaille, Émile Trotskiar, 31 juillet-1er-2 août 1957.

Ce couloir a un peu plus de 600 m de haut et 56° de pente moyenne. Escalade glaciaire très sévère, avec des sections en terrain mixte. C'est sans doute l'itinéraire le plus élégant (sinon le plus direct) de ce versant. Il est repris de temps à autre.

TD. — Photo 20. — 6 h de l'attaque.

84. Du ref. de Talèfre, suivre l'itin. 83 jusqu'à la base du versant NW. Appuyer à gauche vers le pied du couloir central, qui descend juste à gauche de l'aplomb du point culminant (2 h 30).

Franchir la rimaye (difficile) et monter vers un étranglement rocheux. Le franchir, puis gravir directement tout le raide couloir. — Sur le dernier quart, les premiers ascensionnistes empruntèrent les rochers de la rive gauche, assez mauvais et verglacés. — Les 2 ou 3 dernières longueurs se déroulent sur du rocher verglacé très raide.

Arête de Pierre Joseph

Cette longue arête issue de l'Aig. de Talèfre en direction W porte plusieurs sommets dont les plus bas ont été récemment explorés et présentent de belles voies d'escalade : ce sont les pointes non nommées et cotées 2 940 m et 2 842 m.

Pointe 2 940 m

Voie de descente

La voie de descente décrite ici est la plus rapide, mais il existe une autre possibilité, en utilisant un couloir du versant SW (rappels) pour revenir à l'attaque de la voie Comte.

85. Revenir au pied du « vrai sommet » et le contourner par la gauche par des vires jusqu'à la cuvette du grand couloir entre les 2 éperons. Par les abords de l'arête côté Talèfre, rejoindre la brèche et descendre sur le plateau du glacier et le traverser horizontalement pour retrouver un chemin qui remonte au ref. du Couvercle.

Par la face SW, voie Comte

Jacques Engelmann et D. Mattei avec Claude Ancey et Armand Comte, 25 juillet 1966.

Escalade aérienne avec passages délicats et athlétiques. Rocher assez bon, difficile à pitonner ; prendre un jeu complet de coinceurs et des

21. Arête de Pierre Joseph, versant SW.

Friends, éventuellement des pitons. Hauteur 300 m jusqu'à l'antécime. L'escalade est principalement libre, mais comporte encore quelques passages d'artif.

D'en bas, seule l'antécime est visible, le versant se présente comme une dalle parcourue par 2 suites de dièdres parallèles ; la ligne de droite constitue l'axe d'ascension.

ED–. — Photo 21. — 6 à 8 h.

86. Du ref. du Couvercle, traverser horizontalement le glacier de Talèfre et descendre à la Pierre à Bérenger (2 453 m) (50 mn).

Du ref. de Leschaux, descendre un peu le glacier de Leschaux et remonter la moraine de Pierre à Bérenger (câble, bonnes traces) jusqu'à la Pierre à Bérenger (20 mn).

Contourner la base de la Pointe 2 842 m et remonter légèrement des pierrailles et des gazons, franchir le couloir entre les Pointes 2 842 m et 2 940 m et continuer jusqu'au pied de la face, à l'aplomb de la seconde ligne de dièdres (25 mn).

Attaquer vers 2 600 m une dalle et de petits gradins (30 m faciles) jusqu'à un dièdre-cheminée avec un crochet à droite (V) ; le remonter, puis suivre son flanc droit (45 m, III et IV). Après une plaque herbeuse, des lames (IV) mènent à une écaille triangulaire ; monter entre cette écaille et une petite arête à gauche et franchir une goulotte (V) puis de minces fissures (IV–) avec sortie délicate à gauche (V). Par un dièdre peu marqué (V), puis verticalement au-dessus (15 m au total, V+ et A1), se rétablir sur un mauvais replat de la dalle de droite. La remonter, puis gagner en biais à gauche (VIa) un feuillet décollé que l'on remonte (IV+ athlétique) jusqu'à sa tranche supérieure. Relais sur étriers sous un toit visible d'en bas.

Par une courte dalle déversante (VIb), gagner la base du toit que l'on suit à droite (A2), le franchir par une goulotte puis un dièdre presque vertical (10 m, VIa, A2). Monter à gauche des dalles (15 m, IV et V+) puis revenir à droite pour contourner un bloc triangulaire déversant (délicat, V). Remonter un dièdre-cheminée (V) puis un second avec crochet à gauche (45 m, IV/IV+), sortie surplombante (pénible, IV+). Un nouveau dièdre oblique (25 m, III/III+) mène à une brèche. On rejoint à gauche l'arête finale par un mur (A1 et V), la remonter jusqu'à l'antécime (2 900 m env.) (15 m, IV).

Un rappel de 10-12 m, une arête presque horizontale séparant 2 combes (40 m, III) mènent au pied du « vrai sommet » que l'on atteint facilement par la droite ou directement par un petit mur (délicat, IV/IV+) et une cheminée facile.

Pointe 2 842 m

Voie de descente

87. Par un rappel depuis la grande brèche de l'arête, ou par de gros blocs depuis le sommet, atteindre les névés et le glacier de Talèfre (voir l'itin. 85).

Par la face SW, voie originale

Jacques Engelmann avec Armand Comte, 26 août 1965.

Courte mais belle escalade de 250 m env., assez fréquentée. Elle est soutenue et est rapidement en conditions.

D'autres voies ont été ouvertes de part et d'autre, toutes plus difficiles.

D+. — Photo 21. — 4 h.

88. Du ref. du Couvercle, traverser horizontalement le glacier de Talèfre et descendre à la Pierre à Bérenger (2 453 m), d'où en quelques minutes on atteint la base de la paroi (1 h).

Attaquer un peu à gauche de l'aplomb d'un large toit noirâtre et par des dalles (IV) gagner une vire horizontale au niveau du toit : la suivre à gauche et atteindre une mince fissure légèrement oblique à gauche que l'on remonte (IV) jusqu'à un petit mur.

Escalader tout droit de minces cannelures (IV) sur 10 m, puis une fissure étroite (7 m, V). Relais exigu, dans un court dièdre, 3 m sous un surplomb barrant l'accès à un dièdre de 15 m montant en biais vers la gauche en direction d'un toit triangulaire.

Forcer le surplomb (V, étrier utile), remonter le dièdre (IV) et, sous le toit triangulaire, tirer à droite jusqu'à une petite terrasse. Ensuite, traverser encore à droite en contournant un mur formant éperon (IV–) pour atteindre, versant Leschaux, le pied de cannelures très redressées : les remonter (un pas de V) et sortir à gauche dans une fissure-dièdre que l'on quitte quand elle s'ouvre pour gravir un mur vertical de 10 m (IV+). Aller à droite (facile), atteindre une 1re grande terrasse puis, par un dièdre oblique à droite (III), 15 m plus haut, une 2e terrasse. Gravir à gauche un petit dièdre (IV) puis, tout droit, une fissure et des plaques fissurées (III) qui mènent à une 3e terrasse à 15 m à droite d'un gros toit. Continuer tout droit par une cheminée (IV), des dalles (IV) et un mur (V). De nouvelles dalles un peu à gauche (IV/IV+) et des terrasses faciles vers la droite conduisent au sommet. — Cette dernière partie peut se gravir plus facilement sur la droite, de l'autre côté d'une arête rouge aiguë, versant Leschaux.

Aiguille Savoie 3 603 m

Sommet assez fréquenté versant italien, par la belle arête SE.

Voie normale par l'arête N

A. Brun avec Jean Ravanel et Léon Tournier, 1904.

Petite escalade facile, sur neige et rochers. Peut devenir assez difficile à cause de corniches.

Photo 22. — 40 mn du col.

89. Du col de Talèfre, suivre le fil de l'arête, aérienne, jusqu'au sommet.

Par l'arête SE (voie Preuss)

Paul Preuss, seul, 17 août 1913.

Cette arête, raide à son origine, se prolonge par un contrefort qui sépare deux baies du glacier de Triolet. Belle escalade, sûre et classique, sur du bon rocher.

AD+. — 5 h 30 du refuge.

90. Du ref. Dalmazzi, suivre l'itin. 92 du col de Talèfre et remonter la branche N du glacier de Triolet. Doubler les deux îlots rocheux qui forment le contrefort de base de l'arête SE de l'Aig. Savoie, appuyer à gauche et gagner la côte de neige qui relie le second îlot au fil de l'arête rocheuse (3 200 m env.) (2 h 30).

Suivre le fil, d'abord sur le flanc gauche (III) et atteindre le niveau du pied d'un gros pilier jaune sur la gauche. Ne pas arriver au pilier, mais continuer sur le fil par une cheminée étroite (IV). En sortir à droite sur une petite plate-forme. Gravir un petit ressaut, puis continuer sur une longue partie facile, en passant plusieurs brèches et en contournant de petits ressauts sur la gauche. Rejoindre un gendarme jaune très évident, sous lequel l'arête se présente en dalles. Remonter les dalles et gagner le pied du gendarme. Le contourner sur la gauche et atteindre une brèche neigeuse, à gauche de la paroi E.

Par des dièdres et de petits ressauts, regagner le fil de l'arête sur la gauche et rejoindre la plate-forme au pied du dernier ressaut raide et jaune. Le gravir en partant 1 m à gauche de l'arête, puis en montant tout droit sur le fil (80 m, IV/IV+). Atteindre le sommet par 40 m d'escalade plus facile.

De la brèche neigeuse, on atteint beaucoup plus facilement le sommet en utilisant le versant E.

Deuxième partie

Secteur de l'Aiguille Verte

22. Col de Talèfre, versant W.

Col de Talèfre 3 554 m

Première traversée : Edward Whymper avec Christian Almer et Franz Biner, 3 juillet 1865.

Passage le plus facile entre les bassins de Talèfre et de Triolet.

Par le versant de Talèfre (W)

Le couloir terminal, incliné à 45°, est exposé aux chutes de pierres dans l'après-midi.

PD. — Photo 22. — 4 h 30.

91. Du ref. du Couvercle, suivre le sentier qui passe sous le vieux refuge et traverse vers le glacier de Talèfre, à l'horizontale puis par une petite descente. Sur le glacier, traverser vers la base du Jardin de Talèfre et remonter la petite moraine qui lui est parallèle. Traverser à droite en direction ESE, au fond du bassin glaciaire de Talèfre, puis monter vers la base d'un puissant éperon descendant de l'arête W de l'Aig. Savoie. Avant de l'atteindre, passer à gauche sous des séracs et gagner le cirque neigeux dominé par l'Aig. Savoie. Le remonter vers la gauche, franchir la rimaye et gravir le couloir neigeux du col de Talèfre.

Par le versant italien (E)

PD. — 4 à 5 h.

92. Du ref. Dalmazzi, suivre le sentier qui mène à la moraine rive gauche du glacier de Triolet. Remonter toute la moraine, puis un vallon qui s'étend sous les Monts Rouges de Triolet, et aborder le glacier non loin du plateau de sa branche N. Traverser ce plateau en oblique à gauche, puis s'élever entre le grand îlot rocheux 3 210 m à gauche et les contreforts de l'arête SE de la Pointe Isabella à droite (crevasses). Gagner ainsi la partie supérieure du glacier, à l'aplomb de la Pointe des Papillons. Franchir la rimaye, gravir des rochers faciles en tirant à gauche, jusqu'à l'origine d'une large bande de neige horizontale, que l'on suit à gauche pour atteindre le col.

Pointe Isabella 3 761 m

Souvent appelée à tort Pointe Isabelle. Elle porte 2 sommets reliés par une arête presque horizontale : sommet N (3 761 m, point culminant), sommet S (3 753 m).

Par l'arête NE (voie normale)

Miss I. Straton avec Jean-Estéril et Pierre Charlet, 1875.

Cet itinéraire est assez fréquenté à partir du ref. du Couvercle, c'est une belle course de neige.

PD. — Photo 23. — 30 mn du col.

93. Du col de Triolet (atteint par l'itin. 94 depuis le ref. du Couvercle), suivre l'arête neigeuse, puis rocheuse et plus raide aux abords du sommet. — On peut aussi monter par les rochers de la petite face N.

Col de Triolet 3 703 m

Sans intérêt comme passage, ce col n'est guère utilisé que pour accéder à la voie normale de l'Aig. de Triolet.

Par le versant de Talèfre (W)

A. Adams Reilly, J. Birckbeck, G.C. Hodgkinson, J.J. Mieulet, avec plusieurs guides dont Victor Tairraz, 7 juillet 1863.

Les difficultés dépendent beaucoup des conditions entre le glacier des Courtes et le plateau de Triolet, et de l'état du glacier des Courtes.

PD. — Photo 23. — 4 à 5 h.

94. Du ref. du Couvercle, par l'itin. 91 du col de Talèfre, gagner le sommet de la moraine parallèle au Jardin. Plus haut, traverser et remonter la partie facile du glacier des Courtes, avec de petits détours pour éviter des crevasses, vers la base de l'éperon de l'Aig. Chenavier. Poursuivre jusque sous le col des Courtes puis s'élever en diagonale à droite jusqu'au cirque dominé par les séracs du plateau de Triolet. Traverser à droite et par une pente de neige atteindre l'arête de neige de la Pointe Isabella, juste au-dessus du P. 3 401 m.

Suivre l'arête neigeuse, avec une interruption rocheuse, jusqu'à ce qu'elle débouche de plain-pied avec le plateau de Triolet. Traverser à gauche pour gagner le col.

A la descente : par brouillard, pour gagner l'origine de l'arête de neige depuis le plateau de Triolet, éviter d'aller trop à droite et ne pas trop descendre sur le plateau.

Par le versant italien (SE)

A. Adams Reilly et Edward Whymper avec Michel Croz, Michel Payot et Henri Charlet, 8 juillet 1864, lors de la première traversée du col.

PD. — 4 h.

95. Du ref. Dalmazzi, suivre l'itin. 92 du col de Talèfre jusqu'au plateau du glacier de Triolet. Poursuivre tout droit par la branche N du glacier, assez crevassée, d'abord rive gauche puis en son centre. Franchir la rimaye et gravir les rochers commodes à l'aplomb du col.

Aiguille de Triolet 3 870 m

C'est le plus haut sommet de la chaîne frontière à l'E des Grandes Jorasses. De son antécime W, nommée Petite Aiguille W de Triolet, se détache vers le NW l'important chaînon qui va culminer à l'Aig. Verte.

On distingue 4 versants : W et N versant français, E et S versant italien et, en plus de l'arête faîtière entre l'Aiguille et les Petites Aig. de Triolet, 4 arêtes (NW, NE, SE, SW) ; l'arête NW se divise au Petit Triolet, simple épaule de la montagne. Le versant N réserve de magnifiques itinéraires difficiles ; la voie classique de la face N est l'itinéraire le plus parcouru de ce sommet.

Voie normale depuis le refuge du Couvercle

Th. Maischberger, Hans Pfannl, F. Zimmer, 27 juillet 1900.

La voie normale utilise le versant W de la montagne. Rarement faite pour elle-même, elle est surtout utilisée comme voie de descente à l'issue d'une ascension de la face N. Elle mériterait d'être plus souvent parcourue. Les difficultés dépendent beaucoup des conditions entre le glacier des Courtes et le plateau de Triolet.

PD. — Photos 23, 24. — 6 h du ref. du Couvercle, 4 h à la descente.

96. Du col de Triolet (atteint par l'itin. 94 depuis le ref. du Couvercle), traverser dans le flanc S des Petites Aig. de Triolet jusqu'au col Supérieur de Triolet. Par une pente de neige dominant la face N, gagner une cheminée que l'on gravit et poursuivre plus facilement jusqu'au sommet.

Par le couloir N du Petit Triolet

Pierre Couval, Yves Gilles, Alain Nicollet, 26-27 juillet 1975.

Répété par R. Casarotto, G.C. Grassi, J.-N. Roche, 22 juillet 1981, croyant faire la première.

Ce couloir occupe le flanc droit des 2 premiers ressauts de l'éperon N du Petit Triolet. Bel itinéraire glaciaire.

TD–. — Photo 24.

97. Du ref. d'Argentière, par le glacier d'Argentière, gagner la base du versant N du Petit Triolet. Franchir la rimaye à droite du pied de l'éperon N (1 h 30).

Monter à l'aplomb du couloir, enserré entre l'éperon N et la face N du Petit Triolet. L'aborder par un mouvement tournant de droite à gauche. Remonter le couloir (50°/55°), franchir un raide ressaut mixte (2 longueurs,

23. Aiguille de Triolet, versant W.

Aig. de Triolet
Pointe Isabella
Petites Aig. de Triolet
Col
de Triolet
Pointe Eales
Col des Courtes
93
96
94
Glacier de Talèfre
94

délité, très délicat), et poursuivre au centre du couloir qui présente quelques bombements (60° à 75°). Une pente de neige moins inclinée (55°) mène sur l'éperon N, au-dessus de son second ressaut (on croise la voie de 1958 sur l'éperon N).

Suivre l'éperon sur 40 m (facile) puis obliquer à gauche en terrain mixte, vers un petit couloir encaissé entre l'éperon N et les séracs de la face N de l'Aig. de Triolet. Remonter ce couloir (petits murs à 60°), puis la pente de neige qui débouche (corniche) entre le Petit Triolet et la Petite Aig. W de Triolet.

Par la face N, voie classique Gréloz-Roch

Robert Gréloz et André Roch, 20 septembre 1931.

La première a été un remarquable exploit ; elle a été réalisée avec un matériel très simple : un piolet classique par grimpeur, des crampons 10 pointes, et pas de broche à glace. Signalons une tentative très poussée dès 1930 par B. Arsandeaux, P. Chevalier, G. Labour, arrêtés par le second mur de séracs. Lors de la première, en revanche, les pentes supérieures ne présentaient qu'un seul glacier suspendu, qui fut remonté directement.

Très belle voie glaciaire, sérieuse, pouvant opposer de gros obstacles au passage des murs de séracs. Il est conseillé de prendre 2 piolets par grimpeur et quelques broches. Hauteur 650 m de la rimaye au col Supérieur de Triolet.

D. — Photo 24. — 5 à 8 h.

98. Du ref. d'Argentière, remonter le glacier d'Argentière jusqu'à la rimaye que l'on franchit à l'aplomb du sommet, sous l'îlot rocheux de droite de la pente neigeuse inférieure (1 h 30).

Se porter un peu à gauche, passer une seconde rimaye et gravir le couloir séparant les 2 îlots rocheux inférieurs, puis revenir à droite au-dessus de l'îlot de droite. Remonter une arête de neige, puis à droite une seconde arête de neige. Obliquer à droite vers l'angle gauche du premier mur de séracs, longer ces séracs sur leur gauche et prendre pied à droite sur le premier glacier suspendu, que l'on remonte en tirant à droite. Franchir une rimaye sous la pente des Petites Aig. de Triolet et traverser à gauche la crête neigeuse très raide séparant cette pente du second glacier suspendu. Remonter le glacier jusqu'au col Supérieur de Triolet, où l'on rejoint la voie normale.

Par la face N, couloir Contamine-Lachenal

André Contamine et Louis Lachenal, 13 septembre 1947.

Souvent considéré comme une variante supérieure de la voie classique, ce couloir en est bien distinct par son tracé comme dans sa difficulté.

C'est l'itinéraire le plus élégant et le plus direct du versant N, il est entièrement glaciaire. Le couloir lui-même est incliné à 57° sur 200 m, avec un bombement plus raide. Il est devenu classique lui aussi.

D+. — Photo 24. — 6 à 8 h.

99. Du ref. d'Argentière, suivre la voie classique de la face N, itin. 98, jusqu'à hauteur du premier glacier suspendu. Continuer tout droit par le couloir de glace, qui débouche à gauche du second glacier suspendu (très

24. Aiguille de Triolet, versant N.

Aig. de Triolet
Col Sup. de Triolet
Petites Aiguilles de Triolet
Petit Triolet
Brèche de Triolet
100
96
98
99
98
100
97
Glacier d'Argentière

raide). Sortir à droite au col Supérieur de Triolet ou, mieux, monter directement au sommet par un petit couloir mixte.

Par le versant N de la brèche de Triolet, et l'arête NE

René Desmaison et Yves Pollet-Villard, 19 juin 1960.

C'est l'itinéraire le plus détourné pour atteindre l'Aig. de Triolet par le versant N. Toutes les cordées qui l'ont repris ont poursuivi par l'arête NE de l'aiguille, et la brèche de Triolet n'a jamais été parcourue versant S.

Auparavant, l'arête NE avait été parcourue depuis la brèche du Domino, par E. Fontaine avec Jean Ravanel et L. Tournier, 15 juillet 1905.

Belle course de glace pour le couloir, un peu exposée aux pierres. Le couloir est haut de 450 m au-dessus de la rimaye, très étroit et incliné à 54° de moyenne. L'arête NE réserve une longue escalade dans du rocher très médiocre.

D+. — Photos 24, 25. — 8 h de la rimaye au sommet.

100. Du ref. d'Argentière, suivre l'itin. 98 et obliquer à gauche pour franchir la rimaye juste à droite de l'aplomb du couloir N de la brèche de Triolet (1 h 30).

Monter vers la base du couloir proprement dit, défendue par un îlot rocheux qu'on longe sur sa droite (très raide). Remonter ensuite le couloir en son centre jusqu'à la brèche.

De la brèche de Triolet, suivre le fil de l'arête NE jusqu'au pied de son grand gendarme rouge. Il se contourne versant italien : suivre une vire jusqu'à un couloir glacé de 60 m, très raide ; le gravir rive droite sur 20 m, le traverser (roches moutonnées très délicates) puis s'élever rive gauche. Poursuivre rive gauche d'un large couloir versant E jusqu'à l'arête faîtière. Suivre son fil (gendarmes) jusqu'au sommet.

Par l'arête des Monts Rouges (SE)

J.B. Guyot et J. Brocherel avec Adolphe Rey, 3 septembre 1898.

Première intégrale : M. De Benedetti avec Arthur Ottoz, 5 août 1933. Par l'arête intégrale, c'est une escalade en bon rocher, mais plutôt longue, haute de plus de 500 m depuis la brèche des Monts Rouges.

AD. — Photo 25. — 7 h 30 du refuge.

101. Du ref. Dalmazzi, suivre l'itin. 92 du col de Talèfre jusqu'au plateau du glacier de Triolet. Gagner à droite la brèche des Monts Rouges par le couloir de gauche ou l'une de ses rives, de préférence la rive gauche (2 h 30).

De la brèche, suivre l'arête qui présente deux gendarmes ; le second s'escalade le long d'un dièdre (en dalle au départ) coiffé d'un surplomb que l'on franchit (IV). Suivre l'arête jusqu'à son grand ressaut. L'escalader directement en attaquant par une fissure oblique. Au-dessus, passer flanc droit par une vire et une boîte aux lettres. Tirer encore un peu à droite puis s'élever tout droit au sommet.

Les 2 gendarmes inférieurs peuvent se contourner flanc gauche. Le grand ressaut s'évite également, versant E, par une vire ascendante et un petit couloir raide.

25. Aiguille de Triolet, versant E.

Aiguille Rouge de Triolet 3 289 m

Ce n'est que le sommet S des Monts Rouges, sur le prolongement de l'arête SE de l'Aig. de Triolet, mais il est bien individualisé. Il porte une antécime SE (3 286 m) d'où se détache un éperon SSW à la base duquel est situé le ref. Dalmazzi. Cotée 3 279 m sur la carte IGN.

Par l'arête SW

Mlle Jones et H.O. Jones avec Henri Brocherel, 24 août 1910.
Bel itinéraire en bon rocher, normalement suivi.
AD. — 4 à 5 h.

102. Du ref. Dalmazzi, suivre le sentier du glacier sur 200 m env., et monter à droite vers un névé sous des plaques polies, que l'on remonte par une vire oblique à droite jusqu'à des terrasses. Monter à gauche par des plaques lisses au fond du couloir issu de la brèche entre les deux sommets de l'Aig. Rouge, et gagner une brèche sous l'arête SW par des rochers lisses. En traversant à gauche, rejoindre l'arête SW. La suivre flanc droit, puis passer dans un large couloir en bon rocher menant à une épaule au S du sommet, que l'on rejoint facilement.

Par le versant W et l'arête NW

Les mêmes, à la descente, 24 août 1910.
Itinéraire de descente peu évident, mais pratique et rapide. Une erreur d'itinéraire dans le bas risque de mener à des ressauts exigeant des rappels.
PD. — 2 h.

103. Du sommet, suivre l'arête SW jusqu'à proximité de la brèche entre l'Aig. Rouge et le sommet 3 272 m des Monts Rouges de Triolet, et déboucher versant Triolet dans un vaste couloir de rochers lisses et de vires qu'il faut descendre, jusqu'à un resserrement qu'on franchit directement. Dès que possible, sortir à droite par de bonnes plaques et rejoindre en bas des zones sablonneuses.

Appuyer à droite, contourner un éperon. Arrivé sous un ressaut de rochers polis allant jusqu'au névé (cairn), continuer à traverser à droite par des vires d'herbe et de sable ; sortir à droite par une traversée délicate (petites prises).

On arrive sur un éperon qui mène facilement au bassin du glacier de Triolet. On retrouve l'itin. 92 sur la moraine.

Aiguilles Ravanel et Mummery 3 696 m et 3 700 m

Très belles aiguilles. Classiques autrefois, elles sont bien à tort délaissées aujourd'hui. Elles se font généralement en traversée.

Voie normale de l'Aiguille Mummery

Émile Fontaine avec Joseph Ravanel et Léon Tournier, 16 juillet 1903.

La voie normale utilise la face E à partir de la brèche Ravanel-Mummery ; cette brèche s'atteint par son versant W depuis le col des Cristaux.

Très belle escalade, courte, en excellent rocher, délicate et exposée. On la combine généralement au retour avec la traversée de l'Aig. Ravanel.

D. — Photo 26. — 2 h du col.

104. Du col des Cristaux, suivre l'arête jusqu'au gendarme trifide sous l'Aig. Ravanel. Descendre une cheminée versant Talèfre, puis sur 10 m le couloir qui lui fait suite. Remonter, dans la face W de l'Aig. Ravanel, des dalles fissurées sur une longueur, jusqu'à un gros bloc surplombant. — Ce point peut être atteint par une traversée délicate depuis la base du gendarme trifide. — Gravir des plaques fissurées (plaques Ravanel), puis des fissures-cheminées sur la droite, jusqu'à une terrasse (ensemble de IV/IV+).

Obliquer à droite pour atteindre le fil de l'arête dominant le couloir Ravanel-Mummery : gros bloc posé sur l'arête. Quelques mètres au-dessus, traverser à droite horizontalement (délicat), gagner une terrasse en-dessous et poursuivre en traversée jusqu'à la brèche Ravanel-Mummery (1 h à 1 h 15).

De là, par une fissure en face E ou par le flanc N de l'arête, gagner une terrasse sur l'arête NE de l'Aig. Mummery. Prendre à gauche une petite cheminée et passer en face E sous un surplomb de l'arête NE. S'élever en face E par un dièdre, une vire à gauche et une boîte aux lettres, puis sur la droite une fissure et une nouvelle vire à gauche menant à la terrasse supérieure (que l'on peut atteindre plus directement) (de la brèche, soutenu en IV). Une fissure coudée, une dalle et un dièdre-cheminée (IV) conduisent au sommet (45 mn).

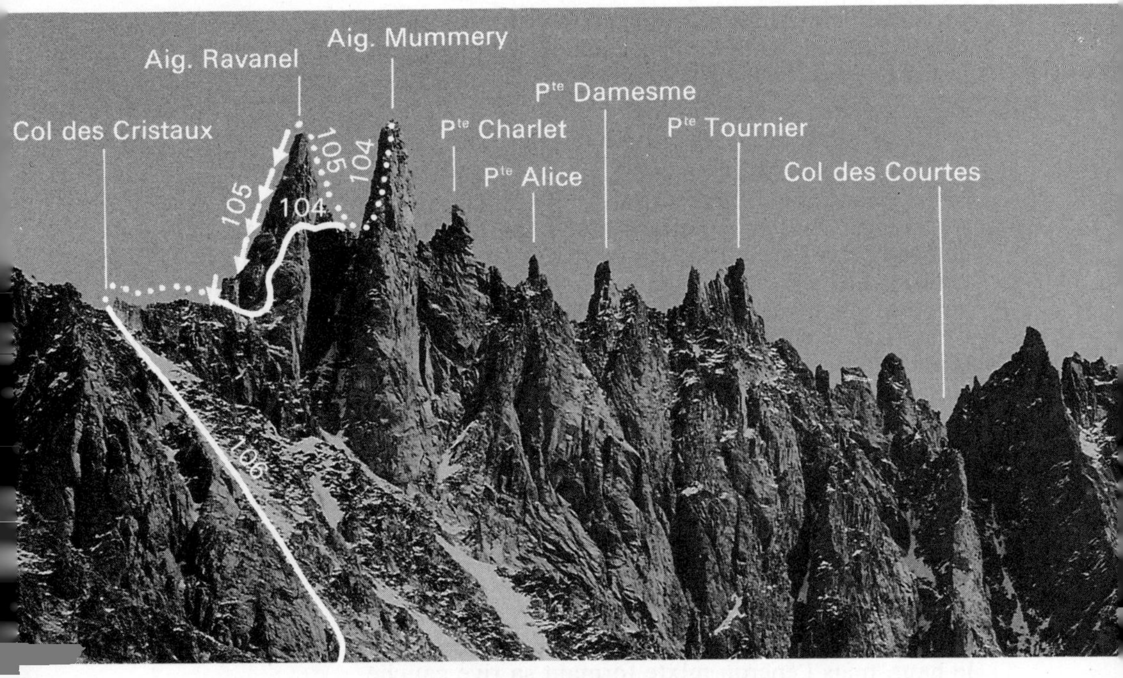

26. Aiguilles Ravanel et Mummery, versant SW.

Traversée de l'Aig. Ravanel (voie normale de retour)

L'itinéraire classique a été inauguré par P. Chevalier et J. de Lépiney, 24 août 1919 ; l'Aig. Ravanel a été gravie pour la première fois par E. Fontaine avec Joseph Ravanel et L. Tournier, 22 août 1902.

Très belle descente en rappel.

105. De l'Aig. Mummery, revenir à la brèche Ravanel-Mummery par 2 rappels de 25 m le long de l'arête NE, légèrement en face E, jusqu'à hauteur de la brèche.

De la brèche, escalader la face ESE de l'Aig. Ravanel, d'abord facile (gradins). Contourner un gros bloc par la droite et gagner le sommet par le versant d'Argentière.

Du sommet, 4 rappels de 25 m env. mènent à la base amont du gendarme trifide ; du sommet à la terrasse supérieure ; de là à la terrasse médiane ; les 2 derniers dans le flanc SW de l'arête. Traverser le gendarme trifide (petit rappel) et regagner le col des Cristaux. — Photo 26.

Col des Cristaux 3 601 m

Entre l'Aig. Ravanel et les Courtes, c'est le seul passage relativement facile de la chaîne entre le Mont Dolent et l'Aig. Verte. Il avait été probablement atteint du versant de Talèfre à une époque reculée, par des chercheurs de cristaux. Ce versant est régulièrement utilisé à la descente, à la fin de la traversée des Courtes.

Par le versant de Talèfre (SW)

F. — Photos 26, 27. — 3 h.

106. Du ref. du Couvercle, suivre l'itin. 91 du col de Talèfre jusqu'à la petite moraine parallèle au Jardin de Talèfre.

Traverser alors la partie plate du glacier en direction des Aig. Ravanel et Mummery et aborder les pentes douces qui descendent du pied des Courtes. Laisser à droite un affleurement rocheux souvent caché par la neige et gagner le débouché du couloir issu de la dépression entre l'Aig. Chenavier et l'Aig. Croulante. Remonter le cône d'avalanches et franchir la rimaye de ce couloir. Rejoindre à droite les rochers de la rive gauche, en-dessous de l'endroit où elle se redresse en une muraille flanquée d'une aiguille. Longer cette muraille en montant à droite, dans des gradins brisés, puis remonter les pentes neigeuses supérieures parsemées d'îlots rocheux. Suivant les conditions et la course projetée, rallier la dépression la plus basse, ou bien le Passage Amont (3 647 m) au pied W du petit gendarme 3 655 m.

Par le versant d'Argentière (NE), à la descente

E. Fontaine avec Jean Ravanel et Léon Tournier, 11 juillet 1904, à la fin de la traversée des Courtes.

Cette voie de descente n'utilise pas le couloir du col, du moins dans le haut, mais l'éperon mixte formant sa rive gauche.

PD. — Photo 29. — 2 h 30.

107. Du Passage Amont (3 647 m) situé au-dessus du col sur l'arête des Courtes, dominé par le petit gendarme 3 655 m, passer versant Argentière, et suivre la crête de l'éperon séparant le couloir du col des Cristaux du couloir de l'Aig. Qui Remue. Cet éperon est d'abord rocheux, puis neigeux. Plus bas, il se divise en deux. Suivre un moment l'arête de droite (la plus proche du couloir du col), puis prendre la pente de neige entre les deux arêtes, la descendre jusqu'à la rimaye, et rejoindre ensuite le glacier d'Argentière.

Les Courtes 3 856 m

Belle montagne aux formes régulières, très souvent gravie. Les itinéraires les plus fréquentés sont la traversée de ses arêtes faîtières, la grande pente NE et la voie des Suisses de la face N.

Par l'arête WNW (voie normale)

O. Schuster et A. Swaine, 17 août 1897.

Bel itinéraire très fréquenté. Course de neige. On ne l'utilisera à la descente que si la neige est bonne. En général, on poursuit par la traversée des Courtes, itin. 113.

PD. — Photos 27, 28, 29, 30. — 5 h à 5 h 30.

108. Du ref. du Couvercle, suivre l'itin. 115 du col des Droites jusque

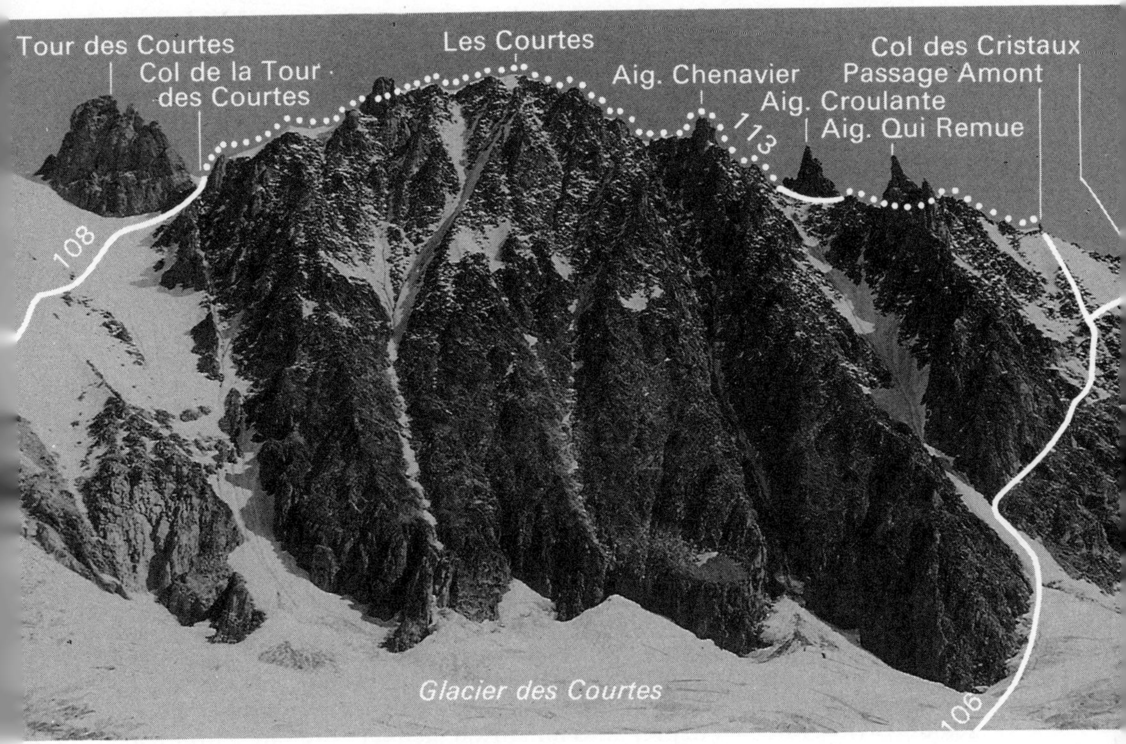

27. Les Courtes, versant SW.

dans la grande pente S de ce col ; vers le haut, appuyer à droite pour aller sous la Tour des Courtes. Passer à son pied, et atteindre la partie supérieure du couloir de neige (glace) du col de la Tour des Courtes. Le remonter en longeant d'abord la paroi de la Tour, puis monter directement au col (4 h).

Suivre l'arête faîtière neigeuse jusqu'au sommet ; si, au-delà de l'épaule 3 841 m, le fil de l'arête est aigu ou corniché, on peut se tenir juste en contrebas sur un rebord rocheux du versant Talèfre (1 h à 1 h 30).

Par la face N

Magnifique face haute de plus de 800 m et très raide ; entre les éperons NNE (central) et NNW, elle est divisée en 2 parties glaciaires par une diagonale de ressauts rocheux séparés, descendant de la grande tour de l'éperon NNE ; ces 2 parties constituent 2 voies d'ascension distinctes, mais qui ont été plusieurs fois reliées entre elles.

Voie des Suisses (voie de droite)

Ch. Cornaz et R. Mathey, 31 juillet 1938.

C'est une très grande classique de l'escalade glaciaire, un itinéraire magnifique de 800 m de haut. L'inclinaison moyenne est de 54°, avec 2 sections à 60°/65°, variable selon les années. C'est l'un des itinéraires les plus fréquentés du bassin d'Argentière. Étant donné l'orientation légèrement E, il faut attaquer très tôt.

D+. — Photo 28. — 6 à 8 h.

109. Du ref. d'Argentière, traverser le glacier vers le S. Franchir la rimaye (3 050 m env.) à droite d'un petit éperon central NNE et descendant très bas, à l'aplomb du grand ressaut inférieur de l'éperon NNW. Gravir en son milieu le couloir bordé par les deux éperons précités. Ce couloir se prolonge par la grande pente N, que l'on remonte directement jusqu'au sommet. On peut, en obliquant à gauche dans la seconde moitié, rejoindre la voie des Autrichiens.

Voie des Autrichiens (voie de gauche)

Helmuth Drachsler et Walter Gstrein, août 1961.

Cet itinéraire est classique, quoique moins parcouru que la voie des Suisses et légèrement moins difficile. La pente est raide (50° à 55° avec des passages nettement plus raides). Hauteur 850 m.

D+. — Photo 28. — 6 à 7 h.

110. Du ref. d'Argentière, traverser le glacier vers le S. Franchir la rimaye à gauche (3 000 m env.), en bordure de l'éperon central NNE, et s'élever par la pente glacée à droite de cet éperon. Franchir un redressement de la pente en goulotte directement (3 longueurs très raides) ou par un crochet à gauche. Puis tirer à droite vers une première et une seconde arête de neige pour gagner un large couloir de glace qui s'élève un peu vers la gauche en direction du pied de la Tour Rouge de l'éperon central NNE. Le remonter (très raide au début) mais non jusqu'en haut : prendre à droite un étroit couloir de glace très raide qui débouche dans la grande pente N. — On peut éviter ce couloir en escaladant le vague éperon rocheux ou mixte situé à sa droite. — Suivre une arête neigeuse puis continuer droit jusqu'à l'arête de neige qui est dans le prolongement de l'éperon central NNE et qui conduit au sommet.

Par l'éperon central NNE

Robert Jonquière, A. Maillol, M. Villarem, avec Edouard Frendo et André Tournier, 12 juillet 1939.

Bel itinéraire, intéressant, souvent repris. Difficultés essentiellement glaciaires par la voie originale, rocheuses également par la variante de la Tour Rouge qui ne sera pas décrite ici.

D. — Photos 28, 29. — 5 à 7 h.

111. Du ref. d'Argentière, traverser le glacier d'Argentière vers le S et aborder l'éperon NNE soit à son extrême base (2 876 m), soit 100 m env. au-dessus par l'E ou par l'W. Suivre le faîte de cet éperon par des rochers brisés faciles en se tenant plutôt à gauche, jusqu'au niveau d'une tour située vers le milieu de la face (3 467 m). Obliquer alors à droite. Traverser en écharpe une pente de glace très raide (55°), truffée de rochers délités, pour gagner le faîte d'une arête secondaire neigeuse (qu'il est possible de gagner

28. Les Courtes, face N.

100 m plus bas par une traversée horizontale). Par cette arête, puis par les pentes neigeuses qui font suite (50°), gagner directement le sommet.

Par la grande pente NE

Pierre Chevalier, Guy Labour, 12 août 1930.

L'itinéraire décrit ici est celui que l'usage a fait adopter ; il correspond à l'état actuel de la grande pente. Celle-ci est inclinée à 48° entre 3 100 m et 3 400 m, à 43,5° entre 3 400 m et 3 600 m, à 48° de nouveau entre 3 600 m et 3 800 m (arête faîtière). Très belle course glaciaire, l'une des plus grandes classiques du bassin d'Argentière. 750 m depuis la rimaye. Étant donné son orientation, il est indispensable de la gravir très tôt le matin.

AD. — Photos 28, 29. — 5 à 6 h du refuge.

112. Du ref. d'Argentière, traverser le glacier d'Argentière vers le SE et se diriger vers la base de l'éperon ENE issu de l'Aig. Chenavier. Longer à droite la rimaye qui défend le flanc N de cet éperon. La franchir (3 100 m env.) soit assez à droite, soit tout à fait à gauche sous un petit rognon rocheux, pour aborder la grande pente NE.

Remonter la pente en se tenant plutôt rive droite, jusqu'à l'arête neigeuse qui couronne la partie inférieure de l'éperon précité. Continuer à remonter la grande pente qui s'élargit, en légère diagonale à droite, pour rallier l'arête faîtière immédiatement à l'E du sommet.

Par l'arête SE (traversée des Courtes)

E. Fontaine avec Jean Ravanel et Léon Tournier, 11 juillet 1904, à la descente.

Intéressante course d'arête. Elle est régulièrement empruntée à la descente, en combinaison avec l'itin. 108, dans le cadre de la traversée des Courtes. Ce n'est pas la voie de descente la plus rapide, mais c'est la plus sûre.

PD. — Photos 27, 29. — 1 h 30 à 2 h du sommet au col.

113. Du sommet, suivre l'arête SE neigeuse jusqu'à l'Aig. Chenavier. Gravir cette aiguille par des rochers enneigés, en redescendre le long d'une cheminée raide (rappel). — On peut éviter de la traverser en passant versant Talèfre par des rochers peu sûrs et une boîte aux lettres. — Contourner ensuite l'Aig. Croulante versant Talèfre, par les rochers de son soubassement. Par l'arête faîtière mince et neigeuse, rejoindre la base de l'Aig. Qui Remue. La contourner versant Argentière, sans descendre trop bas, tout en restant dans son socle. Suivre alors l'arête faîtière jusqu'au Passage Amont du col des Cristaux (3 647 m), d'où l'on rejoint l'un des itin. 106 ou 107 de ce col.

Col des Droites 3 733 m

Le versant N, très raide, est parcouru par plusieurs itinéraires dont l'un est classique. Le versant S est commode.

Par le versant N, voie du couloir oblique

Mlle E. Rochat avec J. Ducroz et C. Ravanel, 9 août 1902.

Cet itinéraire utilise le couloir oblique situé sous la Tour des Courtes et qui rejoint la pente de neige supérieure. Belle et très raide course glaciaire. La pente supérieure est inclinée à 48° sur 300 m env.

D. — Photo 32. — 4 à 6 h.

114. Du ref. d'Argentière, traverser le glacier d'Argentière vers le S et remonter la baie glaciaire au pied du couloir N du col de la Tour des Courtes (1 h).

Franchir la rimaye vers 3 100 m et remonter, soit par un fond, soit par les rochers de la rive gauche, un couloir oblique vers la droite qui mène à la crête de l'éperon N de la Tour des Courtes. Du sommet du couloir oblique, remonter la pente de neige (glace) qui borde à droite (W) l'éperon N de la Tour des Courtes, jusqu'à la crête du col des Droites que l'on

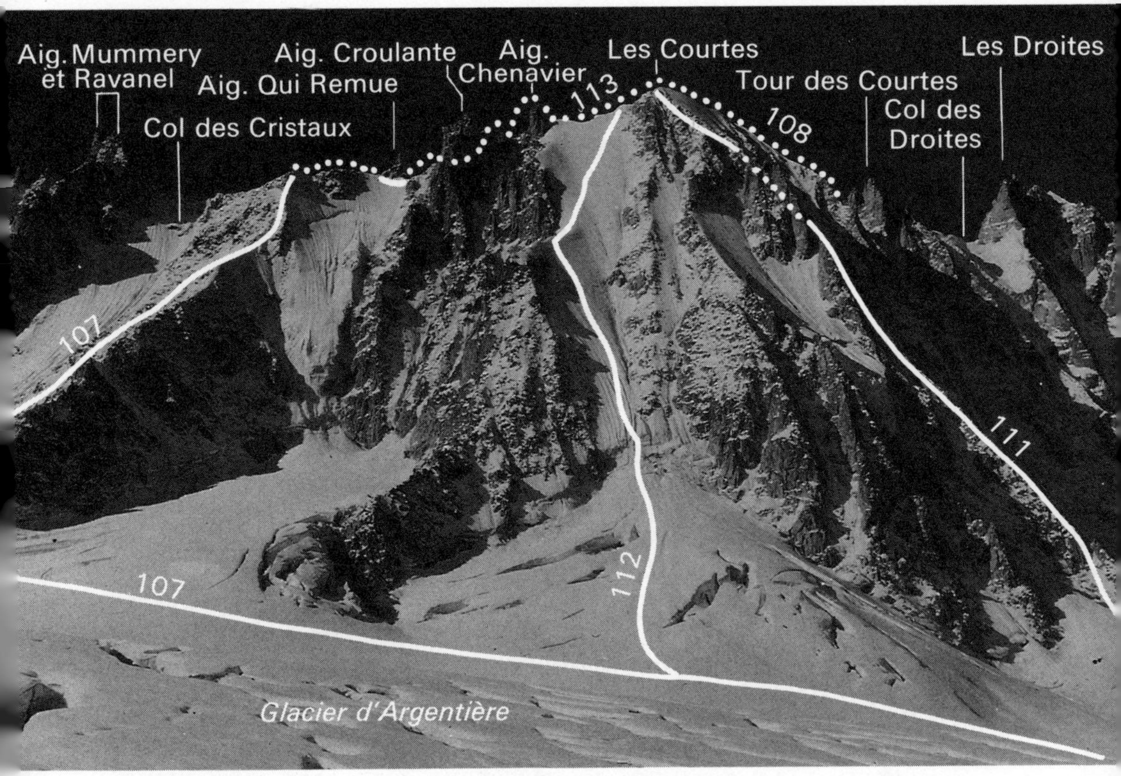

29. Les Courtes, versant NE.

atteint à son extrémité E, au pied de la Tour des Courtes (un passage de 80 m très raide).

Par le versant S

Cet itinéraire n'est pas suivi pour lui-même (sauf dans le cas d'une descente à ski), mais comme accès aux voies normales des Courtes et des Droites.

PD. — Photo 30. — 4 h.

115. Du ref. du Couvercle, par l'itin. 106 du col des Cristaux, gagner le pied du grand couloir de neige, très large, descendant de la dépression W du col des Droites. Franchir la rimaye et rejoindre à droite les côtes de rochers mêlés de neige descendant à l'aplomb du col. Les remonter vers le col. — Par bonnes conditions, il est préférable de rester au centre du grand couloir. — Atteindre le col par une dernière pente de neige.

Les Droites 4 000 m

Superbe montagne couronnée par une vaste arête crénelée, culminant à deux sommets : W (3 984 m) et E (point culminant, 4 000 m), séparés par la brèche des Droites (3 944 m).

Voie normale du sommet E (versant de Talèfre)

Henri Cordier, Thomas Middlemore, J. Oakley Maund avec Johann Jaun et Andreas Maurer, 7 août 1876.

L'itinéraire original n'est pas le plus rapide, mais c'est le plus sûr, à la descente en particulier. Le matin ou par bonnes conditions, il sera plus rapide de le rejoindre par la grande pente du col des Droites.

AD. — Photo 30. — 5 à 6 h.

116. Du ref. du Couvercle, par l'itin. 106 du col des Cristaux, gagner le glacier de Talèfre et le remonter, le long du bord W du Jardin de Talèfre, en direction des Droites (2 h).

Trois contreforts s'abaissent des Droites sur le glacier. Franchir la rimaye et remonter, par son fond ou par sa rive gauche, un raide couloir de neige qui sépare le contrefort oriental de la muraille des Droites, à l'aplomb du sommet E. Suivre ensuite l'arête du contrefort jusqu'au pied d'une muraille abrupte de rocher plus solide. L'escalader en se tenant sur le fil même du contrefort ou tout près du fil, jusqu'à une raide pente de neige. Gravir cette pente qui se termine à gauche par une arête de neige. Gagner l'arête faîtière un peu à droite du sommet, puis celui-ci.

Par le versant S de la brèche des Droites

Robert Jonquière avec Marcel Bozon, 1928, à la descente.

Itinéraire dangereux en été, mais direct pour s'échapper de l'arête faîtière des Droites ; ne s'utilise qu'à la descente.

117. De la brèche des Droites (3 944 m, voir itin. 119), descendre le grand couloir qui en est issu (rappels équipés jusqu'à 100 m de la rimaye), jusqu'au glacier de Talèfre. Descendre alors par la baie ouverte entre l'éperon central et l'éperon oriental du sommet E des Droites. — Photo 30.

Voie normale du sommet W (versant de Talèfre)

E. Fontaine avec Jean Ravanel et Léon Tournier, 15 août 1905, à la descente.

C'est la voie la plus courte pour gagner le sommet W ou pour en descendre ; gros blocs peu stables.

PD. — Photo 30. — 5 à 6 h.

118. Du ref. du Couvercle, en suivant l'itin. 137 de l'Aig. Verte, gagner le pied du col de l'Aig. Verte. Franchir la rimaye sous un couloir situé plus à l'E et issu de l'arête faîtière à l'W du gendarme très grêle qui précède le Signal Vallot (3 848 m, il marque l'origine de l'éperon occidental du versant de Talèfre).

Remonter ce couloir jusqu'à l'arête et la suivre jusqu'au Signal Vallot. Traverser en montant très légèrement dans du rocher cassé, versant Talèfre, en passant très au-dessous de la Tour des Droites. Monter ensuite oblique-

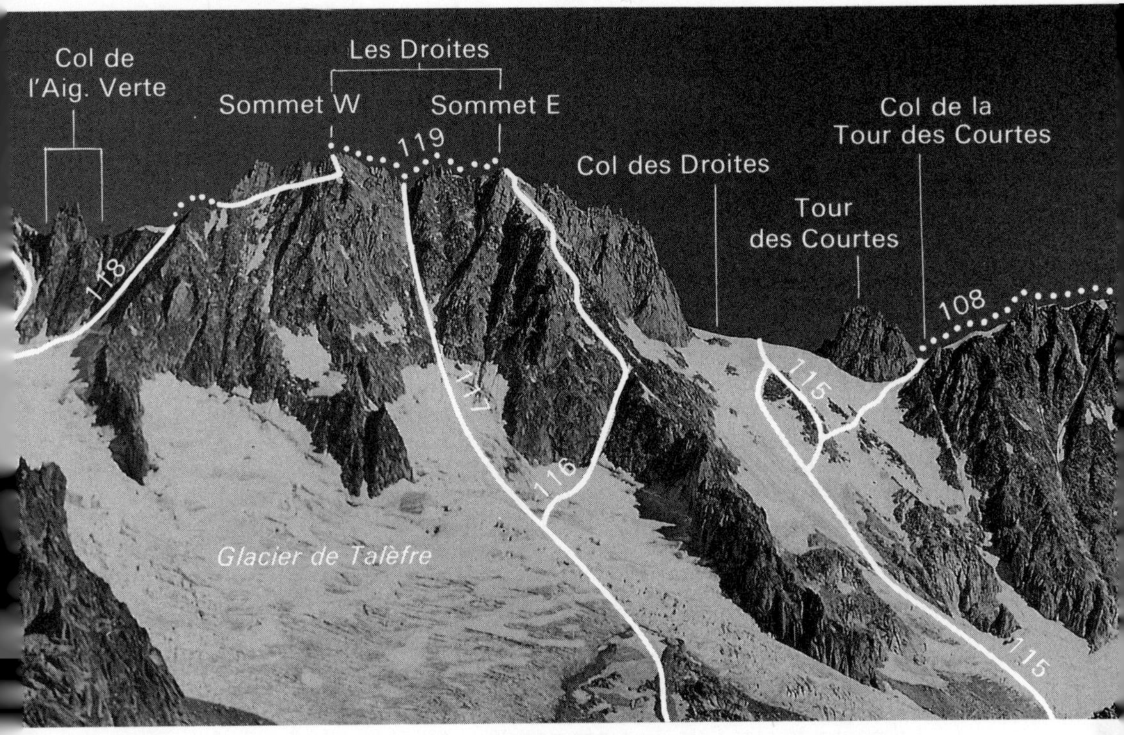

30. Les Droites, versant S.

ment en traversant deux étroites pentes de neige, jusqu'à un éperon rocheux. Le remonter sur 50 m puis traverser en montant vers la droite jusqu'à des vires en contrebas du faîte et, par une cheminée, rallier l'arête E près du sommet W, puis celui-ci.

Du sommet E au sommet W par les arêtes faîtières (traversée des Droites)

L. Distel et Hans Pfann, 17 août 1904, dans le sens W-E.

Très belle course d'arête à grande altitude ; rarement faite, elle mériterait d'être parcourue plus souvent.

C'est une grande course sérieuse ; les difficultés sont analogues dans l'un ou l'autre sens. L'enneigement augmente de façon notable les obstacles rencontrés sur l'arête faîtière. On peut éventuellement s'échapper de la traversée des Droites par l'itin. 117.

AD. — Photos 30, 31. — 3 h 30 à 4 h de traversée.

119. Du sommet E, suivre le fil de l'arête jusqu'aux « Tours Effilées ». Les contourner versant Argentière. Descendre l'arête jusqu'au point où elle s'abîme sur la brèche des Droites (3 944 m ; plus basse dépression entre les deux sommets). Par un rappel de 30 m versant Talèfre dans une cheminée, et une traversée à quelques mètres sous la brèche, gagner un système de gradins versant Talèfre, qui ramène sur le fil de l'arête après la brèche des Droites. — Au lieu d'emprunter le versant Talèfre, on peut rejoindre la brèche des Droites en descendant sur le versant N, depuis le sommet du ressaut, par des rochers solides, avec un petit rappel. — Contourner versant Argentière de nombreux gendarmes effilés, en restant le plus haut possible. Passer versant Talèfre entre l'arête et un gendarme de flanc. Revenir sur l'arête et suivre son fil très déchiqueté jusqu'au sommet W.

Face N

Philippe Cornuau, Maurice Davaille, 5-10 septembre 1955.

C'est l'une des plus belles faces des Alpes, l'une des plus difficiles également. Sa première ascension fut un très grand exploit : sa conception a été remarquable par son audace et par le choix de l'époque en fonction des conditions.

Relativement peu fréquentée jusqu'en 1969, année du premier parcours en solo, elle est devenu rapidement l'un des buts les plus recherchés parmi les alpinistes de haut niveau, et plusieurs itinéraires ou variantes importantes ont été tracés dans cette immense paroi de 1 050 m de haut et de 400 m de large.

Lorsque l'on regarde cette face, c'est la grande pente de glace qui attire en premier lieu l'attention ; son inclinaison est très forte : 57° en moyenne entre la rimaye (2 956 m) et le sommet de la pente de glace (3 540 m). Cette inclinaison est plus forte dans la partie inférieure, surtout à gauche, supérieure à 60° sur plus de 200 m. Dans le bas, en fin de saison ou lors d'années très sèches, neige et glace font place à une barrière de dalles rocheuses lisses striées de couloirs plus ou moins larges.

La pente de glace est dominée par une barrière rocheuse de structure complexe, dans laquelle apparaissent un certain nombre de goulottes de glace plus ou moins marquées suivant l'époque. Le relief le plus marqué de la partie supérieure est un éperon rocheux issu de l'arête faîtière juste à l'W de la brèche des Droites et qui s'avance dans la pente de glace jusqu'à 3 423 m. Il forme la rive gauche du haut et très raide couloir issu de la brèche des Droites. C'est en sa partie centrale, à l'aplomb du sommet E, que la barrière rocheuse est la plus redoutable : dans cette partie, elle est presque verticale sur une hauteur de 100 m, striée de fissures et cheminées encombrées de glace et de verglas. Dans la partie supérieure, sous l'arête faîtière, l'inclinaison diminue notablement.

Voie directe à la brèche des Droites

Jean Ginat, Gilles Modica, J.-P. Simon, Jean-Marc Troussier, 24 juillet 1978.

Appelée aussi voie Jackson.

Le couloir de la brèche des Droites est très raide : 61° en moyenne sur 400 m, avec passages verticaux ou même surplombants. Cette sortie est plus difficile que les autres sorties de la face N, et est très exposée (pas de bons relais, assurage médiocre).

ED. — Photos 31, 32. — 12 à 20 h.

31. Les Droites, versant N.

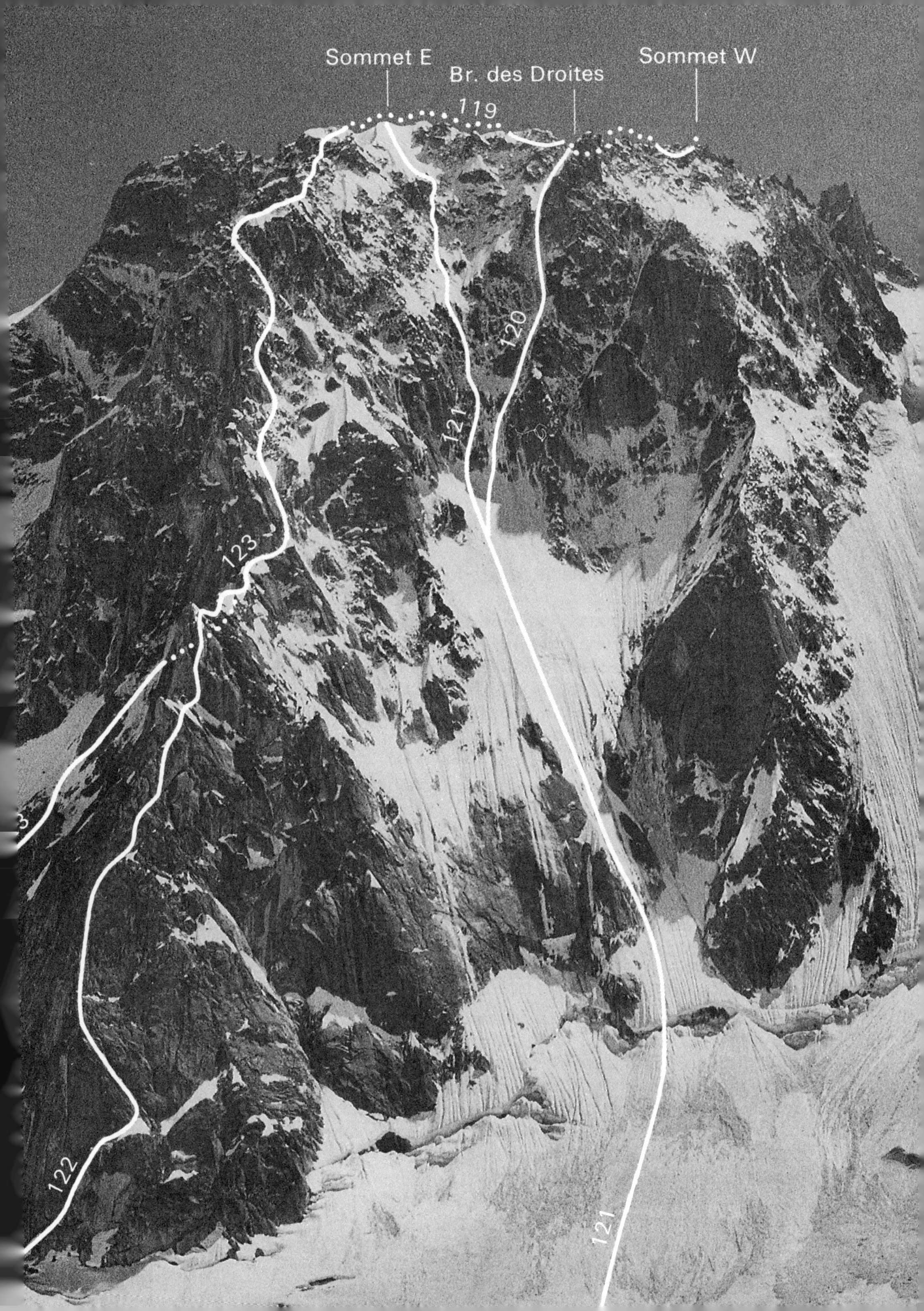

Sommet E
Br. des Droites
Sommet W
119
120
121
122
123
121

120. Du ref. d'Argentière, suivre l'itin. 121 jusque dans la partie supérieure de la grande pente de glace.

Attaquer une goulotte ininterrompue formant le couloir issu de la brèche des Droites. Franchir un premier ressaut très dur, par des pentes de 70° à 85° avec une courte traversée délicate et exposée à droite en terrain mixte (premier passage-clé). Suit une pente moins raide (60°), où l'on coupe la sortie originale Davaille. — On peut rejoindre ce point depuis l'itin. de sortie de la voie classique, pour éviter le premier passage-clé. — La pente se redresse progressivement jusqu'au second passage-clé. Pour le franchir, 3 solutions :

a) un peu à droite dans un fort surplomb (7-8 m de haut) ;

b) tout droit sur une longueur de 40 m en mixte ou en glace dans l'axe du couloir (80°/90°) dont on sort à gauche (vertical) ou tout droit (un peu surplombant) ;

c) dans un terrain mixte un peu à gauche de la goulotte (meilleur assurage).

Remonter alors le couloir plus facile jusqu'à la brèche des Droites.

Voie classique de la face N

C'est l'itinéraire de la seconde ascension : Wolfgang Axt, Werner Gross, 24-26 juillet 1962.

Il est commun avec celui de la première (Cornuau-Davaille) dans la partie inférieure, et s'en distingue nettement ensuite.

Très grande course à caractère essentiellement glaciaire. L'exposition est très forte. Peu de bons emplacements de bivouac, mais par bonnes conditions il est possible de passer dans la journée. La retraite est redoutable. Hauteur 1 050 m depuis la rimaye.

TD+. — Photos 31, 32. — 15 à 20 h.

121. Du ref. d'Argentière, traverser le glacier d'Argentière et gagner le pied de la face (1 h).

Franchir la ou les rimayes de la face N pour aborder le couloir de neige (glace) le plus individualisé, franchissant la barrière de dalles à droite de la dalle rocheuse centrale (qui est la plus marquée). La pente de ce couloir est extrêmement forte. Gravir le couloir qui débouche dans la grande pente de glace médiane, où l'inclinaison est moins forte. Remonter cette pente jusqu'au niveau du petit promontoire rocheux qui prolonge l'éperon central (bivouac commode dans les rochers inférieurs de ce promontoire) (5 à 7 h).

Du haut de la pente médiane, continuer à s'élever en ligne droite à l'aplomb du sommet E jusqu'au pied de la ceinture rocheuse. Le passage de la pente à la ceinture est très difficile : il est formé en majeure partie par de la glace noire constituée par le gel de l'eau de fonte venant des parties rocheuses situées au-dessus. Le ressaut suivant constitue le passage-clé : par des cheminées et des couloirs de glace entre des zones rocheuses verticales, s'élever en 5 longueurs (passages verticaux en glace) jusqu'à la muraille terminale moins raide dans l'ensemble. En 2 longueurs, s'élever en diagonale à droite derrière une plaque rocheuse détachée (glace, très difficile). De là, monter en diagonale à gauche dans un raide couloir de glace et par un mur vertical (V/A1 ou glace). Au-dessus, monter en terrain mixte à un éperon proéminent au-dessus de la ceinture, puis à l'aplomb du sommet, toujours en terrain mixte. Les difficultés diminuent. On débouche sur l'arête terminale neigeuse de l'éperon NE, non loin du sommet.

Par l'éperon NE

Le très important éperon NE (presque une arête) issu du sommet E descend sur le glacier d'Argentière à la cote 2 790 m. Haut de 1 210 m, il est sinueux dans le haut et devient rectiligne au P. 3 407 m dominant la brèche 3 384 m, puis s'épanouit en bas en un bastion triangulaire présentant un large flanc N.

Attaque directe des Français

Claude Deck et Sylvain Jouty, juillet 1970, jusqu'à la brèche 3 384 m ; J.-C. Droyer et G. Gaby, début juillet 1971, jusqu'au sommet.

Cette façon de gravir l'éperon NE des Droites constitue une course superbe de très grande ampleur, où le parcours mixte de la partie supérieure est précédé d'une magnifique escalade libre de rocher pur dans l'axe de l'arête du bastion triangulaire. Escalade soutenue avec passages de V et V+. Hauteur 1 200 m ; le parcours comporte aussi des sections horizontales avec quelques brèches.

TD+. — Photos 31, 32. — 15 à 18 h.

122. Du ref. d'Argentière, traverser le glacier d'Argentière et se diriger vers le pied de l'éperon NE (1 h).

L'attaquer à son point le plus bas (2 790 m) par un couloir-cheminée oblique à droite (III/IV) qui débouche sur une grande vire. La suivre à droite sur 30 m puis prendre un cheminement au-dessus qui devient une rampe oblique à gauche, au début en forme de cheminée (III et IV). A la fin la rampe se redresse, passer un surplomb (V/V+) pour atteindre des blocs sur le fil de l'arête. Suivre son fil ou grimper un peu à droite, par des feuillets et des dièdres fissurés sur 3 longueurs (IV et V). L'arête devient monolithique.

Traverser 20 m à droite sur une vire et revenir en oblique à gauche par un couloir-cheminée (IV) sur une brèche de l'arête. Suivre à peu près le fil par quelques passages (IV/V) jusqu'à une terrasse importante sur l'éperon qui devient au-dessus compact et surplombant. Deux possibilités :

a) suivre les vires-terrasses à gauche jusqu'au pied d'un dièdre marqué, l'escalader en 2 longueurs (IV+ à V+) ; il ramène à l'arête au-dessus du ressaut ;

b) éviter le ressaut par un crochet à droite : remonter une fissure-dièdre encombrée par une lame de rocher (V+) et revenir à gauche (V+) au fil de l'arête.

Suivre l'arête. On parvient à une autre brèche. Contourner par la droite un bloc proéminent fendu par une fissure large et lisse, pour revenir aussitôt que possible sur le fil de l'arête. Continuer par l'arête en contournant certains ressauts par la droite et rejoindre la brèche 3 384 m, où l'on retrouve l'itin. 123 (de l'attaque, 8 à 10 h).

Voie originale de l'éperon NE

Ch. Authenac avec F. Tournier, 20-21 juillet 1937.

Itinéraire grandiose, l'un des plus beaux qui soient. Aucun passage de difficulté technique extrême, mais la continuité des passages rocheux et glaciaires sévères en font une ascension fort rude. Emporter coinceurs et broches à glace.

TD. — Photos 31, 32. — 10 à 14 h.

123. Du ref. d'Argentière, traverser le glacier d'Argentière et, par un petit golfe glaciaire, aborder le premier couloir à gauche de l'éperon NE des Droites (1 h).

Passer la double rimaye qui le défend, en utilisant les rochers de droite, et par la neige aborder la base du couloir (2 926 m). Éviter le début en surplomb par la droite ou par la gauche, puis prendre le fond du couloir (rochers raides et solides) jusqu'au pied d'une tour rive droite ; le couloir s'élargit. Gagner par des rochers brisés la selle reliant la tour à la paroi. Remonter la crête mixte de la selle sur 50 m, puis tirer à droite dans du rocher brisé. Franchir un couloir et gagner à droite la base d'un éperon couronné de neige. Prendre un long couloir encaissé, rive gauche (rochers) puis par le fond : il mène à la brèche profonde de l'éperon NE (3 384 m), dominée par le P. 3 407 m au sommet de l'éperon de base (3 h).

Remonter la crête de neige de la brèche jusqu'à un mur. Franchir un surplomb et pénétrer dans un couloir-cheminée de 40 m au fond garni de glace (passage-clé) : l'escalader 20 m rive gauche puis 20 m rive droite. On débouche sur une épaule de rochers brisés, au pied d'un ressaut vertical. Quitter l'arête, en oblique à droite par une pente de glace, et gagner une vire horizontale. Monter au-dessus de la vire puis gravir à gauche un couloir (blocs verglacés) qui ramène à l'arête. Gravir quelques petits ressauts jusqu'au pied d'un immense ressaut de grandes dalles lisses. Revenir en face N par un système de cheminées et de vires obliques encombrées de glace (passer derrière une lame détachée, au pied des grandes dalles lisses). Gravir un nouveau couloir de glace par de gros blocs saillants rive gauche, puis par un couloir-cheminée barré d'un surplomb encaissé rive droite ; il ramène à l'arête.

Un peu à droite de l'arête, prendre un couloir profond coupé de gros blocs surplombants (rétablissements pénibles) ; plate-forme avec petite corniche de neige. Gravir au-dessus 20 m dans de gros blocs brisés. Traverser à droite (gradins et lames détachés) sur 20 m. On arrive au bord de pentes de glace très redressées, les traverser sur 20 m à hauteur de 2 îlots rocheux. Du second îlot monter obliquement à droite (glace) vers un couloir encaissé. Pénétrer dans ce couloir par un mur de glace presque vertical. Suit un couloir-cheminée coupé de surplombs : gravir son fond sur 20 m puis des blocs brisés sur 20 m pour gagner à gauche le sommet d'un petit épaulement occupé par une corniche de neige. Gravir une plaque lisse

32. Les Droites, versant NE.

Col de la Tour des Courtes
Tour des Courtes
Col des Droites
Les Droites (Sommet E)
Sommet W
120
121
123
125
124
114
123
122
Glacier d'Argentière

par une fissure verticale de 10 m et se rétablir sur une petite épaule. Pénétrer dans un long couloir en traversant vers la gauche une écharpe de glace (30 m), jusqu'à de gros blocs enneigés faciles, par lesquels on gagne la brèche au sommet du couloir (3 775 m) (5 à 7 h).

Remonter la crête terminale. Elle présente des gendarmes et des clochetons reliés par des arêtes de neige : suivre la crête en contournant les obstacles par des vires flanc E. Éviter ensuite un premier groupe de tours par une traversée ascendante en face N. Éviter un second groupe de tours par une traversée ascendante, un peu en contrebas, flanc E. Suivre enfin le fil neigeux de l'arête jusqu'au sommet E.

Par le versant ENE, « pilier Bergland »

Erich Lackner et Reinhold Messner, 25 juillet 1969.

Il s'agit du pilier central du versant NE, entre le couloir Lagarde et le grand éperon NE.

Escalade libre sur du bon rocher ; passages allant du III au V avec un passage de V+ ; rocher très compact au départ. De l'avis des répétiteurs (ce pilier n'a pas été gravi très souvent), c'est l'une des courses mixtes les plus intéressantes de la chaîne du Mont-Blanc.

TD-/TD. — Photo 32. — 10 h.

124. Du ref. d'Argentière, suivre l'itin. 125 jusqu'à la rimaye (1 h 30). Franchir la rimaye à droite de l'arête faiblement marquée du pilier.

Par une pente de neige gagner le couloir juste à droite de l'arête du pilier, ici mal marquée. S'y élever de 3 longueurs. Franchir des plaques lisses pour pénétrer à gauche dans un autre couloir. Par celui-ci et par des dalles rejoindre l'arête du pilier. S'élever juste à sa gauche dans un grand couloir jusqu'à un ressaut vertical du pilier. Quitter le couloir vers la gauche. S'élever sur 2 longueurs sur la crête étroite et gagner le grand dièdre entre le pilier principal et un pilier situé à sa gauche. Par 3 longueurs dans des fissures au fond du dièdre, rejoindre la tête du pilier de gauche. Continuer en droite ligne, puis quitter le système de dièdres par des fissures raides vers la gauche. En se tenant toujours à gauche, prendre un couloir qui, à gauche d'un pilier, conduit à l'arête de l'éperon NE. On rejoint l'éperon NE, au début de l'arête terminale présentant une série de gendarmes et de clochetons. Par l'itin. 123, gagner le sommet.

Par le versant ENE, couloir Lagarde (grand couloir NE)

Bobi Arsandeaux et Jacques Lagarde, 31 juillet 1930. La variante d'attaque directe est due à W. Cecchinel et M. Marchal, G. Crémion et M. Flouret, 6-7 janvier 1973 (1re hivernale) : c'est avec cette attaque directe, généralement utilisée aujourd'hui, que l'itinéraire sera décrit.

Très belle course de glace, assez classique ; c'est cependant une grande course, sérieuse, exposée aux chutes de pierres et de glace. L'inclinaison est forte : 59° sur 220 m dans l'attaque directe, 51° dans la partie médiane ; hauteur totale 1 000 m.

TD. — Photo 32. — 6 à 10 h.

125. Du ref. d'Argentière, traverser le glacier d'Argentière et remonter le golfe glaciaire crevassé au pied du versant NE des Droites, en évitant les crevasses par la droite (1 h 30).

Franchir la rimaye vers 3 000 m, à la base d'une série de goulottes glaciaires qui constituent le débouché du couloir Lagarde (passages à 70°/80°, 40 m à 80°/90°), pour déboucher dans le couloir proprement dit. Remonter le grand couloir en cherchant la ligne la plus abritée (ses rives constituées par des dalles lisses ne sont pas praticables). Se tenir d'abord près de la rive gauche et surmonter plusieurs ressauts glaciaires. Dans le quart supérieur, passer près de la rive droite. En haut du couloir, remonter une pente plus raide de rochers verglacés et par la belle arête neigeuse terminale NE gagner le sommet.

Aiguille du Jardin 4 035 m

Important satellite de l'Aig. Verte, sur lequel ont été tracés de beaux itinéraires.

Par l'arête NW (voie normale)

E. Fontaine avec Jean Ravanel et Léon Tournier, 1er août 1904.

Elle n'est guère utilisée qu'en parcourant l'arête du Jardin à l'Aig. Verte, ou bien pour descendre de l'Aig. du Jardin.

Voir l'itin. 137 de l'Aig. Verte.

Par le versant NE

Anselme Baud et Dominique Mollaret, 4 septembre 1971.

Itinéraire rarement parcouru. L'escalade, athlétique, est très belle dans sa partie supérieure, c'est-à-dire l'éperon NE en bon granit rouge. Prendre coinceurs et broches à glaces.

TD. — Photo 33. — 13 à 16 h du refuge.

126. Du ref. d'Argentière, traverser le glacier d'Argentière et franchir la rimaye (3 000 m env.) du large couloir de neige ou de glace descendant de la dépression E du col de l'Aig. Verte ; rimaye parfois difficile. A droite, gagner le socle de l'arête rocheuse descendant de la dépression W de ce même col (1 h).

S'élever directement dans le couloir rocheux facile qui longe cette arête à gauche, au pied de 2 tours imposantes. Poursuivre en contrebas du fil et prendre un couloir-cheminée bien visible du refuge, que l'on gravit sur toute sa hauteur ; on arrive à un vaste replat neigeux. A droite, par une cheminée et un dièdre ouvert (IV), gagner le fil de l'arête. Le suivre jusqu'à une brèche en amont de deux tours accolées, en haut du premier ressaut.

De là, traverser à droite (100 m) le couloir de la dépression W du col de l'Aig. Verte, pour rejoindre le pied de l'éperon NE de l'Aig. du Jardin (6 à 7 h). — On pourrait atteindre ce point par l'itin. 127 du col Armand Charlet (plus rapide mais plus difficile).

Attaquer le premier ressaut sur son flanc droit : une longueur facile en rocher brisé, puis une fissure-dièdre inclinée (IV/IV+) ; rejoindre à gauche en 2 longueurs l'arête de neige du premier ressaut. Continuer à gauche, remonter un couloir rive droite, puis gravir la plus à gauche des 3 fissures-cheminées (IV athlétique), qui débouche à une brèche. Remonter le fil de l'éperon 30 m, traverser à gauche sur des dalles (III) et gagner un dièdre de 90 m menant à droite d'un immense surplomb rouge. Remonter en entier le dièdre (IV+/V, athlétique). Contourner la tour rouge par la droite (terrain mixte, surplomb, IV+). Traverser à gauche vers une vire enneigée, gravir un petit mur fissuré (passage d'A1) et par de la neige rejoindre le fil de l'éperon. Traverser à gauche (2 longueurs, III et IV) et gagner le bord d'une arête très fine (trou caractéristique), remonter le dièdre qui la longe (IV+) ; par une sorte de boîte aux lettres atteindre et remonter une cheminée glacée, contourner un surplomb par la droite (2 longueurs) et sortir sur l'arête sommitale, puis gagner le sommet (de l'attaque, 7 à 9 h).

Col Armand Charlet 3 998 m

Très beau col entre l'Aig. du Jardin et la Grande Rocheuse. Son versant NE présente un remarquable couloir.

Par le versant d'Argentière (NE)

P. Dillemann avec Armand Charlet et Jules Simond, 22 juillet 1932.

Grande course de glace. Elle a été répétée le 27 juillet 1932 par Karl Blodig, seul, à l'âge de 74 ans, qui redescendit le lendemain par la même voie !

Le couloir a évolué depuis les premières ascensions : il présente actuellement un fort bombement dans la première partie. L'inclinaison est très forte : 56° env. dans la partie utilisée du couloir principal (inclinaison moyenne de ce couloir de la rimaye à son sommet, 54°), et 51° pour le couloir proprement dit du col Armand Charlet.

TD. — Photo 33. — 9 h.

127. Du ref. d'Argentière, traverser le glacier d'Argentière et gagner le pied (3 030 m env.) du grand couloir de glace issu de la dépression W du col de l'Aig. Verte (sa rive droite est constituée par l'éperon rocheux très marqué issu des Clochetons du Col de l'Aig. Verte).

Franchir la rimaye et s'élever par ce couloir, ou par les rochers de sa rive gauche, jusqu'au P. 3 509 m, où débouche le couloir de glace issu du col Armand Charlet. Remonter ce couloir, ou les rochers de sa rive gauche, jusqu'au col.

Par le versant S

E. Thomas avec Josef Knubel, 27 juillet 1927.

Course raide, analogue au couloir Whymper de l'Aig. Verte. La pente du couloir, de 40° dans sa partie inférieure, se redresse à 53° dans la partie supérieure (moins cependant le long de sa branche W).

AD+ — Photo 34. — 5 à 6 h du refuge.

128. Du ref. du Couvercle, par l'itin. 129 de l'Aig. Verte, gagner le pied du couloir S du col Armand Charlet (2 h).

Franchir la rimaye sous la rive gauche du couloir et remonter celui-ci en longeant la rive gauche ou en empruntant par endroits les rochers de cette rive, jusqu'au col (3 à 4 h).

33. Aiguille du Jardin et Aiguille Verte, versant NE.

Col Armand Charlet
Aig. du Jardin
Grande Rocheuse
Aiguille Verte
Col de l'Aig. Verte
137
136
127
126
Glacier d'Argentière

Aiguille Verte 4 122 m

L'une des plus belles cimes de la chaîne du Mont-Blanc et des Alpes. De tous côtés elle oppose à l'alpiniste de sérieuses défenses. Elle offre des itinéraires de grande envergure qui sont au nombre des plus beaux et des plus intéressants, voire des plus difficiles. La descente, lorsqu'elle doit s'exécuter par le couloir Whymper, peut être plus difficile que la montée. Le mauvais temps y est particulièrement redoutable.

Voies de descente

La meilleure voie de descente est peut-être l'arête du Moine, qui est à l'abri des avalanches et des chutes de pierres sur la plus grande partie de son parcours. Mais lorsqu'elle est trop enneigée elle n'est pas praticable ; c'est ce qui arrive d'ordinaire en début de saison, et en saison après de fortes chutes de neige. Elle présente d'autre part l'inconvénient d'être relativement plus longue que les autres itinéraires usuels.

Tant qu'il est bien enneigé, le couloir Whymper constitue une voie de descente délicate mais rapide, recommandable tôt le matin ou en fin d'après-midi ; la neige est rapidement coulante aux heures chaudes et le petit couloir secondaire est très exposé aux chutes de pierres. La rive gauche du couloir est équipée pour des rappels. Lorsque l'on arrive au sommet vers le milieu de la journée, il est préférable de patienter au col de la Grande Rocheuse en attendant que la neige regèle.

A défaut de pouvoir utiliser l'un ou l'autre de ces itinéraires, on peut emprunter l'éperon de la Grande Rocheuse, normalement plus long que le couloir Whymper et plus difficile que l'arête du Moine. Encore faut-il qu'il soit suffisamment déneigé, et de toutes façons on retrouve dans la partie inférieure les mêmes inconvénients que pour le couloir Whymper.

Par le couloir Whymper (voie normale, versant de Talèfre)

L'itinéraire original de la première ascension (Edward Whymper avec Christian Almer et Franz Biner, 29 juin 1865) n'utilise le couloir qu'en partie. Celui-ci a été parcouru pour la 1re fois par R. Fowler avec Michel A. Ducroz et Michel Balmat, 17 septembre 1865, à la descente.

C'est l'itinéraire le plus classique, adopté par l'expérience. Il emprunte un couloir de neige (ou de glace) raide et même très raide à sa partie supérieure : 47° d'inclinaison moyenne de 3 700 m à 3 952 m, 55° de là au col de la Grance Rocheuse. Ses difficultés et ses dangers tiennent essentiellement aux conditions ; on empruntera cet itinéraire lorsque celles-ci sont convenables, généralement en début de saison, de bonne heure ou dans la soirée. Aux heures chaudes, il est exposé aux avalanches et aux chutes de pierres. Rien ne donne mieux une idée de la variation des difficultés rencontrées à la descente du couloir que les temps extrêmes mis par le même alpiniste, du sommet à la rimaye : 55 mn - 7 h.

Il convient de partir très tôt (en pleine nuit) et de tenir un bon horaire pour être de retour de bonne heure à la rimaye, avant que le couloir ne soit trop ensoleillé.

AD+. — Photo 34. — 5 à 7 h du refuge, 3 à 4 h à la descente.

129. Du ref. du Couvercle, gagner la moraine rive droite du glacier de

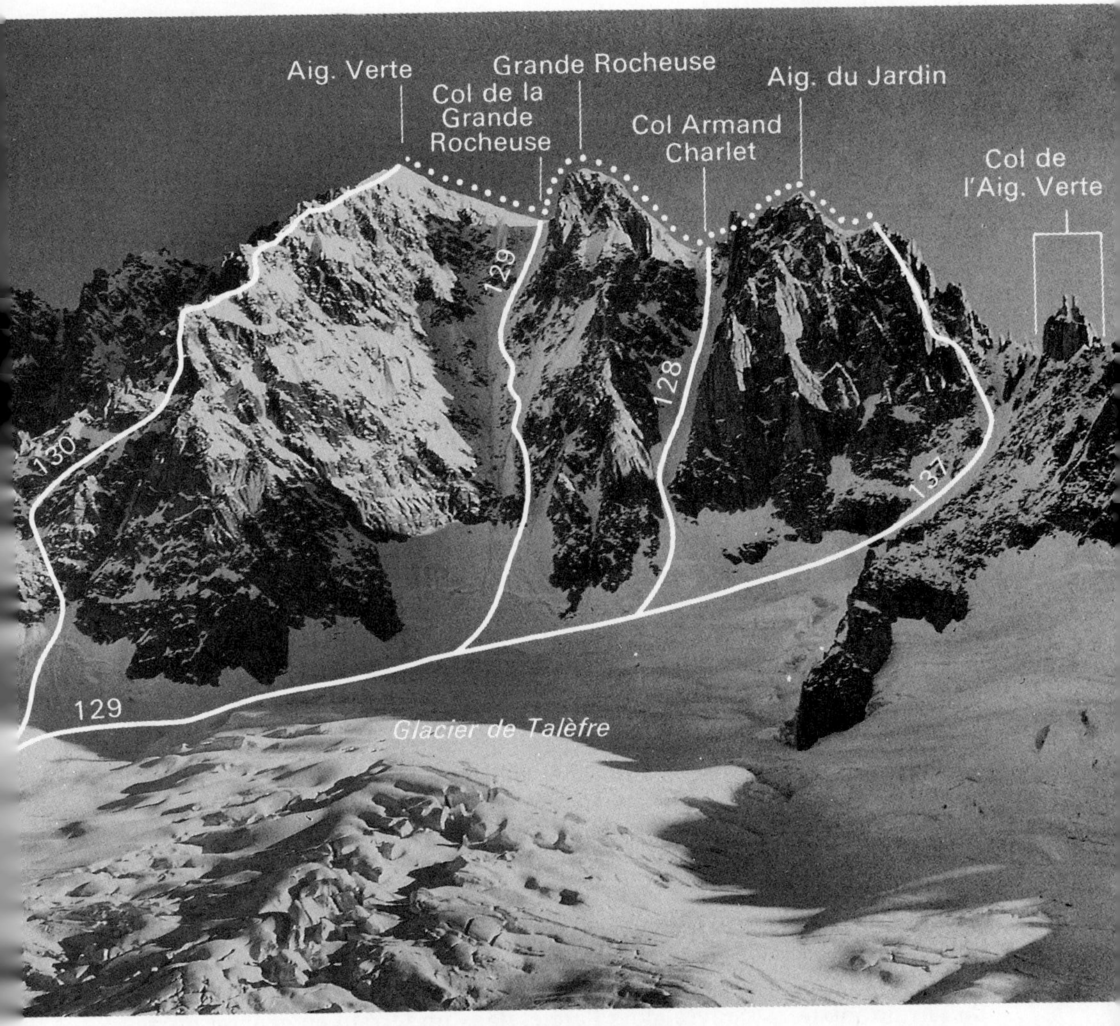

34. Aiguille Verte, versant SE (Talèfre).

Talèfre au pied de l'arête SE de l'Aig du Moine. Prendre pied sur le glacier et le remonter en longeant le pied du chaînon du Moine, jusqu'à la base d'une large pente de neige située au-dessous du grand couloir de neige (couloir Whymper) qui descend du col de la Grande Rocheuse (2 h).

Franchir la rimaye (3 500 m env., souvent difficile), sur la droite de cette pente, contre les rochers de l'éperon S de la Grande Rocheuse. Remonter la pente puis un petit couloir (exposé aux chutes de pierres) parallèle au couloir Whymper et situé à sa droite (E). Le quitter le plus tôt possible pour passer à gauche sur la crête rocheuse qui le sépare du grand couloir, et la remonter. Traverser un couloir (exposé aux chutes de pierres) affluent du grand, descendant de la Grande Rocheuse. S'élever par une crête parsemée de rochers sur la rive gauche du grand couloir, jusqu'à ce qu'elle se perde dans la Grande Rocheuse, à 150 m env. du col de la Grande Rocheuse. Passer alors dans le couloir lui-même, et le remonter par sa rive gauche jusqu'au col de la Grande Rocheuse. Suivre ensuite l'arête E aérienne (corniches) jusqu'au sommet (3 à 5 h de la rimaye).

Par l'arête du Moine (SSW)

G.C. Hodkinson, Charles Hudson, T.S. Kennedy avec Michel Croz, Michel A. Ducroz, Peter Perren, 5 juillet 1865, lors de la seconde ascension de l'Aig. Verte.

Après le couloir Whymper, c'est la seconde voie normale de l'Aig. Verte, mais elle n'est pas très souvent parcourue, beaucoup moins qu'autrefois en tout cas. Cet itinéraire se déroule sur un terrain mixte de rochers plus ou moins enneigés. Aussi ses difficultés varient-elles beaucoup suivant les conditions. On ne l'emprunte que lorsque les rochers sont suffisamment dégagés, c'est-à-dire presque jamais en début de saison. Il est au contraire emprunté normalement dans le cours ou en fin de saison. Malgré sa longueur, il est conseillé comme voie de descente lorsque le couloir Whymper est dangereux.

AD. — Photos 34, 35. — 6 à 8 h du refuge, 4 à 6 h à la descente.

130. Du ref. du Couvercle, suivre l'itin. 129 jusqu'au pied (3 380 m env.) d'un couloir de neige qui descend en ligne droite dans le flanc S du promontoire rocheux issu de l'arête du Moine, à la cote 3 830 m, en direction SE. Franchir la rimaye à l'aplomb du couloir (2 h).

Au-dessus de la rimaye, s'élever en diagonale facilement vers la gauche en direction de la brèche 3 600 m au NE du Cardinal. A 50 m env. sous cette brèche, changer de direction et, en obliquant vers la droite, monter par une diagonale facile en restant 50 m sous l'arête faîtière (que l'on peut atteindre près du gendarme 3 633 m). On arrive au sommet du couloir dominant la rimaye.

Dans l'axe de ce couloir, gravir une petite muraille raide (III) pour gagner une brèche vers 3 800 m, d'où l'on découvre la partie supérieure de l'arête du Moine. — On peut contourner cette muraille versant Talèfre dans du terrain mixte. — Suivre alors l'arête, dans un terrain en général mixte, tantôt sur le fil, tantôt sur le versant de Talèfre mais sans jamais s'écarter beaucoup du fil. Contourner versant Talèfre un gendarme pointu remarquable . Par une courte cheminée reprendre 20 m plus haut le fil de l'arête et le suivre jusqu'au sommet (4 à 6 h de la rimaye).

Par le versant de la Charpoua (couloir en Y)

Albert F. Mummery avec Alexander Burgener, 30 juillet 1881.

Itinéraire classique, quoique peu fréquenté. C'est une belle course, aux obstacles variés. Le couloir est fort exposé aux chutes de pierres, surtout dans l'après-midi (il est orienté SW). Il est en revanche assez vite en

35. Aiguille Verte, versant SW (Charpoua).

Grand Dru
Col du Dru
Brèche Sans Nom
Pic Sans Nom
Aig. Sans Nom
Pointe Croux
Aiguille Verte
Grande Rocheuse
L'Évêque
La Nonne
132
130
131
155
145
Glacier de la Charpoua
Ref. de la Charpoua
158
5

condition après des chutes de neige, ainsi qu'en début de saison. L'inclinaison est forte : 57° pour le mur qui sépare la rimaye du couloir, 45,5° du sommet de ce mur à la bifurcation, 50° dans la branche de gauche, la plus commode et la plus variée, et qui sera décrite ici.

D. — Photo 35. — 5 à 6 h de la rimaye.

131. Du ref. de la Charpoua, remonter le glacier de la Charpoua jusqu'au-dessous du grand couloir en Y qui sillonne en son centre le versant Charpoua de l'Aig. Verte (1 h 30).

Ce couloir s'achève au-dessus d'un grand mur rocheux qui le sépare de la rimaye. Suivant les conditions, 3 itinéraires sont possibles pour gagner le couloir :

a) franchir la rimaye à son extrémité gauche et monter obliquement vers la droite le long des rochers de l'Aig. Sans Nom et de la Pointe Croux (c'est le meilleur procédé) :

b) franchir la rimaye, parfois triple, et atteindre la base du mur rocheux que sillonnent 2 petits couloirs : prendre celui de droite et dépasser par une cheminée verglacée (difficile) les rochers affleurant la glace à la base du couloir, pour pénétrer dans celui-ci ;

c) au-dessus de la rimaye, traverser horizontalement jusqu'à l'extrême-droite de la pente de neige pour escalader ensuite le mur rocheux.

Remonter alors le couloir en se tenant sur sa rive gauche, jusqu'au point où il bifurque (3 715 m). Gagner la branche de gauche et la remonter soit en son centre, soit par les rochers de la rive gauche. On débouche sur l'arête Sans Nom, que l'on suit jusqu'au sommet.

Par l'arête Sans Nom (W)

Mlle G. de Lonchamp avec Armand Charlet et Marcel Bozon, 21 septembre 1926.

C'est le plus bel itinéraire d'arête de l'Aig. Verte.

Le couloir d'accès à la brèche Sans Nom est raide. Il n'est pas dangereux le matin de bonne heure lorsqu'il est bien enneigé. Il y a lieu de partir très tôt de nuit du ref. de la Charpoua, pour gagner la brèche avant que le soleil n'ait atteint le couloir ; il vaut d'autant mieux partir tôt que la course est très longue et que, pour éviter le bivouac entre le ref. de la Charpoua et le ref. du Couvercle, il faut marcher très vite.

L'escalade de la facette W de l'Aig. Sans Nom, mal orientée, est rude, d'autant plus que l'on grimpe généralement dans l'ombre. Les difficultés sont continues mais jamais fortes (IV à IV+) ; le rocher est très solide. Le parcours de l'arête est délicat et très aérien. Encordement à 40 m conseillé, afin de se tenir toujours sur le fil de l'arête et d'en traverser les gendarmes (rappels), sinon le contour de 2 gendarmes, versant Nant Blanc, présente des passages de glace longs, exposés, de grande classe.

D+. — Photos 35, 38, 39. — 8 à 12 h.

132. Du ref. de la Charpoua, suivre l'itin. 142 du Grand Dru jusque dans la partie supérieure du glacier de la Charpoua, et gagner le pied du couloir étroit, raide et encaissé, issu de la brèche Sans Nom (1 à 2 h).

Remonter directement ce couloir par son fond ou bien, à 100 m au-dessus de la rimaye, escalader 2 cheminées successives et franchir l'arête rive gauche du couloir pour s'élever par des rochers faciles sur le flanc droit (E) de cette arête et rejoindre, par de bonnes vires, le couloir à 200 m sous la brèche ; gagner ainsi la brèche Sans Nom (3 725 m) (2 à 3 h).

Cette brèche s'ouvre entre le Pic Sans Nom et l'Aig. Sans Nom qui présente une facette W assez large et triangulaire, qu'il faut escalader. De la brèche, redescendre 10 m dans le couloir versant Charpoua et attaquer la facette par une courte cheminée surplombante (III), suivie d'une dalle (IV). On atteint une grande plate-forme. De son extrémité droite, descendre 2 m puis gravir une cheminée de 10 m (III). Par une succession de terrasses et de gradins s'élever à 30-40 m à droite de l'arête qui limite à gauche la facette jusqu'à une muraille raide de cheminées et de fissures. Traverser à droite de 50 m et contourner une petite arête.

Escalader une dalle raide, puis 3 cheminées successives (50 m env., IV puis III). On débouche sur une petite plate-forme, dominée par une nouvelle cheminée. Pour la rejoindre, traverser 2 m à gauche, escalader un mur vertical (IV+) et pénétrer à droite dans la cheminée, profonde et verglacée. L'escalader sur 20 m (IV) jusque sous un surplomb et sortir à gauche. Traverser vers la gauche dans une dalle de 12 m (IV) pour rejoindre une courte cheminée ouverte. La remonter et s'élever par des gradins jusque sous un gros rocher de l'arête faîtière, qu'on contourne versant Charpoua. Suivre l'arête faîtière jusqu'au pied du bloc sommital de l'Aig. Sans Nom, haut de 6 m. L'attaquer versant Nant Blanc et tourner vers la gauche pour atteindre le sommet (3 à 4 h).

Descendre face à l'Aig. Verte (rappel). Franchir un gendarme par un petit pendule, versant Charpoua. Suivre le fil de l'arête en traversant 2 gendarmes (petits rappels face à l'Aig. Verte) ou en les contournant, de préférence versant Charpoua par des terrasses (ne pas les contourner versant Nant Blanc : pente de glace très raide). Arriver par une arête de neige ou de glace entre les 2 sommets de la Pointe Croux (4 023 m). Gravir le sommet E et en descendre face à la Verte. Suivre ensuite le fil de l'arête, aigu et neigeux, jusqu'à la calotte, par laquelle on gagne le sommet (2 à 3 h).

Par la face N de l'Aiguille Sans Nom

Ces itinéraires ne sont pas en principe des voies d'accès à l'Aig. Verte ; plusieurs cordées ont cependant préféré poursuivre par l'arête Sans Nom, plutôt que de redescendre la voie normale de l'Aig. Sans Nom.

Voir les itin. 140 et 141.

Par le versant du Nant Blanc (NW), voie classique

Dimitri Platonov avec Armand Charlet, 22 août 1935.

Le versant du Nant Blanc, le seul visible de la vallée, est parcouru par 4 itinéraires et d'importantes variantes, auxquels il faut ajouter les 5 itinéraires de l'Aig. Sans Nom.

On part soit directement de la station supérieure du téléphérique des Grands Montets, soit d'un bivouac installé au Rognon du Dru ou sur l'îlot rocheux 2 821 m. Par commodité, l'itinéraire sera décrit au départ du Rognon du Dru.

Superbe itinéraire mixte de 900 m (de la rimaye à la sortie), dans une ambiance sévère et sauvage, le plus élégant de ce versant. La glace apparaît

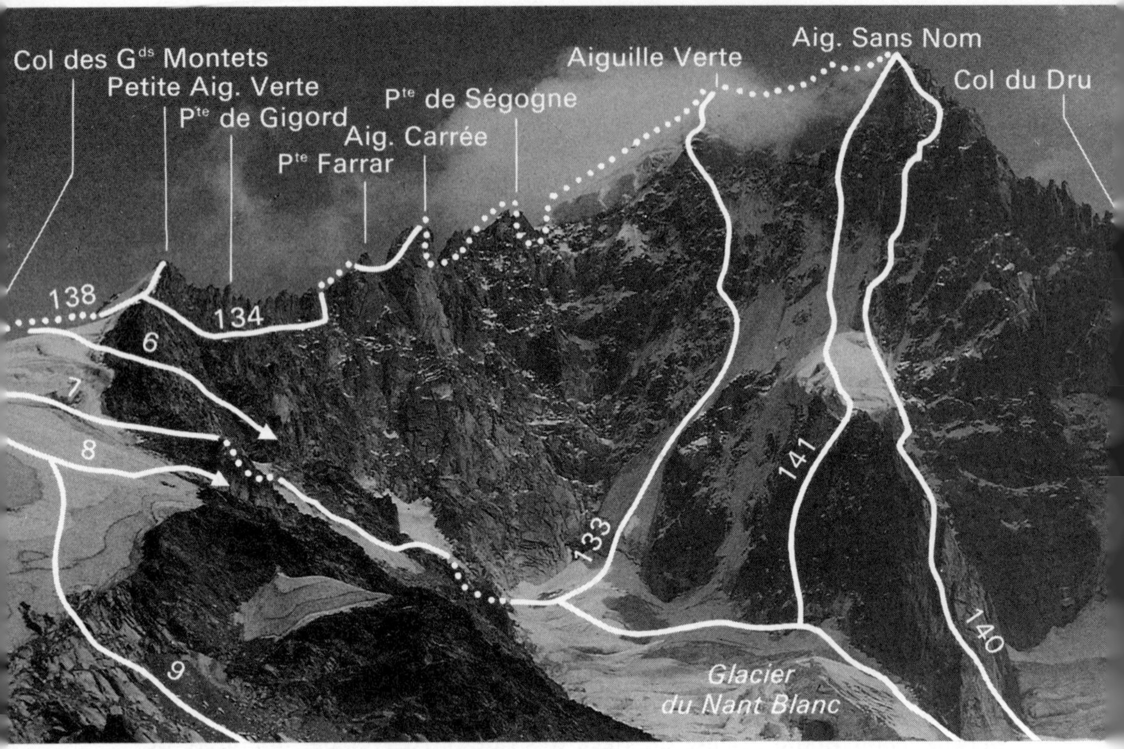

36. Aiguille Verte, versant NW (Nant Blanc).

souvent, elle est en général très dure en hiver. Lorsque la pente est en neige, les rochers sont enneigés et verglacés.

D+. — Photos 36, 38. — 5 à 10 h.

133. Du Rognon du Dru, suivre la crête du rognon, passer sur le glacier du Nant Blanc et le traverser pour atteindre l'îlot rocheux 2 821 m ; remonter le glacier du Nant Blanc pour gagner le pied de la pente de glace qui sillonne le versant du Nant Blanc de l'Aig. Verte sur toute sa hauteur (1 h 30). — On atteint ce point en 1 h à 1 h 30 en venant directement des Grands Montets par l'itin. 6 ou 7.

Franchir la rimaye (3 150 m env.) et remonter la pente de neige ou glace sur 150 à 200 m, jusqu'à un étranglement. Traverser vers la droite pour continuer à remonter la grande pente de neige sur 150 m env. (ou bien contourner l'étranglement par la gauche et poursuivre par les rochers de la rive droite de la grande pente). Bien avant que la pente ne soit interrompue par l'escarpement rocheux qui coupe la face à mi-hauteur, obliquer sur la gauche vers une petite arête de neige qui couronne la première moitié de la pente de neige dans sa partie gauche.

Au-dessus, franchir l'escarpement rocheux médian en quelques longueurs de rochers difficiles et verglacés. — On peut aussi franchir l'escarpement plus à droite et dans l'axe de la montée initiale, par une goulotte de glace extrêmement raide et beaucoup plus difficile. — Rejoindre ainsi la base de l'éperon oblique de droite à gauche, formant la rive droite de la partie supérieure de la grande pente. Suivre cet éperon jusqu'à ce qu'il se perde dans une pente de glace. Par celle-ci, atteindre la calotte en passant entre des barres de séracs. On sort au-dessus de la rimaye supérieure de la calotte. Par celle-ci, gagner le sommet.

Par l'arête des Grands Montets (NNW)

Pierre Dalloz, Jacques Lagarde, Henry de Ségogne, 9-10 août 1925.

Itinéraire grandiose, long et varié. Le début de l'ascension, dans du mauvais rocher, est assez long. La partie intéressante de l'escalade va du début de la Pointe Farrar au col du Nant Blanc.

D. — Photos 36, 37. — 7 à 11 h.

134. De la station des Grands Montets, suivre l'itin. 138 de la Petite Aig. Verte jusqu'à l'épaulement de l'arête NW (30 à 45 mn);

Descendre très légèrement sur le versant Nant Blanc, franchir par une marche de flanc l'éperon WSW de la Petite Aig. Verte, puis suivre une sorte de vire bien visible du Montenvers, qui court transversalement sur le versant Nant Blanc, longeant la base des gendarmes de l'arête ; elle est coupée en un endroit par un couloir assez marqué : descendre dans le fond de ce couloir et remonter de l'autre côté pour reprendre la vire à hauteur de son interruption (ne pas prendre la vire inférieure, au niveau du fond du couloir, qui n'aboutit pas). La vire est de moins en moins marquée à mesure que l'on s'approche de la Pointe Farrar, où elle disparaît. Rallier alors par des cheminées la brèche située immédiatement au N de la Pointe Farrar. Contourner cette pointe par le versant d'Argentière, sur des dalles fissurées, en marche un peu ascendante, et gagner la brèche 3 625 m immédiatement au N de l'Aig. Carrée (bon bivouac) (2 à 3 h).

S'élever en face N de l'Aig. Carré (face à la Pointe Farrar) et gravir une profonde cheminée de 25 m (IV) ; on débouche à une terrasse versant Nant Blanc : continuer par une sorte de glacis de plaques ascendantes, en utilisant une fissure à l'union des plaques et de la paroi de l'aiguille (IV), et par une courte fissure verticale atteindre le sommet de l'Aig. Carrée (3 716 m). Descendre en face E, le plus près possible de l'arête SE (rappel de 20 m à la fin), pour atterrir dans la brèche au SE de l'Aig. Carrée.

De là, 2 passages pour gravir le ressaut suivant, culminant à un groupe de 3 gendarmes :

a) traverser versant Argentière pour atteindre le bas d'un étroit couloir, presque vertical, tapissé de glace ; l'escalader par les plaques fissurées de sa rive gauche (IV) pour déboucher sur l'arête au pied du groupe de 3 gendarmes ;

b) traverser versant Argentière 10 à 15 m seulement, remonter une fissure de 25 m (III, pas de IV+), reprendre l'arête sur 40-50 m puis traverser obliquement flanc gauche jusqu'à un petit gendarme sur un éperon secondaire ; gravir l'éperon jusqu'à l'arête (fissures, IV et V, bon rocher).

Contourner les 3 gendarmes par le versant d'Argentière (un pas de IV) et rallier la brèche qui sépare ce groupe de la Pointe de Ségogne au sommet bifide. Suivre la crête, franchissant au-dessus de la brèche une grande dalle lisse rayée d'une fissure (IV et IV+, soutenu et exposé, magnifique), et gagner ainsi le sommet de la Pointe de Ségogne. Par 2 rappels de 25 m et 30 m, versant Argentière, prendre pied sur des vires menant au col du Nant Blanc (3 h 30 à 5 h 30).

Rejoindre puis remonter les raides pentes neigeuses de la calotte, en se tenant versant Argentière, et en franchissant 2 rimayes (neige souvent soufflée, plaques à vent), jusqu'au sommet (1 h 30 à 2 h 30).

Versant d'Argentière (NNE)

Ce superbe versant présente 2 belles pentes de glace : à gauche, le couloir Couturier, d'orientation NE, de pente sans accident du sommet à la rimaye ; à droite un glacier suspendu né de la calotte de l'Aig. Verte, qui se divise plus bas en 2 couloirs, le plus important, tout à fait à droite, étant le couloir Cordier. Ces 2 pentes de glace sont séparées par un vaste triangle rocheux culminant à la cote 3 678 m.

Par le couloir Cordier

Henri Cordier, Thomas Middlemore, J. Oakley Maund avec Jakob Anderegg, Johann Jaun et Andreas Maurer, 31 juillet 1876.

La première ascension de cet itinéraire est une grande date de l'histoire de l'alpinisme, car elle a marqué un pas en avant par l'audace de la conception et les difficultés surmontées.

Cet itinéraire était demeuré jusqu'à il y a quelques années une voie très rarement reprise. Aujourd'hui, il compte de nombreux parcours effectués soit par la voie originale (voie de gauche, décrite ici), soit par la voie de droite passant par le col du Nant Blanc.

Par l'une ou l'autre voie, le couloir Cordier est de tracé moins élégant que le couloir Couturier, mais il est plus ample, plus intéressant techniquement. La voie originale est plus dure que la sortie au col du Nant Blanc.

L'inclinaison est très grande : 56° de la rimaye (3 147 m) à la cote 3 536 m, 55° de là à la calotte. Dangers sérieux : chutes de séracs provenant du glacier suspendu, chutes de pierres provenant des rives du couloir.

D+. — Photo 37. — 7 h.

135. De la station des Grands Montets ou du ref. d'Argentière, par l'itin. 136, gagner la base du couloir Cordier, qui s'abaisse à l'aplomb du col du Nant Blanc, dans la partie droite de la face N de l'Aig. Verte (1 h des Grands Montets).

Franchir la rimaye et remonter le couloir en son centre, sur 300 m env. Le couloir se resserre. Se diriger vers un étranglement rocheux (goulotte très raide, rocher sous-jacent). 3 longueurs au-dessus, traverser le couloir vers la gauche pour rejoindre la pente de neige issue de la calotte par un bombement très raide. Traverser en diagonale vers la gauche pour rejoindre l'arête de neige au-dessus du sommet du triangle rocheux (3 678 m) qui sépare le glacier suspendu dominant le couloir Cordier du couloir Couturier. Pour accéder à la calotte, il faut franchir au mieux un mur de séracs

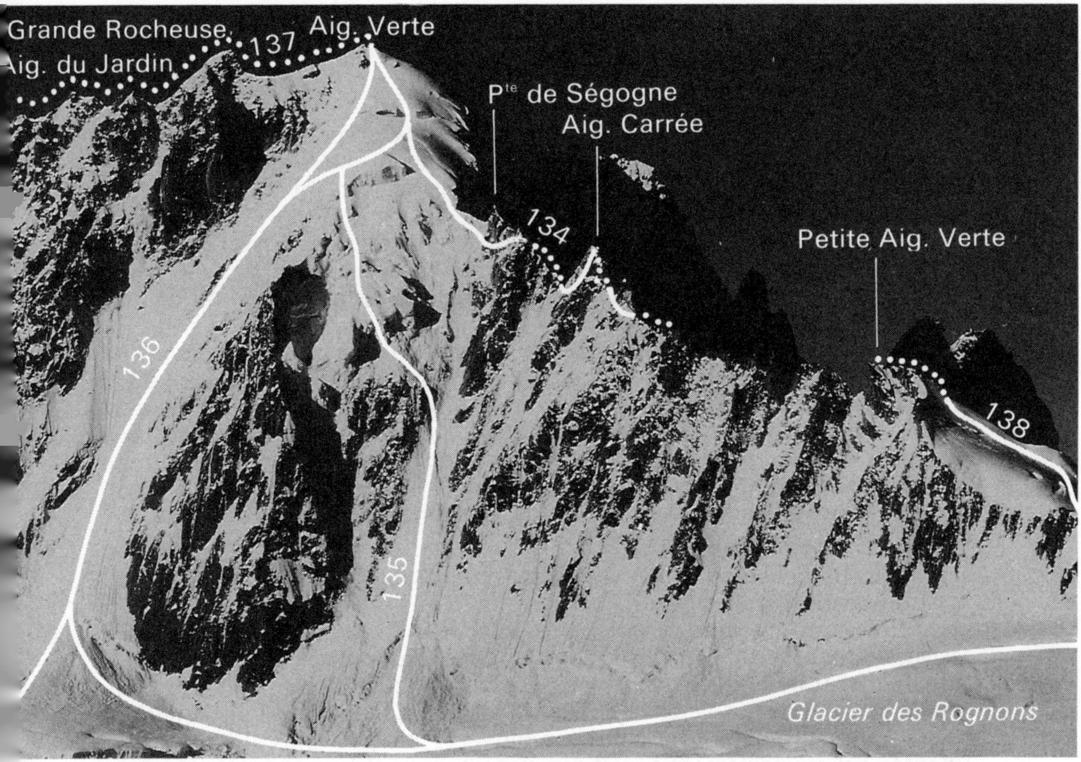

37. Aiguille Verte, versant NE (Argentière).

(selon les conditions, un passage vertical). Suivre cette arête, puis remonter les pentes de la calotte, parfois régulières, parfois coupées de parties très raides, jusqu'au sommet.

Par le couloir Couturier

H.B. Washburn avec Georges Charlet, Alfred Couttet, André Devouassoud, 2 septembre 1929 ; l'itin. direct a été ouvert par Marcel Couturier avec Armand Charlet et Jules Simond, 1er juillet 1932.

Le couloir Couturier est très classique, c'est une course superbe par son tracé et son ambiance de régularité, et c'est peut-être le plus bel itinéraire de face de l'Aig. Verte.

Il faut aborder le couloir très tôt (dans la nuit) : eu égard à son orientation NE, le soleil y donne très vite. Par temps doux, comme aux heures chaudes, le couloir peut devenir très dangereux. Les meilleures conditions se rencontreront le plus souvent en début de saison.

Les pentes sont raides : 51° sur les premiers 200 m, 55° sur les 300 m suivants, 45° ensuite. Hauteur totale 900 m.

Le meilleur point de départ est le col des Grands Montets, où il faut bivouaquer, mais bon nombre de cordées préfèrent néanmoins partir du ref. d'Argentière.

D. — Photos 33, 37. — 4 à 7 h.

136. Du col des Grands Montets, descendre un peu sur le glacier des Rognons, puis traverser à peu près horizontalement sous l'arête des Grands Montets ; longer la base du triangle rocheux du versant d'Argentière, et gagner le pied du couloir (1 h).

Du ref. d'Argentière, traverser le glacier d'Argentière, passer entre le P. 2 866 m (Rognon de la Verte) et le pied de l'éperon NE de la Grande Rocheuse, puis remonter le glacier des Rognons jusqu'au pied du couloir (1 h 30 à 2 h).

Franchir la rimaye sous le goulot d'avalanche, ou plutôt vers la droite (3 200 m env.) et s'élever dans l'axe du couloir, à droite ou à gauche de la rigole d'avalanche. Après 300 m le couloir s'élargit. Continuer par l'axe du couloir et, suivant les conditions, monter tout droit au sommet ou bien appuyer à droite pour rejoindre les pentes de la calotte que l'on remonte jusqu'au sommet (entre ces 2 sorties possibles se forme une petite barrière de séracs qui a tendance à prendre de l'importance au fil des années).

Par l'arête du Jardin (E)

E.R. Blanchet et J. Chaubert avec Armand Charlet et Antoine Ravanel, à la descente, 7 juillet 1924.

Itinéraire splendide, varié, très intéressant, qui présente une belle escalade rocheuse, un magnifique passage glaciaire, du beau terrain haute montagne. Il ne le cède que de peu, en beauté et en intérêt, à l'arête Sans Nom. Il réserve des vues superbes. Il est maintenant classique, quoique assez rarement parcouru. Son parcours est un peu plus difficile à la montée ; il est également plus beau dans ce sens. L'escalade de l'Aig. du Jardin comporte 2 passages de IV ; le passage le plus délicat de la course est l'arête de glace du col Armand Charlet.

D–. — Photos 30, 33, 34, 37. — 9 à 11 h du refuge.

137. Du ref. du Couvercle, suivre l'itin. 129 sur le glacier de Talèfre, puis continuer à remonter le glacier jusqu'au pied du petit éperon rocheux descendant des Clochetons du col de l'Aig. Verte (2 h 15).

Franchir la rimaye (3 580 m env.) et remonter soit l'éperon précité, soit le couloir de neige issu de la dépression W du col de l'Aig. Verte, jusqu'aux trois-quarts env. de sa hauteur. S'élever vers la gauche par un large couloir d'abord commode, puis qui se redresse et se rétrécit. Il se termine par une cheminée très raide en rocher pourri (IV) qui aboutit à droite à un gendarme couronnant une arête secondaire SE qui sépare le couloir précité d'un autre situé plus à l'W, descendant de l'épaule neigeuse de l'Aig. du Jardin.

Escalader les rochers solides (III, court passage de IV) de l'arête secondaire, d'abord sur sa crête, puis légèrement à gauche, jusqu'à l'arête faîtière. Suivre dès lors celle-ci continuellement. Franchir d'abord par son fil un ressaut aérien en bon rocher, puis la mince arête d'une épaule neigeuse et, par un court ressaut, atteindre l'Aig. du Jardin (4 035 m) (4 à 5 h).

Suivre le fil rocheux crénelé de l'arête et descendre sur une brève et mince arête neigeuse qui porte au pied N de la Pointe Eveline (4 026 m), qui est accolée à l'arête sur le versant Talèfre. Franchir la longue et mince arête de glace (ou de neige) du col Armand Charlet, qui mène au pied du socle du gendarme 4 015 m. S'élever de quelques mètres puis traverser en montant vers la gauche dans la face Talèfre de ce socle pour reprendre le fil de l'arête à gauche du gendarme 4 015 m. — On peut contourner ce gendarme aussi par le versant N. — Franchir une mince et brève arête neigeuse puis monter directement par l'arête, rocheuse puis neigeuse, au sommet de la Grande Rocheuse (2 à 3 h).

Descendre par l'arête faîtière, raide et rocheuse, jusqu'au col de la Grande Rocheuse, puis remonter l'arête neigeuse, aérienne et souvent cornichée, jusqu'au sommet de l'Aig. Verte (45 mn à 1 h).

Petite Aiguille Verte 3 512 m

Petit sommet très fréquenté à partir du téléphérique des Grands Montets. Vue magnifique.

Par l'arête NW (voie normale)

J.-E. et R. Charlet avec Pierre Charlet, septembre 1886.

F. — Photos 36, 37. — 1 h à 1 h 30.

138. De la station supérieure du téléphérique des Grands Montets, gagner le col des Grands Montets. Traverser le glacier des Grands Montets pour gagner par une très courte pente raide l'arête NW à une sorte d'épaulement bien visible. Suivre le fil de cette arête, d'abord glaciaire et peu inclinée, puis gravir quelques petits ressauts rocheux (un pas de III), en utilisant partiellement la pente glacée à gauche.

Arête de Bayer

On nomme ainsi (prononcer Bayère) l'arête rocheuse qui se développe à l'W de l'Aig. des Grands Montets, et se poursuit vers l'Aig. à Bochard. De nombreuses voies d'escalade ont été récemment ouvertes dans ses deux versants. Les plus intéressantes se situent en versant S, dans la partie occidentale, près de l'éperon de Bayer orienté au SW.

Pour le retour, le plus simple est la descente en versant N sur la télécabine de la Pendant. Mais la traversée des arêtes, vers l'E, est commode et amène de plain-pied sur le plateau supérieur du glacier des Grands Montets.

Par la face S, voie « Grenadine »

Etienne Deschamps et Marc Ravanel, 1983.

Cette voie se situe à l'extrême-gauche de la face S, juste à droite de l'éperon de Bayer. Très belle escalade de difficulté moyenne, haute de 200 m. La voie est équipée.

TD –. — Photo 1. — 3 h.

139. Du col des Grands Montets, descendre le glacier des Grands Montets en restant rive droite, puis des pentes d'herbe et d'éboulis, et longer la base de la face S de l'Arête de Bayer par une vire de grosses pierres, jusqu'à 50 m env. avant le pied de l'éperon de Bayer, qui limite la face à gauche (1 h).

Attaquer depuis un petit névé, dans une zone de dalles, à gauche d'une ligne de spits, et en 2 longueurs rejoindre une vire inclinée (V– puis IV+). Suivre cette vire à gauche et monter vers la base d'un dièdre oblique à droite (V+). Gravir ce dièdre sur 2 longueurs (IV+ soutenu). Poursuivre un peu dans le dièdre (IV) et en sortir à gauche (V). Monter tout droit sur une longueur (IV+), puis en oblique à gauche sur une longueur (V) pour rejoindre la partie supérieure de l'éperon de Bayer, et l'arête sommitale.

Aiguille Sans Nom 3 982 m

Ce n'est pas un véritable sommet, mais une simple épaule de l'Aig. Verte. Toutefois, de très grands itinéraires y aboutissent, ce qui donne à l'Aig. Sans Nom une forte personnalité.

Voie normale

C'est l'itin. 132 de l'arête Sans Nom à l'Aig. Verte. La face W de l'Aig. Sans Nom nécessite plusieurs rappels. Pour éviter les chutes de pierres dans le couloir de la brèche Sans Nom, prendre à mi-hauteur les rochers de la rive gauche.

Par la face NW

5 itinéraires de très haut niveau ont été ouverts dans cette face, dont la hauteur maximum est de presque 1 200 m.

Voie originale britannique (Brown-Patey)

Joe Brown et Tom W. Patey, 11 août 1963.

Très bel itinéraire, fort intéressant. Hauteur 1 000 m ; la sortie se fait à 3 800 m, soit 80 m env. au-dessus de la brèche Sans Nom. Escalade rocheuse, puis glaciaire et mixte, magnifique, dans un cadre sévère.

TD+. — Photos 36, 38. — 13 à 14 h.

140. Du Rognon du Dru, suivre l'itin. 133 de l'Aig. Verte jusqu'au pied (2 816 m) de l'éperon rocheux supportant la partie W de la grande pente de glace de l'Aig. Verte (45 mn). Escalader le flanc droit de l'éperon par une cheminée (100 m, III) et rejoindre le fil sur la gauche. Gravir la crête de l'éperon par des fissures (IV–), contourner un ressaut à droite et par des fissures raides (IV) atteindre une petite brèche. Suivre l'arête sur 80 m, contourner à droite une tour par une boîte aux lettres et prendre une vire facile, descendante, du flanc droit. De là, soit escalader des dalles lisses sur 100 m (courte section en V) vers le col séparant l'éperon de la grande pente de glace, soit traverser facilement sans prendre ces dalles pour gagner directement la grande pente de glace (3 h 30).

Remonter la grande pente de glace, très raide, sur 200 m, jusqu'à la base de la paroi rocheuse de l'Aig. Sans Nom. Longer sa base en montant

38. Aiguille Verte et face N de l'Aiguille Sans Nom (versant du Nant Blanc).

Aig. Verte
Pointe Croux
132
Aig. Sans Nom
Brèche
Sans Nom
Pic
Sans Nom
132
141
140
133

vers la gauche, par des rochers brisés ; à 100 m env. au-delà du couloir de la brèche Sans Nom, une bande de neige à droite permet de quitter la grande pente et d'attaquer la paroi (3 h).

Suivre cette bande puis soit une pente de neige extrêmement dure et raide (60°, 80 m), soit 20 m plus bas des rochers enchâssés dans la glace, jusqu'à une petite flèche de roc au milieu de la paroi (1 h 30). Juste à sa droite prendre une fissure-cheminée verticale encombrée de glace (45 m, VI, athlétique), puis des fissures parallèles à gauche du fond de la cheminée (15 m, V). Une courte traversée à droite sur un petit gradin verglacé permet de franchir le ressaut suivant (20 m, V+) et de déboucher sur des rochers plus faciles. Escalader le couloir-cheminée à gauche sur 100 m (IV/V) jusqu'à un épaulement neigeux dont la crête rejoint la face supérieure de l'Aig. Sans Nom, à 50 m de distance et 20 m au-dessus de la brèche Sans Nom. Monter sur 80 m un couloir de rochers glacés sur le versant NW de l'aiguille, et sortir sur l'arête Sans Nom, 80 m au-dessus de la brèche Sans Nom, vers 3 800 m (3 à 4 h). Traverser à droite pour rejoindre l'itin. 132 de l'Aig. Verte par l'arête Sans Nom, et le suivre jusqu'au sommet (2 h).

Voie directissime Gabarrou-Silvy

Patrick Gabarrou et Philippe Silvy, 5-7 août 1978.

Escalade magnifique d'une hauteur de 1 000 m, présentant l'ensemble des terrains de haute montagne et de grande difficulté (rocher, neige, glace et mixte). C'est le plus difficile du versant du Nant Blanc. Comparable, en plus difficile, aux grandes voies de la face N des Droites, elle apparaît comme étant l'une des plus belles et des plus variées de la chaîne du Mont-Blanc. Elle ne semble pas avoir encore été répétée.

ED. — Photos 36, 38. — 25 à 28 h.

141. Du Rognon du Dru, par l'itin. 133, gagner la partie supérieure du glacier du Nant Blanc (1 h 15).

Attaquer par le grand pilier bien marqué à l'aplomb du sommet. Passer la rimaye à gauche des rochers descendant le plus bas. Deux longueurs en glace puis en terrain mixte mènent au pied du pilier proprement dit (terrasse). Une longueur avec traversée à droite puis à gauche mène à un immense dièdre que l'on remonte sur 2 longueurs (grande plaque de glace au pied du dièdre). Sortir à droite avant de buter sous la grande barre de surplombs. Une succession de longueurs en ascendance à droite (dalles et dièdres) mène à des terrasses 50 m sous le sommet du pilier (1er bivouac) (ensemble soutenu de IV et V avec passages de V+ et plusieurs pas d'A1).

Une traversée à droite et une escalade directe en terrain mixte mènent à l'arête entre le pilier et la barre de séracs. Suivre l'arête, surmonter directement la barre (très dur), er remonter dans l'axe la grande pente de neige puis de glace (une rimaye difficile au milieu de la pente).

Aborder le ressaut supérieur en terrain mixte à gauche de l'îlot rocheux situé le plus bas dans la pente et à l'aplomb de la mince goulotte de glace rectiligne bien visible des Grands Montets. Deux longueurs mènent au passage-clé : 2 longueurs de mixte extrêmement raides avec plusieurs bombements de glace verticaux ou même surplombants (couche de glace souvent très mince). On aboutit au pied de la goulotte de glace (2e bivouac

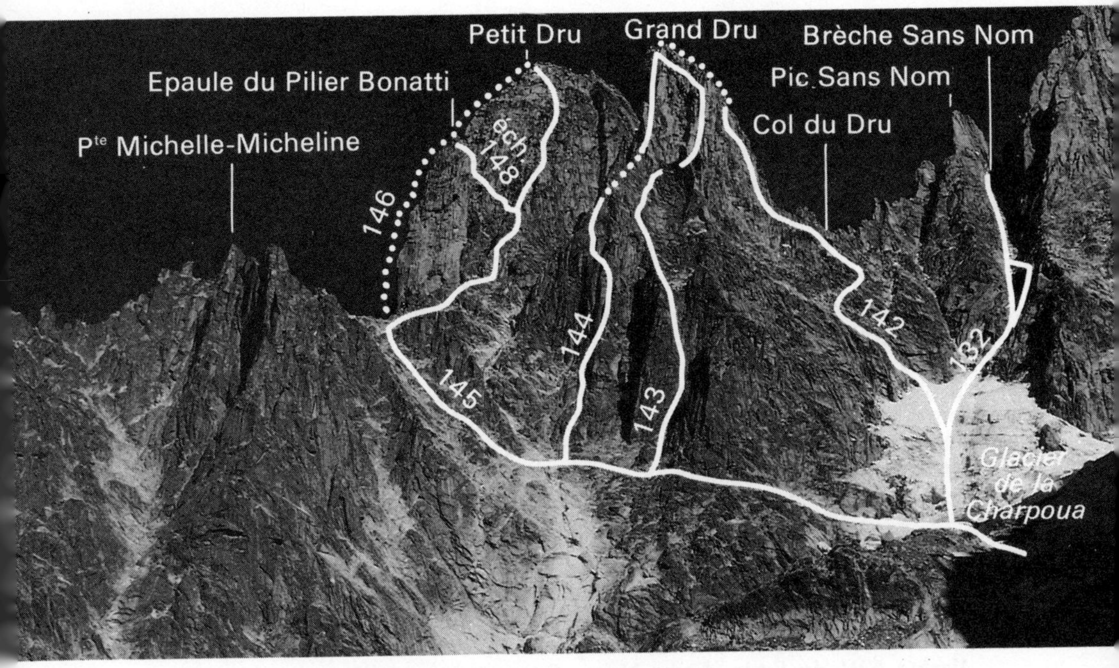

39. Aiguille du Dru, versant S.

sur une petite épaule 10 m à gauche). La remonter et poursuivre droit jusqu'au sommet.

Aiguille du Dru 3 754 m

Communément appelée : les Drus. On doit plutôt dire : « le Dru ».

Gigantesque pyramide rocheuse, l'Aig. du Dru est une des plus pures merveilles de la chaîne du Mont-Blanc. Elle présente 2 sommets voisins : le Grand Dru (3 754 m) et le Petit Dru (3 733 m), qui aurait pu être considéré comme une simple épaule du Grand Dru si l'histoire n'en avait autrement disposé, séparés par la brèche des Drus (3 697 m).

Voies de descente

Du Grand Dru, suivre la voie normale, itin. 142 (5 rappels au moins, itin. délicat à déterminer : ne pas descendre trop tôt vers le glacier).

Pour qui veut s'échapper des voies du pilier S du Grand Dru, il est possible de descendre par des rappels équipés le long de la voie Contamine (itin. 143), à partir du second ressaut.

Du sommet du Petit Dru, descendre en rappel le long de la voie normale (itin. 145) jusqu'à l'Épaule, et de là suivre cette voie sans rappel.

Si l'on sort de la face N ou de la face W, on peut s'échapper vers la voie normale depuis la grande vire-névé ou de la 2ᵉ vire de quartz.

La descente en face W n'est conseillée que le long de la directe américaine (itin. 148), à partir du bloc coincé ou du sommet du dièdre de 90 m : rappels continuels, la plupart de 40 m.

Enfin, on peut s'échapper du pilier Bonatti vers la voie normale. Si l'on doit faire retraite du pilier vers le bas en cas de mauvais temps, il vaut peut-être mieux remonter à l'arête des Flammes de Pierre que de descendre le couloir : plus long mais plus sûr, le couloir étant très exposé aux chutes de pierres, surtout par mauvais temps.

Voie normale du Grand Dru par le versant SE et l'arête E

Clinton T. Dent et J. Walker Hartley avec Alexander Brugener et Kaspar Maurer, 12 septembre 1878.

Escalade intéressante sur du bon rocher. Le glacier de la Charpoua et la rimaye peuvent opposer parfois de sérieuses difficultés glaciaires ; la partie supérieure de l'arête E reste parfois très enneigée. Bien que ce soit la moins difficile de toutes les voies du Dru, la voie normale du Grand Dru est une entreprise sérieuse.

AD. — Photo 39. — 6 h du refuge.

142. Du ref. de la Charpoua, suivre la crête d'éboulis du Rognon de la Charpoua jusqu'à son extrémité, puis remonter directement le glacier de la Charpoua en direction NE jusque vers 3 100 m. Décrire un large arc de cercle vers la gauche en passant, suivant les conditions, au-dessous ou au-dessus du rognon situé un peu à gauche de l'aplomb du pied de l'arête SW de l'Aig. Sans Nom. Remonter la raide pente de neige en direction du col du Dru et franchir la rimaye (difficile, quelquefois infranchissable).

Aborder les rochers au pied du couloir issu de la brèche située immédiatement à droite du Dru entre celui-ci et le gendarme 3 607 m. Ce couloir se termine par une partie très raide de 20 m où il se divise en deux. Attaquer par le conduit de droite puis passer dans celui de gauche, ou bien escalader une petite cheminée verticale de 10 m à gauche du couloir puis gravir des plaques pour le rejoindre. On atteint ainsi les grandes vires d'éboulis qui dominent le glacier de la Charpoua.

Quitter le couloir et monter dans ces vires d'abord à gauche puis à droite. Traverser le couloir. S'élever, en appuyant d'abord à droite, vers un gendarme situé à l'W du col du Dru. Du pied de ce gendarme, grimper obliquement vers la gauche jusqu'à proximité de l'arête entre ce gendarme et le gendarme 3 607 m. Continuer vers la gauche, par des vires, pour passer sous le gendarme 3 607 m et rejoindre le couloir précité à 15 m sous la brèche située à l'W du gendarme 3 607 m. Piton visible 7-8 m plus haut sur une vire, rive droite du couloir : suivre un mince rebord rive droite du couloir, escalader un mur et par une plaque rejoindre à droite la vire précitée (plate-forme « du pendule ») (3 h 30).

Gagner une seconde vire 3 m au-dessous et à gauche (pendule ou montée-descente en dalles). Remonter un petit couloir peu marqué oblique à gauche, puis traverser à gauche par des vires sous une muraille. Escalader une cheminée de 8 m revenant à droite, puis 3 cheminées successives. Par quelques pas à gauche sur des vires atteindre une profonde cheminée de 30 m et la ramoner (III). On débouche sur une large terrasse d'éboulis, non loin de l'arête E, au-dessus de son grand ressaut. Gagner cette arête et la remonter soit sur sa crête, soit à gauche (en cas d'enneigement important sur la crête), jusqu'au sommet (2 h 30).

A la descente : 2 rappels dans les cheminées au-dessous de la large terrasse d'éboulis (attention à ne pas poser de rappel trop tôt dans la face SE) ; 1 rappel de la plate-forme du pendule (à laquelle on remonte par un mur en IV) pour gagner le couloir et 1 rappel le long de la rive gauche de celui-ci pour rejoindre la voie de montée ; 1 rappel enfin dans les plaques rive droite du ressaut par lequel se termine le couloir, franchissant en même temps la rimaye.

Par la face S du Grand Dru, voie Contamine

Michel Bastien et André Contamine, 30 juin 1952.

La face S du Grand Dru présente 3 grands piliers, plus ou moins bien marqués dans le bas, qui se regroupent en 2 piliers dans le haut. La voie Contamine se déroule d'abord entre le pilier de droite (« pilier Pierre ») et le pilier central (« pilier Stembert »), puis entre le pilier de droite et le pilier de gauche (« pilier du Trident »), et sort enfin sur le pilier de droite.

Itinéraire de 650 m, classique. Escalade magnifique, libre, souvent athlétique et soutenue, sur un rocher excellent. Points d'assurage espacés ; emporter un jeu de coinceurs. Il y a peu de pitons en place dans la partie supérieure, où l'itinéraire est difficile à déterminer ; certaines cordées sortent d'ailleurs au sommet en empruntant par erreur la voie originale Frova. La moitié inférieure est équipée pour une descente en rappel.

TD. —Photos 39, 40. — 7 h.

143. Du ref. de la Charpoua, suivre l'itin. 145 jusqu'après avoir franchi la base du pilier principal de la face S du Grand Dru, sous un gendarme (1 h).

Par des dalles (IV), s'élever en diagonale vers la gauche, traverser le couloir issu de la brèche amont du gendarme pour atteindre le premier ressaut, au pied d'une paroi de 80 m (terrasse). Attaquer au niveau d'un feuillet détaché, gravir à droite une cheminée cannelée formée de 2 fissures parallèles (V/V+, exposé), à gauche s'élever le long de la fissure suivante et dépasser le surplomb (IV+) par la droite. Gravir une étroite fissure verticale (V/V+) qui s'élargit, traverser la dalle à droite puis une fissure (V/V+) pour sortir à une plate-forme bordant le très large couloir de la partie supérieure du ressaut ; y pénétrer et escalader verticalement un système de dièdres (IV+) jusqu'à l'étroit couloir qui à gauche descend vers le grand ravin évasé de la voie normale. On croise l'itinéraire du « pilier Stembert ». Le franchir et, au-dessus de 2 blocs, gravir une fissure double (V) et un dièdre à gauche (IV et V) haut de 25 m. Passer à droite sous un toit, gravir 2 fissures successives (IV+) puis un système de dièdres et fissures (IV et V) jusqu'à la base S du Trident. Suivre la vire à droite et gravir une courte cheminée (V) qui donne accès à la fenêtre d'où l'on voit le glacier de la Charpoua. C'est la fin du deuxième ressaut.

Monter obliquement à droite sur 50 m env. de courts murs (IV), traverser une cheminée humide (IV) au niveau d'un bloc que l'on contourne, puis une dalle (IV), gravir une cheminée (V) et un court dièdre (V/V+), sortir à droite (terrasse). Une mince fissure à droite (IV), un mur (V) mènent à la grande terrasse encombrée de neige au pied du ressaut sommital, où l'on coupe la voie originale Frova.

Monter jusqu'au niveau de la seconde plaque de neige et virer à droite vers le Pilier Rouge, par une fissure à droite traverser et passer sous un surplomb et contourner un gros bloc (IV) ; on atteint l'angle de l'arête formant le Pilier Rouge (itinéraire peu évident). Un dièdre de 30 m à droite (IV+) débouche sur une vire que l'on suit à droite ; un court surplomb (IV), des cannelures le long d'un mur vertical (V/V+, exposé) et une ligne de dièdres (IV+) conduisent à l'arête finale. Par des gradins faciles, gagner le sommet.

Par la face S du Grand Dru, pilier du Trident

Denis Collangettes, Jean-Pierre Frachon, Jacques Muzare, 12 juillet 1976, jusqu'au Trident ; D. Collangettes et J.-P. Frachon, 21 septembre 1978, jusqu'au sommet.

Le pilier du Trident est le plus à gauche des 3 grands piliers plus ou moins marqués de la face S du Grand Dru. Issu du sommet du Grand Dru et passant par le Trident caractéristique du haut de la face, il débouche à la base du couloir descendant de la brèche NE du gendarme 3 361 m.

Magnifique escalade de 700 m, sur un rocher excellent. Assurage exclusivement sur coinceurs, sauf pour le passage du premier parcours (2 p.). Très bons relais, encordement à 40 m.

TD. — Photos 39, 40. — 12 h.

144. Du ref. de la Charpoua, suivre l'itin. 145 jusqu'au pied du couloir issu de la brèche au NE du gendarme 3 361 m (1 h).

Attaquer à droite de ce couloir, au-dessus de petits névés, à l'aplomb d'un grand dièdre caractéristique barré par un toit triangulaire. 5 longueurs sans grandes difficultés amènent sur le fil du pilier (IV, V−). Après une longueur à droite du fil (V), 2 longueurs légèrement à gauche du fil du pilier dans de belles fissures (V, un pas de V+) amènent sous un surplomb d'où l'on traverse à droite par un râteau de chèvre (V, athlétique). Relais en contrebas au pied d'une cheminée-tunnel. La remonter (V, pénible) pour rejoindre une grande terrasse à mi-hauteur du Trident. La voie de la première ascension part ici au-dessus.

Traverser jusqu'à l'extrême-gauche des gradins au pied d'une cheminée et monter les belles dalles qui la bordent à gauche ; une traversée amène à un dièdre fissuré que l'on remonte jusqu'en haut (IV et V). Un surplomb (V) conduit dans un dièdre facile.

Continuer dans le dièdre facile qui amène dans le flanc W. Une cheminée glacée (IV+) et des blocs (neige) conduisent à un dièdre qu'on remonte d'abord par le plan gauche pour éviter la glace, puis par le fond (V−). On arrive sur une petite brèche ; suivre l'arête jusqu'au pied du monolithe terminal du Trident. — On peut s'échapper à droite vers la voie

40. Aiguille du Dru, face S.

Petit Dru
Grand Dru
Brèche des Drus
152
146
144
143
145

Contamine. — Le contourner à gauche par une cheminée très profonde, au fond tapissé de glace, que l'on ramone (V). On arrive sur les gradins juste derrière le sommet du Trident, au pied de l'avant-dernier ressaut.

Descendre des gradins à droite et attaquer à l'aplomb d'un bloc-immeuble en plein milieu du ressaut. Rejoindre une cheminée par un surplomb (V+) et la remonter jusque derrière le sommet du bloc-immeuble (V). Un court dièdre débouche sur une dalle inclinée que l'on redescend pour passer un court surplomb (V). On arrive sur des terrasses. Remonter des fissures dans un dièdre, changer de dièdre à mi-hauteur par une traversée délicate à gauche (V+). Une fenêtre permet de rejoindre le sommet du ressaut (IV). A la base du dernier ressaut 2 fissures parallèles obliques à droite rejoignent une profonde cheminée. Remonter la fissure de gauche (V+, très soutenu), jusqu'à pouvoir prendre pied dans la cheminée. Relais sur un balcon à droite. Remonter la cheminée (IV, V) puis celle qui fait suite à droite et qui est bouchée par la glace (V+). 2 surplombs successifs (V+ puis V) amènent à des terrasses. Une dernière longueur dans le point faible des surplombs (V, corniche de neige au sommet) conduit au sommet du Grand Dru.

Voie normale du Petit Dru par le versant S et l'arête SW

Jean-Estéril Charlet-Straton, Prosper Payot et Frédéric Folliguet, 29 août 1879.

La conquête du Petit Dru a été l'un des grands exploits de l'histoire de la chaîne du Mont-Blanc. C'est au cours d'une tentative solitaire de J.-E. Charlet-Straton, en 1878, que fut expérimentée, pour la première fois dans les Alpes occidentales, la technique du rappel.

C'est l'une des escalades classiques de la chaîne du Mont-Blanc. Belle et intéressante escalade sur un rocher rugueux très solide, sûre, assez pénible. Au-dessus de l'Épaule, les difficultés sont continues : nombreux passages de fissures, peu élevés mais verticaux, fatigants, de III et IV. Les difficultés deviennent importantes si l'on s'écarte de l'itinéraire normal. Le glacier de la Charpoua peut être délicat. Quelques chutes de pierres dans l'après-midi entre l'Épaule et le glacier de la Charpoua.

D–. — Photos 35, 39, 40, 42. — 6 h à 6 h 30.

145. Du ref. de la Charpoua, suivre la crête d'éboulis du Rognon de la Charpoua jusqu'à son extrémité, puis s'élever directement par le glacier jusqu'à ce que l'on puisse traverser ce dernier horizontalement pour passer sur sa rive droite et atteindre les rochers du pilier principal de la face S du Grand Dru, au-dessus de l'une ou l'autre de 2 langues rocheuses qui s'avancent horizontalement dans le glacier (en général celle du dessus).

Franchir la base du pilier S du Grand Dru et descendre de quelques mètres en appuyant à gauche dans le grand ravin évasé venant de l'arête SW du Petit Dru. Laisser le couloir issu de la brèche au NE du gendarme 3 361 m et, par une montée oblique contre les rochers de l'éperon issu du gendarme précité, rejoindre le couloir venant de la cote 3 308 m. Le remonter par son fond, en délaissant les plaques lisses qui l'encadrent, jusqu'à l'arête des Flammes de Pierre (2 h).

Traverser vers la droite puis, par une courte cheminée (que l'on peut rejoindre directement, sans passer à l'arête faîtière, depuis le haut du couloir issu de la cote 3 308 m), gagner une brèche de l'arête SE du gendarme tranchant 3 361 m, redescendre de quelques mètres et rejoindre l'arête faîtière. S'élever le long de l'arête aiguë jusqu'à une zone presque plane, l'Épaule, où la grande arête SW du Dru se redresse brusquement avant de se perdre dans la masse de la montagne (30 mn à 1 h).

Traverser vers la droite de 30 m, versant Charpoua, en longeant le bord supérieur d'un névé, et par un court couloir-cheminée gagner une arête secondaire peu marquée. Par des gradins et des dalles revenir à l'arête faîtière. Gravir de gros blocs ; on bute contre une cheminée bordée à droite par un mur, l'escalader par une fissure (IV+). Par une vire versant Montenvers gagner un couloir ; le remonter jusqu'à son extrémité, par des cheminées verticales (IV), sur 50 m, pour atteindre une grande plate-forme horizontale sur le fil de l'arête, la Salle à Manger. C'est là que se perd tout à fait l'arête SW du Petit Dru.

Gravir une muraille de plaques de 40 m par une succession de cheminées et de dièdres en appuyant un peu à gauche (IV). Gagner à gauche par une vire un large couloir qui s'abaisse sur le versant du glacier du Dru. Le remonter (cheminée de glace à mi-hauteur, IV). Revenir à droite par des pierrailles et passer sur le versant Charpoua (grandes terrasses). Franchir un mur puis une dalle inclinée jusqu'à une vire de quartz (ensemble de IV). Gravir une série de fissures (IV, pénible) puis un dièdre (III). Traverser horizontalement à droite par l'intérieur ou par l'extérieur d'une lame détachée puis gravir un petit éperon (cannelures, IV exposé). Passer à droite dans un couloir facile, oblique à gauche, par lequel on gagne le sommet (bloc sommital en III) (3 h 30).

A la descente : rappels continuels (10 au minimum, si l'on effectue des rappels de 40 m) jusqu'à l'Épaule.

Par le pilier SW (pilier Bonatti)

Walter Bonatti, seul, 17-22 août 1955.

La réalisation de la première en solitaire par W. Bonatti a constitué l'un des plus extraordinaires exploits de l'histoire de l'alpinisme.

Le pilier Bonatti a été parcouru entièrement en escalade libre par Claudio Camerani et Marco Pedrini, 11 juillet 1982.

Séparé de l'arête des Flammes de Pierre par un cirque très encaissé, le pilier SW s'élève d'un seul jet de 500 m jusqu'à l'épaule SW du Petit Dru. Son pied se trouve au sommet du couloir qui borde la face W.

C'est une des grandes classiques de l'alpinisme de haute difficulté.

Il existe 2 voies d'accès à la base du pilier : la remontée du couloir ou la descente depuis l'arête des Flammes de Pierre. La montée du couloir, plus logique, plus élégante et plus courte, est très dangereuse à cause des chutes de pierres. La descente des Flammes de Pierre nécessite une dizaine de rappels qui sont tous équipés (il existe 2 itin. voisins pour effectuer cette descente) ; elle est longue mais sûre. En général, on installe un bivouac en contrebas de l'arête des Flammes de Pierre, versant Charpoua ; l'un des

Aiguille du Dru
Epaule du Pilier Bonatti
éch. 148
Aig. Sans Nom
Arête des
Flammes de Pierre
"Bloc coincé"
vire
Robbins
146
147
148
149
146
146
Glacier du Dru

avantages de cet accès est que l'on repasse à la descente par le bivouac des Flammes de Pierre.

Sur le pilier, les meilleurs emplacements de bivouac se situent dans la partie inférieure au-dessus du dièdre de 40 m, sur des terrasses au-dessous de l'énorme toit, et à l'épaule.

C'est une magnifique escalade, comportant à l'origine une grande part de libre, mais souvent parcourue depuis en ayant un recours presque systématique à l'artif ; elle devrait retrouver son caractère de libre.

Emporter des coinceurs, surtout de gros excentrics pour les substituer aux coins de bois en place dont les cordelettes sont souvent inutilisables. Crampons ou piolet pour le glacier de la Charpoua, mais aussi très utiles pour gagner l'attaque, de la glace occupant parfois le cirque supérieur du couloir. Encordement à 40 m suffisant. L'engagement est un peu diminué par la possibilité de s'échapper au-dessus de l'énorme toit.

ED+ (en libre). — Photos 39, 41, 42. — 10 à 18 h de l'attaque.

146. Du ref. de la Charpoua, suivre l'itin. 145 jusqu'à l'arête des Flammes de Pierre (2 h). Du pied du gendarme 3 361 m, descendre versant Montenvers une pente de rochers mêlés de neige puis un mur vertical, en direction de la pointe 3 159 m bien individualisée. Descendre en tirant à droite, par des murs coupés de petites traversées sur des vires, pour gagner le cirque supérieur du couloir bordant la face W du Dru (de l'arête des Flammes de Pierre, une dizaine de rappels, dont un de 40 m dans le mur supérieur). — On peut aussi, depuis l'arête des Flammes de Pierre, descendre un peu plus à l'W, le long d'un itin. parcouru à la montée dès 1930, et qui assure le retour aux Flammes de Pierre en cas de retraite. — Traverser le cirque supérieur du couloir pour gagner le pied du pilier (3 h).

Du Rognon du Dru, gagner le glacier du Dru, puis le pied du couloir qui borde à droite la face W du Dru ; une barre rocheuse tient lieu de rimaye, et son passage varie avec l'enneigement. Remonter le couloir jusqu'en haut. Gagner le pied de la muraille des Flammes de Pierre, traverser en diagonale ascendante vers la gauche pour rejoindre le cirque supérieur du couloir et le fil de l'éperon (2 à 4 h).

Attaquer directement par des écailles, ou à gauche par un dièdre de 10 m, puis traverser à droite de 2 m, et s'élever directement jusqu'à une bonne terrasse (IV+). Grimper un mur de 3 m, se porter à gauche, gravir un dièdre de 30 m (V) ; excellente vire. De là, 2 possibilités :

a) traverser en opposition à droite par une grande écaille et pénétrer dans un dièdre (dièdre du Lézard Vert), l'escalader sur 40 m jusqu'à ce qu'il devienne surplombant, en sortir par une fissure pour atteindre une bonne plate-forme (V) ;

b) si le dièdre est verglacé, depuis l'excellente vire, s'élever directement jusqu'au-dessous d'un grand toit, que l'on évite à droite par un dièdre (VIa) pour rejoindre la plate-forme précitée.

On atteint commodément 2 terrasses. En obliquant à gauche, gagner le pied d'un grand dièdre. S'y élever directement sur 25 m (V) puis appuyer à gauche par une petite vire et rejoindre son bord gauche (V), qui est le fil même de l'arête. Le contourner et gravir directement un dièdre qui se rétrécit en fissure (V+/VIa soutenu, puis V) ; bonne plate-forme. Continuer directement par une fissure très large sur 5 à 8 m (V+). Se porter à gauche par une vire inclinée. Une fissure en opposition (IV) mène à un relais étroit au pied d'un mur vertical haut de 20 m.

Du relais, soit traverser à droite de 3-4 m (V) et gravir le mur en artif (A2), soit monter en oblique à gauche puis traverser à droite pour rejoindre la sortie du passage précédent (VIb). S'élever par une fissure (V+) de 5 m pour atteindre la base d'une cheminée évasée, verticale et souvent verglacée, que l'on gravit (V) pour arriver sur une vaste plate-forme, sur le fil du pilier, à hauteur des Flammes de Pierre. On se retrouve au pied d'immenses dalles.

S'élever en ligne générale ascendante à droite sur 30 m (IV) et gagner une vire au pied de 2 fissures. Escalader à droite du relais la fissure de gauche sur 10 m (VIa) ; chevaucher le pilier pour gagner une autre fissure à droite. On atteint (V) une petite niche. Franchir le surplomb qui domine la niche (V+/VIa) et s'élever directement de 15 m jusqu'à une bonne terrasse au pied des dalles rouges. En 2 longeurs de 30 m, franchir ces dalles, d'abord par un dièdre légèrement oblique jusqu'à un petit relais (VIb/VIc), puis par une fissure (V+/VIa). On se rétablit sur des terrasses étagées qui se trouvent sur la droite du fil de l'éperon.

Du gradin le plus élevé gravir à gauche une fissure-dièdre de 10 m (V), sortir à gauche sur d'autres gradins, franchir une dalle sur 10 m (IV) puis un dièdre incliné à droite (VIa). De là, soit remonter une fissure verticale de 50 m en pleine dalle (A1, fissure des Autrichiens), soit prendre un dièdre juste au-dessus du relais (Dülfer et coincements, 20 m sans repos, VIIa, non équipé). Au-dessus, traverser à droite (V) pour prendre un dièdre (c'est ici que débute l'échappée Weber) qui conduit à une niche au-dessus de l'énorme toit caractéristique.

S'élever en oblique vers la gauche sur 3 longueurs (IV) jusqu'à une petite vire sur le fil de l'éperon. Continuer en écharpe ascendante vers la gauche le long de l'arête par une fissure inclinée (V) jusqu'à une niche. S'élever directement au-dessus par un système de fissures et par un petit dièdre vertical (V). Par 2 longueurs (IV) gagner une vire en rochers délités. La suivre à droite jusqu'à son interruption et, par 2 longueurs sur des rochers faciles, souvent enneigés, s'élever directement jusqu'à l'épaule du pilier SW : nouvelle échappée possible, voir l'itin. 148.

Attaquer le ressaut sommital par des cheminées surplombantes évidentes (3 longueurs, V/V+/VIa). On aboutit ainsi à 1 longueur au-dessous de la vire où est situé le tunnel communiquant avec la face N, la « grotte à cristaux ». Atteindre cette vire par des rochers faciles. Pour gagner le sommet, soit passer en face N par le tunnel, soit rejoindre la voie normale : un système de vires mène vers la droite, en 2-3 longueurs, à la première plate-forme de la voie de descente, à 50 m du sommet.

Face W

Parmi toutes les grandes parois rocheuses des Alpes, la face W du Dru restera probablement la plus pure, la plus convoitée, l'une des plus belles. Sa première ascension en 1952 a été effectuée en recourant systématiquement à l'artif ; dans sa moitié inférieure, l'itinéraire original n'est plus utilisé.

Les 2 itinéraires les plus importants ont été ouverts par les Américains : directe et directissime américaines. Au cours des répétitions, la directe a rapidement été parcourue en libre, et la directissime beaucoup plus récemment.

On dénombre au total 9 itinéraires dans cette face haute de 1 000 m.

Par la directissime française

Michel Bruel, Christophe Profit, Hervé Sachetat, 13-16 septembre 1982, jusqu'à la « vire Robbins » à mi-paroi ; Hubert Giot et Hervé Sachetat, 20-21 septembre 1982, jusqu'au sommet.

Cette voie se situe entre la voie Tomas Gross et la directissime américaine ; elle parcourt sur 800 m un système de dalles grises puis rougeâtres entre les terrasses médianes de la face W et l'épaule du pilier Bonatti.

Escalade particulièrement difficile et soutenue. Les difficultés sont principalement libres dans la première moitié, artificielles dans la seconde. Très bon rocher. Emplacements de bivouac rares et peu spacieux. Cet itinéraire est resté presque entièrement équipé (excellents relais).

ED+. — Photo 41.

147. Du Rognon du Dru, suivre l'itin. 148 jusqu'aux « terrasses médianes » de la face, sous l'immense dalle grise d'un ancien éboulement. Ici la voie originale de 1952 part à gauche, et après des vires fracturées faciles, prend un petit couloir-cheminée (1 h 30 à 2 h).

Attaquer juste à droite de la voie de 1952 par un dièdre raide de 80 m (2 longueurs soutenues, VIa) ; bonne terrasse. Suivre ensuite une cheminée (40 m, V+, pénible) puis un dièdre de 25 m (V). Bonne terrasse. Traverser à gauche sur quelques mètres pour rejoindre une fissure (V/V+, 30 m) menant à une bonne terrasse (bivouac). Traverser à gauche sur 5-6 m pour rejoindre une fine fissure que l'on remonte (60 m, VIa/VIb). Après un court surplomb (VIb), la fissure se rétrécit et l'escalade devient artificielle sur 35 m (A1). On retrouve (V) une autre fissure menant (V+/VIa) à la base d'un toit déversant sur 5 m. Le franchir (A2/A3) puis suivre une fissure sur 40 m (VIb) menant à la « vire Robbins » (bivouac). De cette vire, jonction possible avec la directissime américaine à gauche et la voie Tomas Gross à droite.

De la vire, monter quelques mètres à droite puis traverser à gauche pour rejoindre la fissure évidente qui parcourt l'ensemble des dalles rouges. Suivre la fissure pendant 5 petites longueurs (A1 et A2, relais sur spits). La fissure disparaît vers la gauche, traverser 5 m à gauche (A2). Poursuivre sur 20 m par un système de fissures-cheminées (VIa/VIb) jusqu'à un bon relais juste à la hauteur d'un énorme surplomb caractéristique. Traverser à droite quelques mètres puis, par une fissure verticale, rejoindre une zone de terrasses au sommet des dalles rouges (A1) ; bon bivouac. De l'extrémité gauche de cette large vire, gravir un dièdre pour rejoindre un petit pilier qui opère la jonction avec la directissime américaine, itin. 148, 4 longueurs sous l'épaule du pilier Bonatti.

Par la face W, directissime américaine

John Harlin et Royal Robbins, 10-13 août 1965.

Ouverte en artif et répétée une dizaine de fois, cette voie peut désormais se parcourir en libre. Elle a été faite de cette manière d'abord par Marco Pedrini et Silvio Vicari, 9 juillet 1983.

Cette voie s'élève verticalement des « terrasses supérieures » de la face W jusqu'à l'épaule SW. C'est l'une des plus difficiles escalades des Alpes, même si on la parcourt en artif, et à plus forte raison en libre. L'escalade est à prédominence de fissures. Elle se déroule dans des ensembles surplombants, certains rendus dangereux par des écailles et des blocs instables. Hauteur : 600 m au-dessus des terrasses supérieures.

La voie est en partie équipée (pitons, pas de spits) ; prendre un grand choix de coinceurs (excentrics) des Friends (n° 4 compris), et des pitons. Son parcours demande en principe un bivouac, mais en bivouaquant aux terrasses supérieures, c'est-à-dire à l'attaque, une cordée rapide peut sortir dans la journée. Encordement à 50 m.

EX. — Photos 39, 41.

148. Du Rognon du Dru, suivre l'itin. 146 jusque dans le couloir qui borde à droite la face W du Dru, 250 m env. au-dessus de la rimaye. Le traverser avant qu'il ne se redresse fortement, vers 3 000 m, pour gagner les « terrasses médianes » de la face, sous l'immense dalle grise d'un ancien éboulement (attaque de la directissime française).

Suivre vers la gauche des vires fracturées faciles, menant à un petit couloir-cheminée (IV) suivi d'une fissure de 10 m (blocs instables, très exposé), dont on sort à gauche (V+). Par une vire ascendante de gros blocs gagner un mur vertical (V−) et en sortir à gauche (très délité). Des vires et des gradins faciles mènent aux « terrasses supérieures », sous la partie verticale de la face.

Des terrasses supérieures, gravir une cheminée puis, à gauche (pendule) des petites vires vers un dièdre voisin d'une fissure grise. Gravir le dièdre puis le toit au-dessus et un mur. Une rampe inclinée mène à la base d'un surplomb (de l'attaque, 5 longueurs, V+ puis VIb et VIc soutenu avec une longueur en V). Franchir 40 m de surplombs continuels (« 1er toit », VIIa). Au-dessus, un peu à droite de l'itinéraire, on peut gagner une vire spacieuse (vire Robbins, bon bivouac, jonction avec la directissime française et avec la voie Tomas Gross).

Au-dessus du 1er toit, gravir un système de fissures avec des surplombs jusque sous le 2e toit (3 longueurs, VIb/VIc puis VIc soutenu) et franchir à droite la zone surplombante du 2e toit (VIIa/b) (toute cette zone est dangereuse à cause d'écailles branlantes et de blocs instables).

Monter de 2 longueurs (VIb/VIc) jusque sous le 3e grand toit que l'on franchit par une fissure qui le fend à droite (VIb/c). Au-dessus, suivre des fissures-cheminées (VIb/VIc). Jonction avec la directissime française. Après un surplomb délité à gauche (VIa), remonter une petite gorge, des fissures et de grandes écailles sur 2 longueurs (VIb/VIc). Suivre une fissure et une cheminée surplombante, franchir le surplomb qui la ferme (VIa). Prendre une fissure, penduler à gauche et par une cheminée (ensemble de V+), rejoindre des rochers plus faciles qui mènent directement à l'épaule du pilier Bonatti.

Sortir par le pilier Bonatti (itin. 146), ou prendre l'échappée vers la voie normale : de l'épaule, aller en face S à gauche en descendant une cheminée. Premier rappel surplombant (40 m) ; plate-forme. Second rappel de 45 m pour contourner une petite épaule par un pendule à droite (surtout ne pas descendre tout droit). Par un 3e rappel, ou mieux par 2 petits rappels, rejoindre une plate-forme. Traverser alors vers la voie normale du Petit Dru que l'on rejoint par une petite remontée et un dernier rappel.

Par la face W, directe américaine (voie classique)

Gary Hemming et Royal Robbins, 24-26 juillet 1962. La partie supérieure reprend la voie originale, ouverte les 17-19 juillet 1952 par Lucien Bérardini, Adrien Dagory, Marcel Lainé et Guido Magnone.

La directe américaine à la face W du Dru est devenue l'une des très grandes classiques de la chaîne du Mont-Blanc. Elle est désormais parcourue en libre, y compris le dièdre de 90 m de la voie originale, au-dessus du bloc coincé. Cependant la plupart des cordées s'arrêtent au bloc coincé et redescendent en rappel. La première en libre est sans doute celle de Patrick Bérhault et Georges Unia, été 1978.

Fantastique escalade de plus de 1 000 m (dont 600 m jusqu'au bloc coincé). Très longue et athlétique, elle nécessite une excellente condition physique ; beaucoup de cordées s'arrêtent au bloc coincé à cause de la fatigue. La course ne s'achève pas au bloc coincé, et la sortie par l'itinéraire original (malgré la corde fixe facilitant le passage du pendule) reste assez engagée.

La voie est entièrement équipée ; prévoir un jeu de coinceurs, des étriers si l'on passe le dièdre de 90 m en artif, et un matériel de bivouac. Emporter des crampons pour la sortie en face N et la descente sur la Charpoua. Encordement à 45 m. L'itinéraire n'est pas exposé aux chutes de pierres, sauf dans le cas d'affluence (zone du socle en particulier).

La descente depuis le haut du dièdre de 90 m s'effectue en rappel sans problème, sinon celui de la répétition des rappels, presque tous de 40 m. Si l'on sort au sommet en prévoyant un bivouac, faire celui-ci au bloc coincé ou sur la vire des Allemands, juste après le pendule.

ED–/ED. — Photos 41, 42. — 13 à 19 h.

149. Du Rognon du Dru, gagner le socle de la face W, 30 m env. au-dessus et à gauche du point le plus bas.

Par des vires faciles, traverser vers la droite sur 75 m, à peu près jusqu'à l'interruption des vires. Gravir une courte dalle (V) et franchir un petit surplomb humide (V/V+). Escalader une fissure-dièdre (V) et poursuivre par une rampe (IV/ V) qui conduit à une petite vire sous les grandes dalles du socle. A son extrémité droite, gravir une raide fissure-dièdre (V+ puis V)

Petit Dru
145
bloc coincé
146
149

pour atteindre des terrasses. Grimper droit sur 50 m, d'abord par une dalle (IV), pour buter contre un ressaut que domine la grande vire séparant le socle de la face W proprement dite. Traverser horizontalement à gauche en dalle (IV) pour rejoindre un dièdre peu raide bordant à gauche le ressaut précité, le gravir pour déboucher sur la grande vire. De là, on repère 100 m plus haut le dièdre caractéristique d'où débute le système de fissures qui sera suivi jusqu'au bloc coincé.

Légèrement à gauche, franchir un court mur (V–) et traverser à gauche sur une petite vire. Gravir un dièdre (V+), rejoindre à gauche une rampe ascendante que l'on remonte sur 30 m. Franchir à droite un petit mur et traverser à droite (30 m, un pas délicat, V+), pour rejoindre le pied du dièdre caractéristique. Gravir le dièdre sur 40 à45 m (Dülfer en VIb, puis V+, très soutenu) ; continuer par la fissure qui le prolonge (V+, très soutenu), sur 2 longueurs. Poursuivre par la fissure : 2 longueurs, V/V+ avec passages de VIb ; elle se termine par un étranglement (V+). On atteint de bonnes terrasses. Par un détour à gauche, gagner une rampe qui rejoint le fond de l'immense dièdre descendant de la Niche des Drus (dièdre Mailly).

Ne pas prendre le fond du dièdre, mais gravir sur 30 m une fissure raide qui raye la face droite du dièdre (IV à V+) ; une rampe permet de gagner vers la gauche le fond du dièdre précité. Gravir la fissure au fond du dièdre sur 60 m (V+). Revenir à droite par un système de vires sous un petit couloir-dièdre à l'extrémité droite de l'immense dièdre. Remonter le petit couloir-dièdre (35 m, IV et V, mauvais rocher en haut). Traverser à droite. Gagner et remonter (facile) le couloir-cheminée commode qui longe le « bloc coincé » sur sa gauche. Bon bivouac au sommet du bloc coincé (de l'attaque, 8 à 12 h ; une cordée familiarisée avec les grandes difficultés peut mettre 5 h).

On se trouve à la base du « dièdre de 90 m ». Grimper une longueur par des fissures (IV et V–) jusqu'à une petite plate-forme. Poursuivre quelques mètres par une lame détachée au fond du dièdre (V+) puis en artif jusqu'à son sommet (A1, 50 m, relais sur étriers), ou bien en libre en s'écartant éventuellement plus ou moins du fond du dièdre (VIc soutenu). Sortir à droite sur une écaille rocheuse dans une vaste dalle inclinée. Remonter l'écaille vers la droite (III et IV) jusqu'à une corde fixe. Par celle-ci traverser 15 m env. horizontalement à droite, en pleine paroi (c'est le « pendule » de la voie de 1952), pour prendre pied sur une fissure en râteau de chèvre qui mène à une bonne plate-forme (bivouac, « vire des Allemands »).

Franchir au-dessus un mur fissuré (V+). Traverser sur la droite, descendre une fissure (IV–), puis remonter 2 fissures parallèles et déversées (IV+) ; quelques mètres à droite, escalader sur une longueur, dans le fond d'un couloir, un système de fissures-cheminées surplombantes (V et V+). On arrive dans une dalle inclinée sous les 2 plus grands toits de la face W. S'élever à droite par une écaille dans la dalle (IV+) et passer le surplomb (IV+) entre les 2 toits. Remonter le fond du vaste dièdre qui suit sur 2 longueurs (V et IV).

Le dièdre se perd sous un premier bombement ; le contourner par les dalles de gauche (V) ; continuer par une mince fissure (V+) et, lorsque la fissure se perd sous un second bombement, traverser à droite par une vire très étroite (V) pour atteindre la base d'une cheminée surplombante. Escalader celle-ci et sortir à gauche (V/VIa). Bonne plate-forme. Après une longueur à droite d'un étroit couloir surplombant par des feuillets (IV+), sortir à droite (V−) sur une dalle inclinée. Traverser à gauche ce couloir (V) pour gagner un dièdre, et l'escalader ; après quelques mètres (V−), un surplomb (V+) suivi d'une sorte de niche, franchir un ressaut par la dalle de gauche (V), puis escalader en Dülfer la fissure du dièdre (V+).

Des gradins faciles mènent à la 3e grande plate-forme de la face N, où l'on retrouve l'itin. 150 que l'on suit jusqu'au sommet (du bloc coincé, 5 à 7 h).

Par la face N, voie classique Allain-Leininger

Pierre Allain et Raymond Leininger, 31 juillet-1er août 1935.

Itinéraire très classique. C'est une magnifique escalade de 850 m. Dans la partie difficile, il existe 2 passages : la fissure Allain de la voie originale, et la fissure Martinetti découverte lors de la 6e ascension et qui est moins difficile. Ainsi réalisée, l'escalade ne dépasse pas le V, mais la fissure Allain est en VIa. Elle est à prédominence de fissures et est assez athlétique, mais elle est sûre et peu exposée.

Les dangers objectifs sont peu importants, sauf dans la partie inférieure exposée aux chutes de pierres. Le haut de la face est rarement en bonnes conditions (verglas) ; emporter les crampons. La voie est équipée, plus même que nécessaire.

TD− ou TD (selon le passage utilisé). — Photo 43. — 8 à 10 h.

150. Du Rognon du Dru, gagner le glacier du Nant Blanc et le remonter en longeant les rochers du Dru (30 mn).

Attaquer (2 900 m env.) la face N par le premier couloir, large et encaissé, que l'on rencontre (couloir Ryan-Lochmatter). S'élever par ce couloir de rochers brisés mais faciles, haut de 100 m. On atteint ainsi une vaste zone de plate-formes recouvertes de pierrailles et de neige.

Traverser cette zone en montant à droite pour rejoindre une série de fissures et de cheminées ouvertes, sur le flanc gauche d'un grand pilier triangulaire ; les escalader (100 m env., III et IV) jusqu'au point où le grand pilier triangulaire s'achève contre la paroi lisse et verticale de la face. S'élever en diagonale très ascendante à droite par une dépression de plaques fissurées (IV/IV+). Gravir une fissure profonde en râteau de chèvre, haute de 15 m (IV, pénible). Au-dessus, traverser à droite par une petite vire exposée, puis gravir un mur vertical coupé d'une fissure haute de 10 m (V−, fissure Lambert) jusqu'à une niche. Monter droit au-dessus (glace), ou traverser à gauche sous un surplomb, franchir le surplomb sur la gauche et pénétrer dans un couloir-cheminée que l'on remonte (IV, glace) jusqu'à l'extrémité inférieure de la Niche des Drus.

Traverser la partie inférieure de la Niche (glace ; si la paroi est sèche, c'est une zone de gradins et de petits couloirs de glace formant déversoir). Suivre sa rive gauche (W) jusqu'à une vaste plate-forme, au bord de la

43. Aiguille du Dru, versant N.

Petit Dru
Grand Dru
152
Col du Dru
Pte Michelle-Micheline
Arête des
Flammes de Pierre
151
150
Glacier du Nant Blanc
Glacier
du Dru

face W. S'élever par un couloir de blocs jusqu'à une deuxième grande plate-forme au bord de la face W.

Traverser à gauche de 12 m et escalader une cheminée verticale de 20 m. En sortir à gauche par un dièdre sur une plate-forme. Une fissure de 3 m mène à un replat. Ne pas prendre la large fissure qui domine, mais descendre 1 m à gauche et gravir un dièdre fissuré (IV) qui mène à un replat au bord du mur vertical qui tombe sur la Niche. Gravir une fissure verticale de 20 m (III et IV) jusqu'à une niche ; de là, soit par un pas à gauche et une vire déversée (V), soit par une lame à côté de la niche et par le mur qui la domine (V, plus exposé), gagner sur la gauche le pied d'une haute fissure de 40 m (fissure Allain).

De là, 2 passages :

a) escalader la fissure Allain (VIa) et poursuivre à droite vers une 3e grande plate-forme au bord de la face W ;

b) traverser à droite en passant dans une boîte aux lettres et, par une enjambée à droite, atteindre la fissure Martinetti, légèrement oblique dans une zone de dalles ; la gravir sur 15 m (IV), continuer par la fissure qui se redresse et devient très étroite (V) ; par une plaque à gauche, sortir sur une bonne plate-forme ; gravir à gauche une fissure avec feuillet (V), puis escalader un mur fissuré de 3-4 m (pénible, V) et s'élever à droite à la 3e grande plate-forme.

A gauche, escalader tout droit des rochers fissurés avec surplombs sur 40 m (IV). On atteint une grande vire-névé. Commencer à tirer vers la gauche. A partir de ce point, l'ascension devient mixte : rocher, neige, glace, verglas, toujours sérieuse en raison de l'inclinaison et de la difficulté des passages (nombreux passages de IV). Au-dessus de la grande vire-névé, franchir une barrière rocheuse pour pénétrer dans une ligne de cheminées par laquelle on atteint une vire : la 1re vire de quartz (souvent enneigée) à 150 m du sommet. Pénétrer à gauche dans un couloir obstrué au début de gros blocs, puis ouvert, et le remonter sur 3 longueurs : on arrive à la seconde vire de quartz (qui communique par un tunnel avec la face S). Escalader la cheminée terminale souvent glacée, par son fond, sur 70 m : d'abord très raide puis beaucoup moins, elle débouche tout près du sommet.

Par le grand couloir NE

Walter Cecchinel et Claude Jager, 28-31 décembre 1973.

La première ascension, en hiver, du couloir NE des Drus a été considérée à son époque comme l'un des plus remarquables exploits réussis dans la chaîne du Mont-Blanc. Il s'agissait en effet de la première grande course de glace réalisée dans ce massif en utilisant la technique du piolet-traction. Depuis lors, cet itinéraire a été assez souvent répété.

Grande course mixte, aux difficultés très variées : mixte dans le bas, puis rochers verglacés avec des passages d'artif, glace enfin dans le couloir lui-même. La zone de mixte et de dalles entre le couloir du col du Dru et le grand couloir NE comporte des longueurs très dures et exposées, au pitonnage très délicat. Le couloir de la brèche des Drus est d'une très grande raideur (65° env. de moyenne) ; la glace y est généralement très dure et la pose des broches est parfois difficile. Pas de bon emplacement de bivouac, sinon à l'écaille de la partie rocheuse. La retraite est très difficile depuis la base du grand couloir, mais non impossible. Itinéraire exposé aux chutes de pierres et de glace dans le bas ; en cas de mauvais temps, la voie est au centre des trajectoires des avalanches et coulées de neige.

TD+. — Photo 43. — 10 à 18 h.

151. Du Rognon du Dru, gagner le glacier du Nant Blanc et remonter, en longeant les rochers du Dru, sa branche SW constituée par une langue glaciaire sous le col du Dru. Franchir la rimaye du couloir du col du Dru (3 040 m env.) (1 h).

Remonter la partie glaciaire de ce couloir (57°) sur 250 m env. En haut de la pente de glace, continuer à remonter le couloir sur 3 longueurs dans son fond par un système de fissures en rochers verglacés, issu directement du col du Dru (IV/IV+). Repérer à droite une fine fissure dans des dalles légèrement surplombantes, située 50 m à gauche du déversoir du grand couloir NE de la brèche des Drus. Se diriger au mieux vers le pied de cette fissure par des bandes de glace très minces, sur des dalles lisses difficiles à pitonner (très exposé, 2 longueurs en V et VI). Traverser au-delà du pied de la fine fissure et revenir à sa base par une vire vers la gauche. Gravir cette fissure (35 m, A1 et V, fissure Nominé). Continuer droit sur 20 à 25 m et rejoindre une écaille 2 m à gauche (bon bivouac).

De l'écaille, traverser 10 m à droite pour atteindre (IV) une fissure-dièdre inclinée vers la droite. Gravir cette fissure (A1 et V) qui mène à une plate-forme. Traverser quelques mètres à droite puis gravir une fissure-cheminée (IV/IV+) pour atteindre le sommet d'une chandelle qui borde le déversoir du grand couloir.

On atteint ainsi le grand couloir NE de la brèche des Drus. Le remonter en restant d'abord sur 3 longueurs sur sa rive droite (65°). Le traverser pour prendre l'extérieur de la branche inférieure de l'S qu'il forme (très raide) ; remonter 2 longueurs rive gauche (70°). Traverser le couloir sous son étranglement pour prendre l'extérieur de la branche supérieure de l'S, en franchissant l'étranglement (15 m, 75°/80°). Continuer sur la rive droite sur 2 longueurs très raides (75°) pour atteindre la brèche des Drus par 4 longueurs moins raides (60° puis 55°). — Dans le couloir, relais sur pitons sur les rives ou sur broches. — De là facilement au Petit Dru.

Traversée des Drus

La première traversée du Petit au Grand Dru, sans aide extérieure, a été faite par E. Fontaine avec Joseph et Jean Ravanel, 23 août 1901 ; auparavant, la traversée avait été faite plusieurs fois avec aide extérieure (dès 1887).

C'est une classique de la chaîne du Mont-Blanc, dans le sens du Petit au Grand Dru (montée par l'itin. 145, descente par l'itin. 142). L'ensemble constitue une très belle escalade et une longue course recommandable (12 h du refuge au refuge).

D. — Photos 40, 43. — 1 h de traversée.

152. Du Petit Dru, gagner facilement la brèche des Drus, au pied de l'arête verticale W du Grand Dru. De la brèche, gravir une fissure de 6 m

(IV) puis gagner 2 m plus haut à droite une vire horizontale large de 30 cm, que l'on suit à droite sur 10 m (exposé). Avant son interruption, gravir une dalle de 3 m, une fissure oblique à gauche de 5 m, et suivre à gauche une fissure horizontale de 6 m (début du Z), jusqu'à l'arête W. Gravir 5 m sur l'arête (IV) jusqu'à un bloc formant terrasse (relais). Gravir des fissures et rainures (IV) sur 9 m, un peu sur la droite pour venir buter sous le grand surplomb débordant de 4 m. Traverser horizontalement sous le surplomb (IV) pour rejoindre l'arête (fin du Z). Franchir l'arête par une petite vire débouchant sur une petite terrasse en face N (relais). Gravir des fissures verticales sur 4 m, puis une cheminée coudée de 12 m (IV, glace) et des fissures commodes sur 3-4 m, jusqu'à une grande plate-forme de l'arête W. Suivre la large crête jusqu'au pied du bloc sommital ; le contourner à gauche et par une pente de glace s'élever entre les 2 pitons rocheux du sommet.

Le Cardinal 3 647 m

Le Cardinal présente 2 sommets : E (point culminant, 3 647 m), rarement gravi, et W (3 642 m), but habituel.

Voie normale depuis la Charpoua, par l'arête S

M. Kurz et K. Steiner, 12 août 1909.

Belle course d'entraînement, classique, très variée ; un passage de III.

PD. — Photos 44, 45. — 4 h.

153. Du ref. de la Charpoua, remonter le glacier de la Charpoua jusqu'au pied du large couloir, en grande partie neigeux, haut de 350 m et redressé jusqu'à plus de 45°, issu de la brèche S du Cardinal. Remonter ce couloir en longeant sa rive gauche ou en utilisant les rochers de cette rive, jusqu'à la brèche.

Suivre l'arête et, par une traversée en face S, rejoindre la voie normale du versant de Talèfre. Escalader 2 cheminées successives pour revenir à l'arête S. La suivre en franchissant ou contournant les gendarmes, passer au pied du monolithe E et escalader le sommet W.

Par la face SW, voie Allain

Pierre Allain, Francis Aubert, Auguste Fix, J. Rousseau, 5 août 1949.

La voie se situe dans la partie droite de la facette SW, puis sur l'arête faîtière SW du Cardinal ; hauteur 350 m env. Très belle escalade exposée, soutenue, avec un passage de V+ et un pas d'A1.

TD–. — Photo 44. — 6 h.

154. Du ref. de la Charpoua, suivre la voie normale, itin. 153, jusqu'à mi-hauteur du couloir de la brèche S du Cardinal (1 h 30 à 2 h).

Attaquer la facette SW entre le grand dièdre central et le bord droit de la facette. Gravir directement des cannelures et une cheminée (V puis IV). S'élever en obliquant à gauche et atteindre un bon relais (bloc branlant). Gravir un dièdre (V), puis une courte et étroite cheminée fermée par un surplomb (IV). Éviter celui-ci en sortant à gauche, sur une dalle rayée de

44. Le Cardinal, versant SW.

cannelures peu marquées (un pas d'A1, et V+). Par des gradins faciles, gagner une grande plate-forme au pied d'un grand dièdre.

L'escalader sur 25 m env. et sortir à gauche (IV+). Gravir une courte fissure en râteau de chèvre qui ramène dans le fond du dièdre (IV+). Escalader à droite une dalle verticale (V) et un court dièdre, surmonté d'un toit (IV+) ; en sortir à droite sur un énorme bloc (peu sûr), d'où une enjambée à droite (IV délicat) conduit sur la face S en vue de la brèche S du Cardinal. Une traversée légèrement ascendante vers la droite permet d'atteindre le pied d'un grand couloir très redressé, haut de 60 m env. Le gravir (IV et V) ; on sort dans la première petite brèche de l'arête faîtière SW du Cardinal.

L'arête présente plusieurs gendarmes. Les éviter par une traversée horizontale versant N (IV+, V et IV) et regagner l'arête par une courte fissure et des blocs faciles. — On peut passer plus facilement plus bas. — Suivre alors l'arête en contournant quelques gendarmes versant N (rochers souvent enneigés) et atteindre le sommet W.

L'Évêque 3 469 m

Sommet intéressant, très fréquenté.

Voie normale par la face S

Mlle Pasteur, Mlle M. Pasteur, Ellis Carr, C.H. Pasteur et Cl. Wilson, 7 août 1892.

Belle escalade d'entraînement, sûre, très fréquentée ; c'est aussi la voie de descente.

AD. — Photos 35, 45. — 1 h à 1 h 30.

155. De la brèche Nonne-Évêque, faire un crochet à gauche, légèrement descendant au début, puis revenir à droite par une traversée ascendante jusqu'au pied d'une série de cheminées. Gagner la base d'une haute cheminée qui, issue d'une encoche de l'arête SSE, sillonne la face S de l'Évêque jusque près de la brèche. Escalader cette cheminée (III) jusqu'à son sommet. Traverser en montant légèrement vers la gauche jusqu'à l'arête SW. La suivre un peu pour rejoindre le bloc sommital par le versant Charpoua. Reprendre l'arête SW à 15 m du sommet et l'escalader jusqu'à celui-ci.

Par l'éperon SW, voie classique

Gilbert Garrigou et M. Legris avec André Contamine, 1er août 1950.

Course longue, classique, réservant de très belles vues. Elle se déroule presque entièrement sur le fil de l'éperon. Le rocher est excellent et l'assurage très bon. Hauteur 700 m.

D. — Photo 45. — 6 à 7 h.

156. Du ref. de la Charpoua, redescendre 200 m env. et gagner le plat du névé situé au pied de l'éperon SW de l'Évêque. Contourner par la droite un éperon secondaire. Remonter le névé sur 100 m env. et, à gauche, gagner le pied du couloir-cheminée séparant l'éperon secondaire de l'éperon principal.

Attaquer dans ce couloir et par son fond franchir successivement 3 courts surplombs (IV). S'élever dans la cheminée qui suit (25 m, IV+). On aboutit à une zone de terrasses faciles.

Traverser horizontalement à droite, gagner le fil de l'éperon et le suivre sur quelques longueurs (III et IV) jusqu'à un ressaut. Éviter ce ressaut par la gauche et gravir une fissure au fond d'un dièdre ouvert (IV). Poursuivre sur le fil et venir buter sur un gendarme d'aspect infranchissable, que l'on contourne par la droite (face à la Nonne).

Par une petite faille et une cheminée, descendre 20 m flanc S (IV). Aussitôt gagner une écharpe montant vers la droite et s'y élever sur 40 m. Traverser un couloir ; s'élever rive gauche. Gravir une cheminée et le dièdre qui suit (IV−). Droit au-dessus escalader un mur fissuré de 10 m (IV). Suivre une côte rocheuse sur 20 m, virer à droite, progresser dans un couloir peu marqué descendant de l'éperon au pied d'un important ressaut. Atteindre une zone de terrasses encombrées de gros blocs plats. De ces terrasses, reprendre l'éperon à droite du gendarme contourné, par celle de gauche de 2 cheminées parallèles, cannelée en son fond, sous un surplomb oblique rougeâtre (IV+). Sortir par une fenêtre sur l'éperon.

Surmonter un petit mur (IV) ; terrasse à la base d'une dalle lisse compacte. Sur 3 m suivre à droite une vire et par un pas délicat, atteindre une cheminée garnie de feuillets ; la gravir sur 25 m (IV) et rejoindre l'éperon.

Par la droite, éviter un nouveau gendarme peu marqué par une fissure oblique à droite, sur l'angle du gendarme (III). Traverser quelques mètres versant Charpoua. Franchir un mur fissuré et cannelé (IV). Atteindre plus haut le pied d'un gendarme supportant un gros bloc incliné vers la gauche (IV). Par la dalle, monter à l'aplomb du bloc sommital, traverser un feuillet gris et sortir à gauche (V). Traverser 10 m à gauche. Descendre au fond d'une brèche en coup de sabre.

Continuer sur le fil de l'éperon (III) et gagner une brèche peu accentuée. Gravir le dièdre qui suit (IV−). Par la gauche, contourner quelques gendarmes et descendre aux grandes vires (en face W), les suivre jusqu'à la base du ressaut terminal, au pied de 2 cheminées importantes, surplombantes. Au départ, prendre celle de gauche ; s'y élever jusque sous un surplomb (IV). Virer à droite, franchir une courte dalle et la facette dominant la cheminée de droite (V).

Sur quelques mètres, suivre le fil de l'éperon. Traverser 20 m à droite, puis s'élever sur plusieurs longueurs suivant une ligne de dièdres-cheminées (IV) peu éloignée de l'éperon ; on aboutit à l'immense terrasse pré-sommitale. Passer à droite d'un dernier gendarme ; par de gros blocs et par l'édifice sommital, gagner le sommet S.

45. L'Évêque et la Nonne, versant SW.

Brèche Nonne-Évêque 3 306 m

Ouverte juste au pied S de l'Évêque. Utilisée comme accès à la Nonne ou à l'Évêque, versant Talèfre essentiellement.

1re traversée : Mlle Pasteur, Mlle M. Pasteur, Ellis Carr, C.H. Pasteur, Cl. Wilson, 7 août 1892.

Par le versant de Talèfre (E)

F. — 2 h.

157. Du ref. du Couvercle, en suivant l'itin. 129 de l'Aig. Verte, gagner le couloir de la brèche Nonne-Évêque et le remonter par son fond ou par la rive droite.

Par le versant de la Charpoua (SW)

PD. — Photos 35, 45. — 3 h.

158. Du ref. de la Charpoua, redescendre 200 m env. et gagner la dernière baie au S de la branche E du glacier de la Charpoua. Remonter le grand couloir, haut de 500 m et assez raide, issu de la brèche Nonne-Évêque, jusqu'à celle-ci.

La Nonne 3 340 m

Par le versant SE et l'arête S (voie normale)

Mlle Pasteur, Mlle M. Pasteur, C.H. Pasteur, Cl. Wilson avec Auguste Cupelin, 23 juillet 1890.

Belle petite course, très agréable et assez fréquentée, sur du bon rocher (c'est aussi la voie de descente).

PD+. — Photo 45. — 3 h.

159. Du ref. du Couvercle, remonter le glacier de Talèfre jusqu'au pied du premier couloir à droite (N) du couloir issu de la brèche Moine-Nonne. Franchir la rimaye, remonter sur 30 m la rive droite du couloir, passer de l'autre côté de l'arête qui le borde à gauche, puis revenir au couloir et continuer jusqu'à l'arête S qu'on atteint non loin de la brèche Moine-Nonne. S'élever près du fil de l'arête, versant Talèfre, jusqu'à une petite brèche entre 2 gendarmes. Traverser le gendarme de gauche. Descendre de 20 m versant Charpoua. Suivre des rochers brisés en obliquant à gauche, escalader un mur et, par une traversée à droite, rejoindre la crête faîtière au pied du sommet formé de 3 blocs accolés. Contourner le premier bloc versant Charpoua et escalader le bloc sommital (IV) par une fissure versant Talèfre.

Par l'arête N (traversée Nonne-Évêque)

Mlle Hadamard, M. Hadamard, J. Le Bec, Tom de Lépiney, 8 septembre 1922.

Belle escalade classique fréquentée. On parcourt actuellement l'arête N plutôt dans le sens de la descente, et on la complète souvent par l'escalade de l'Évêque, réalisant ainsi la traversée Nonne-Évêque

AD.— Photo 45. — 3 h.

160. De la brèche Nonne-Évêque, s'élever par l'arête jusqu'au pied d'une série de grands gendarmes. Les contourner versant Talèfre par une zone de vires menant à une longue section horizontale de l'arête en rocher lisse et au fil aigu. Chevaucher cette arête. Traverser puis monter directement versant Talèfre pour rejoindre l'itin. 159 au pied du bloc sommital.

Aiguille du Moine 3 412 m

Beau belvédère justement réputé et fréquenté.

Par la face S (voie normale)

Mlles E.L. Lloyd et Isabelle Straton avec Jean-Estéril Charlet et Joseph Simond, 22 septembre 1871.

C'est une des courses les plus fréquentées de la chaîne du Mont-Blanc. Le bon itinéraire n'est pas commode à trouver. Vu sa brièveté, elle peut se faire à toute heure de la journée à partir du ref. du Couvercle.

PD. — Photo 46. — 3 h.

161. Du ref. du Couvercle, suivre à gauche le sentier qui par la moraine gagne le glacier du Moine. Le remonter en direction d'un grand couloir-cheminée, un peu à droite de l'aplomb du sommet (rimaye).

Attaquer dans ce couloir rocheux pour atteindre une plate-forme à droite. Ne pas continuer dans le couloir mais appuyer encore à droite. Gravir 2 larges cheminées assez faciles qui conduisent à une zone herbeuse avec un petit sentier ; le suivre à droite puis à gauche, il conduit à un court ressaut dominant le couloir ; gravir au passage une courte cheminée (III) (gros bloc), sortir à l'épaulement. Suivre facilement à droite la bordure du couloir sur 50 m env., escalader des rochers coupés de petits murs aux prises arrondies. Gravir 2 dièdres (III) jusqu'à une bonne plate-forme dominant le couloir. Monter en obliquant à gauche, franchir ce couloir sur une belle et longue vire peu ascendante ; par les rochers fissurés de la rampe qui fait suite, sortir à une vaste terrasse (vue sur le sommet). Monter à droite et suivre la longue côte rocheuse s'élevant au sommet, d'abord flanc droit, puis traverser 2 zones d'éboulis pour revenir à gauche et traverser cette côte. Escalader directement des murs, dalles et petites fissures-cheminées sur 100 m env., jusqu'à une large vire peu ascendante vers la gauche. De là, soit s'élever directement au sommet, soit suivre la vire précitée vers un grand couloir près de l'arête SW à gauche, par ce couloir escalader de petits gradins et atteindre l'arête SW par une courte cheminée à 30 m du sommet, à gauche d'un bloc, enfin gagner le sommet.

Par la face S et l'arête S, voie classique

Etienne Bruhl et Lucien Valluet avec Arthur Ravanel et Fernand Belin, 2 septembre 1928.

Course intéressante et très fréquentée ; il n'y a que 2 passages délicats.

AD.— Photo 46. — 4 h à 4 h 30 du refuge.

162. Du ref. du Couvercle, suivre l'itin. 161 jusqu'à la rimaye. La franchir et attaquer le rocher pour atteindre une large vire facile qui mène à gauche. A sa fin, escalader un système de rochers commodes (cheminées, vires, couloirs obliques) et gagner l'arête S à une brèche à gauche d'un pinacle caractéristique (il a la forme d'un marteau à 2 têtes).

De là, une large vire horizontale versant W mène à un dièdre. Gravir la fissure de son fond (4 m, IV) ou l'éviter par la gauche (un grand pas, puis un éperon exposé, IV). Gravir la cheminée qui fait suite (III) et ramène à l'arête. Après un crochet versant W, suivre l'arête jusqu'à une terrasse au pied d'un petit mur vertical ; le gravir soit par une fissure à gauche (IV), soit directement (V/V+, courte-échelle possible). De là au sommet en se tenant d'abord un peu en contrebas versant Talèfre.

Par l'arête S intégrale

W. Birkenmajer, J. Bujak, B. Chwacsinski, W. Ostravski, 7 août et 13 août 1932.

Magnifique escalade extérieure, très classique aujourd'hui. Rocher et assurage excellents.

D. — Photo 46. — 5 à 6 h de l'attaque.

163. Du ref. du Couvercle, suivre le sentier de la voie normale du Moine jusqu'à hauteur du glacier. Longer sa base, descendre légèrement, puis traverser en direction de l'arête S. Gagner celle-ci à hauteur d'une brèche çarrée caractérisée par un signal métallique et une flèche de roc élancée. De la brèche, traverser quelques mètres versant Talèfre pour

46. Aiguille du Moine, versant S.

gagner une cheminée. Gravir celle-ci (III), puis le fil de l'arête (IV) pour se rétablir sur une table rocheuse. Traverser horizontalement jusqu'à une petite brèche puis, toujours versant Talèfre, traverser une dalle (IV), avant de regagner l'arête par une fissure (IV+). Suivre l'arête facile jusqu'au-dessus d'une profonde brèche, que l'on franchit versant Talèfre par un petit rappel pendulaire amenant à une petite plate-forme sur l'autre rive ; escalader l'arête directement au-dessus (IV) (rappeler la corde depuis ce point plutôt que depuis la brèche).

Sauter une nouvelle brèche plus petite. Suivre l'arête vers un gendarme

Aig. du Moine
Brèche Moine-Nonne
Glacier de Talèfre
164

en pain de sucre. Depuis sa base, par un pas délicat à gauche, gagner versant Mer de Glace une fissure avec bloc coincé (IV) qui mène au sommet du gendarme. En descendre versant Talèfre par une dalle (IV) puis par une fissure (III). Après avoir traversé une grande dalle plate descendre dans une nouvelle brèche. En sortir par une cheminée-dièdre surplombante (IV+) versant Mer de Glace. Suivre l'arête devenue facile : contourner un 1er gendarme versant Mer de Glace puis un second versant Talèfre pour atteindre une brèche étroite.

Depuis celle-ci, par un rappel de 25 m versant Mer de Glace, gagner un couloir facile, parallèle à l'arête. Le remonter sur 60 m env. (pratiquement jusqu'au niveau du point de départ du rappel) pour éviter des gendarmes monolithiques. Remonter vers l'arête par un couloir-cheminée (IV) se terminant sous un gros bloc formant tunnel. Passer versant Talèfre. Par des plaques fissurées atteindre une plate-forme au pied d'un grand gendarme.

Revenir versant Mer de Glace et contourner le grand gendarme par une vire légèrement descendante, suivie d'une cheminée de 35 m, avec blocs surplombants (IV+). Suivre l'arête, traverser versant Mer de Glace et revenir à l'arête par un dièdre avec feuillets (IV) ; par une vire herbeuse versant Talèfre, gagner un dièdre rouge qui ramène (IV) sur le fil. Repasser versant Mer de Glace : une traversée mène à un dièdre gris que l'on remonte (IV). Un système de vires permet de rejoindre le fil de l'arête où l'on retrouve l'itin. original, 162.

Par la face E, voie directe Contamine

André Contamine et Pierre Labrunie, 25 juillet 1954.

Trois itinéraires parcourent la face E du Moine. Celui-ci est le plus beau, il est très classique. Le rocher est excellent, le tracé élégant. Les passages les plus durs se situent dans le dièdre d'attaque. La voie est équipée. Hauteur 400 m.

TD. — Photo 47. — 5 à 6 h.

164. Du ref. du Couvercle, remonter le glacier de Talèfre jusqu'au pied de la face, et dépasser le pilier venant du sommet et deux hautes cheminées, pour attaquer dans un dièdre très ouvert haut de 50 m, surmonté d'un toit de couleur grise.

Remonter le dièdre (V+, puis IV) et le quitter dans sa partie supérieure pour une fissure à droite conduisant (V+/VIa) à une arête. Suivre un étroit balcon formé d'un feuillet accolé à la paroi (IV puis V). Virer sur l'arête à droite (IV+/V). Progresser directement dans les dièdres au-dessus (IV+/V−) et gagner des terrasses à la base du grand couloir médian.

Remonter ses dalles sur 100 m env. et gagner le ressaut noir fermant le couloir. A gauche, prendre un dièdre arrondi parcouru d'eau (V+), puis le suivant (V) qui permet de gagner des terrasses enneigées, bien visibles. Prendre à gauche sur le pilier et suivre le flanc droit de l'arête (IV/V) s'interrompant au pied du ressaut sommital. Franchir celui-ci plutôt à gauche d'abord par des dalles cannelées (IV+), ensuite par 2 dièdres (IV+/V) conduisant droit au sommet.

47. Aiguille du Moine, face E.

Troisième partie

Secteur de l'Aiguille d'Argentière

Pointe du Domino 3 648 m

Le versant N de cette pointe, qui domine le glacier d'Argentière, présente deux facettes séparées par un haut éperon ; des voies intéressantes y ont été tracées.

Voie de descente sur le versant d'Argentière

C'est l'itinéraire généralement utilisé au retour de l'une des voies décrites ci-dessous. Il suit d'abord l'éperon NNW.

Photo 48. — 3 h.

165. Du sommet, descendre en rappel le long de l'éperon NNW (itin. 166) jusqu'au névé suspendu, puis revenir à la brèche amont du gendarme situé à mi-hauteur. Descendre le couloir W de cette brèche jusqu'au glacier.

Par l'éperon NNW

Jean-Paul Charlet et Gaston Rébuffat, 12 juin 1945.

Course intéressante et variée, reprise de temps à autre.

D. — Photo 48. — 5 h 30.

166. Du ref. d'Argentière, remonter le glacier d'Argentière jusqu'au pied de l'éperon. Passer la rimaye à l'aplomb d'un couloir neigeux raide, bordé rive droite par l'arête d'un gendarme situé à mi-hauteur du versant N (1 h 30).

Remonter la pente de neige au-dessus de la rimaye, puis le couloir précité, jusqu'au gendarme que l'on traverse. Poursuivre par le fil de l'éperon, mixte, qui se perd dans la paroi supérieure. Par des plaques fissurées, atteindre un névé suspendu. Remonter ce névé vers la droite et atteindre un couloir de 200 m de haut, issu des abords du sommet.

S'élever d'abord sur sa rive droite, puis le traverser vers l'arête de sa rive gauche. Cette arête, d'abord plutôt neigeuse, puis rocheuse et plus raide, mène droit au sommet ; en suivre le fil en évitant un ressaut par la droite.

Par le couloir N

Michel Marchal et Reinhold Messner, 27 juin 1969.

Ce couloir est issu de la brèche E du Domino (entre la Pointe du Domino et le grand gendarme de l'arête NE). Il est haut de 400 m au-dessus de la rimaye. Son inclinaison moyenne est de 58°, avec des passages très raides. Belle course de glace, un peu exposée aux chutes de pierres.

TD–. — Photo 48. — 4 à 6 h.

167. Du ref. d'Argentière, remonter le glacier d'Argentière jusqu'à la rimaye du col du Dolent (1 h 30).

Franchir la rimaye soit à droite près de l'éperon NNW (difficile), soit sous le col du Dolent, et rejoindre la base du couloir N de la Pointe du Domino. Le remonter plutôt rive droite (moins exposé aux pierres) : passages à 65°/70°, voire plus. Dans le haut, rejoindre la brèche E du Domino et terminer par l'arête NE, ou bien traverser rive gauche pour monter droit au sommet dans un terrain mixte très raide.

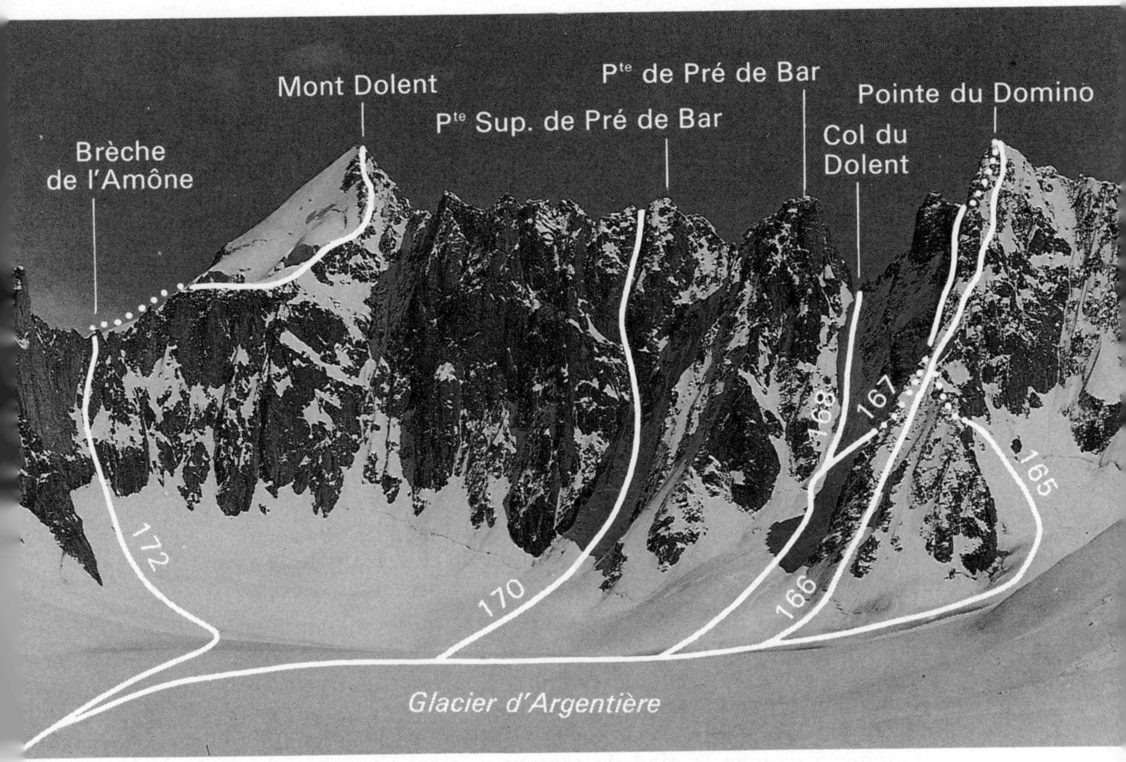

48. Pointe du Domino et Mont Dolent,
versant NW.

Col du Dolent 3 490 m

1re traversée : Edward Whymper avec Michel Croz, Christian Almer et Franz Biner, 26 juin 1865, dans le sens S-N ; le couloir du versant français fut descendu en taillant.

Par le versant NW

Grande course ; le couloir est incliné à 54° de moyenne, il est haut de 300 m. La partie supérieure est en général en glace.

D. — Photo 48. — 4 h 30 du refuge.

168. Du ref. d'Argentière, remonter le glacier d'Argentière jusqu'à l'aplomb du col du Dolent (1 h 30).

Franchir la rimaye tout à gauche, puis rejoindre à droite la pente du couloir et la remonter en son centre jusqu'au col (3 h).

A la descente, rappels dans les rochers de la rive droite, que l'on peut d'ailleurs utiliser à la montée.

Par le versant SE

Le couloir du col est exposé aux chutes de pierres et de corniches.

F. — Photos 25, 49. — 4 h.

169. Du ref.-biv. Fiorio, gagner le plateau du glacier de Pré de Bar. Remonter ce glacier en laissant à gauche le rognon 3 188 m, et traverser le plateau supérieur vers la rimaye du col du Dolent. La franchir et remonter le couloir neigeux du col ou sa rive gauche (délité).

On peut aussi passer plus à gauche, dans des rochers situés sous la brèche à l'E de la Pointe du Domino, et rejoindre le col en traversant à droite. Plus délicat mais moins dangereux.

Pointe supérieure de Pré de Bar 3 658 m

Il s'agit plutôt d'une arête presque horizontale portant 4 faibles pointements. Son versant NW est strié de goulottes qui ont pratiquement toutes été gravies. La descente s'opère généralement en rappel le long de la voie suivie à la montée.

Par le versant NW, goulotte Charlet-Ghilini

Jean-Franck Charlet et René Ghilini, 10 mai 1979.

C'est la plus à droite (W) des goulottes de ce versant ; elle a son origine à une brèche située juste au NE du sommet principal, c'est aussi la plus difficile.

ED–. — Photo 48. — 10 h.

170. Du ref. d'Argentière, remonter le glacier d'Argentière jusqu'à la rimaye du couloir de la brèche de Pré de Bar. Passer la rimaye et remonter le couloir sur 150 m env.

Gagner à gauche le pied du ressaut vertical situé à mi-hauteur de la paroi (3 longueurs, 60°/70°, une longueur mixte très délicate). Franchir directement ce ressaut (2 longueurs, 20 m verticaux, 60 m à 80°). Par 5 longueurs très raides (65°) et un court bombement vertical, gagner le sommet.

Mont Dolent 3 820 m

Très beau et grandiose sommet pyramidal à 4 faces. C'est le point de rencontre des frontières entre la France, l'Italie et la Suisse.

Voie normale par le versant S

A. A. Reilly et Edward Whymper avec Michel Croz, Henri Charlet et Michel Payot, 9 juillet 1864.

Belle voie glaciaire, classique (surtout au printemps à ski). C'est aussi la voie de descente.

PD. — Photo 49. — 4 h.

171. Du ref.-biv. Fiorio, gagner le plan-glacier de Pré de Bar. Passer à droite de l'îlot rocheux 3 187 m et monter en direction d'une large selle neigeuse au NW du P. 3 580 m de l'arête SE. Franchir la rimaye (si elle est

49. Mont Dolent, versant S.

trop difficile, faire un détour à droite ou à gauche) et monter directement vers la base d'un éperon issu de l'arête sommitale. De là, soit passer à gauche et monter un couloir directement vers le sommet, soit revenir à droite vers l'arête SE jusqu'au sommet en traversant l'épaule 3 774 m.

Par l'arête NNW (depuis le glacier d'Argentière)

G. Bolaffio et J. Kugy avec Joseph Croux et David Proment, 29 juillet 1906.

Bel itinéraire, long mais très intéressant. Le rocher est médiocre par endroits. Pour revenir sur le versant français, il faut redescendre par la même voie.

D. — Photos 48, 50. — 8 h du refuge.

172. Du ref. d'Argentière, gagner par le sentier le glacier d'Argentière et le remonter jusqu'au pied du couloir de la brèche de l'Amône. Celle-ci se situe dans la partie droite de l'arête faîtière presque horizontale au niveau de cette brèche (2 h).

Franchir la rimaye (difficile) ou la contourner largement par la gauche,

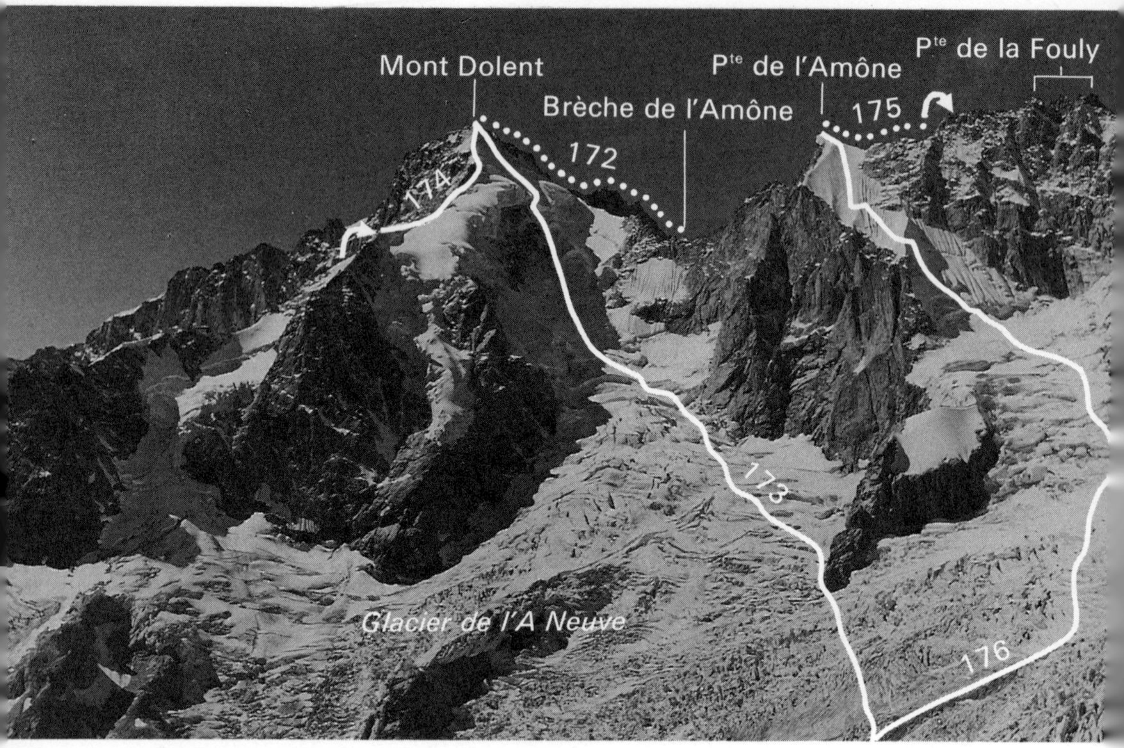

50. Mont Dolent, versant N.

et rejoindre le couloir à l'aplomb de la brèche. S'élever par des rochers brisés bordant à droite des plaques arrondies et entrer dans le couloir. Remonter sa première moitié ; lorsqu'il se redresse et forme un grand dièdre, en sortir à droite par une vire. Gravir une dalle (IV), puis sur 50 m des rochers brisés, et revenir dans le couloir. Au-dessus, françhir tout droit le mur de 25 m donnant accès à la brèche, en sortant à droite (dalles fissurées, IV) (3 h). De la brèche, suivre l'arête jusqu'au pied du gendarme 3 751 m (passages raides en glace). Le contourner à droite ou à gauche, reprendre l'arête et la suivre, mi-rocheuse (blocs instables), mi-glacée ; une pente de neige raide mène au sommet (3 h).

A la descente, 2 rappels dans le versant W de la brèche de l'Amône pour franchir les passages de IV.

Par la face N (voie directe)

Louis Dubost et Louis Gevril, 16 juillet 1950. Le passage décrit ici est celui utilisé en hiver par J.-M. Baugey, J. Belleville et J. Dupraz, 16-17 janvier 1974.

C'est le plus beau versant du Mont Dolent. Cette face se modifie rapidement et l'itinéraire doit être adapté à l'état des lieux.

Belle course glaciaire : section très difficile au passage des séracs.

TD–. — Photo 50. — 10 h de l'attaque.

173. De la cabane de l'A Neuve, rejoindre sans trop perdre d'altitude, le glacier très crevassé de l'A Neuve. Passer au pied (2 661 m) du contrefort issu du col d'Argentière et continuer, sensiblement de niveau, jusqu'au pied du contrefort (2 645 m) de l'Aig. de l'Amône. Remonter la branche S du glacier de l'A Neuve par des pentes raides et crevassées assez difficiles, jusqu'à la base de la face N du Mont Dolent (4 h).

Franchir la rimaye, et monter dans l'axe du sommet par des goulottes de glace bordant les rochers. Passer la grande barre de séracs (50 m, dont 20 m de murs verticaux ou surplombants). On débouche sur le plateau supérieur incliné. Monter de là directement au sommet par la raide facette sommitale triangulaire (neige ou glace, 45°/50°).

Par l'arête ENE (arête Gallet)

J. Gallet avec Abraham Muller et Jules Balleys, 21 août 1901.

Très belle course d'altitude, entièrement neigeuse et très variée. Elle est classique, quoique rarement faite.

AD. — Photo 50. — 4 à 5 h.

174. Du ref.-biv. du Dolent, gagner et remonter le glacier du Dolent, en s'écartant plus ou moins des contreforts rocheux de la partie inférieure de l'arête, jusqu'au plateau supérieur du glacier, vers 3 300 m. Remonter alors à droite une pente de neige raide menant à une épaule qui marque le début de la partie supérieure de l'arête.

Suivre l'arête aiguë, puis passer à droite sur le plateau glaciaire du versant N, en longeant le flanc droit de l'arête, et revenir au-dessus à l'arête neigeuse. La suivre désormais jusqu'au sommet, en bordure de la raide pente neigeuse sommitale de la face N (45°/50°).

Aiguille de l'Amône 3 584 m

Petit sommet peu individualisé au N du Mont Dolent ; il présente une belle face N trop peu connue.

Voie normale par le versant W et l'arête N

E. Fontaine avec Joseph Ravanel, 28 juin 1902.

Cette voie n'est intéressante que comme voie de descente, ou encore pour amorcer la traversée des Aig. Rouges du Dolent. Elle sera décrite à la descente.

PD. — Photo 50. — 3 h du sommet au refuge.

175. Du sommet, suivre l'arête N jusqu'à mi-chemin entre celui-ci et la brèche qui sépare l'Aig. de l'Amône de la Pointe de la Fouly. Descendre versant W un couloir secondaire rocheux assez raide qui débouche dans le couloir principal issu de la brèche précitée. Descendre ce couloir, raide et neigeux, passer la rimaye (bouchon de neige, chutes de pierres), et rejoindre le glacier d'Argentière en franchissant 1 ou 2 grandes crevasses.

Par la face N

Robert Gréloz et André Roch, 24 juin 1935 (montée et descente).

Très belle course de glace, raide et soutenue (48°) ; la face est haute de 435 m.

D–. — Photo 50. — 4 h de la rimaye.

176. De la cabane de l'A Neuve, suivre l'itin. 173 jusqu'au-delà du pied du contrefort issu du col d'Argentière, et remonter la branche centrale du glacier de l'A Neuve, jusqu'à la base de l'éperon E de la Pointe Kurz. Obliquer à gauche et par des pentes glaciaires raides, gagner la rimaye de la face N de l'Aig. de l'Amône (3 150 m env.) (2 h).

Remonter la partie inférieure de la pente de glace, raide, puis sur une courte distance l'arête de neige qui la sépare de la partie supérieure d'orientation NNE. Remonter cette dernière en direction du sommet, et sortir à droite sur l'arête N à 20 m env. du sommet (corniche).

Le Tour Noir 3 837 m

Belle montagne, assez fréquentée. Il est recommandé d'en effectuer la traversée.

Par le Passage d'Argentière et le versant SE (voie normale)

E. Javelle et F. F. Turner avec J. Moser et F. Tournier, 3 août 1876.

PD. — Photo 52. — 4 h.

177. Du ref. d'Argentière, gagner par le sentier le glacier d'Argentière, passer sous les pentes inférieures du glacier des Améthystes, et remonter le glacier du Tour Noir. D'abord facile et peu crevassé, il devient plus raide et tourmenté. Une pente de neige douce amène à la large selle du col d'Argentière. Par l'arête de rochers brisés à gauche, gagner 200 m plus loin le Passage d'Argentière (3 620 m).

De là, remonter l'arête vers le Tour Noir (gros blocs et neige), ou son flanc gauche. Contourner à gauche ou à droite un premier ressaut pointu, et gagner une petite brèche au pied du second ressaut plus haut et plus raide. Suivre à droite les vires Javelle qui coupent la face SE 100 m env. sous le sommet (facile) ; parcours horizontal puis peu incliné coupé de petits ressauts. Après 80 m, les vires sont coupées par une côte rocheuse : remonter un petit couloir de plaques (12 m) et se rétablir à son sommet, sur la côte précitée que l'on suit facilement jusque près de la brèche séparant les 2 sommets du Tour Noir. Par l'arête ou son flanc E, gagner le sommet.

Par le col Supérieur du Tour Noir et l'arête N

L. H. et Th. Aubert avec Maurice Crettez, 23 juillet 1898.

C'est l'itinéraire normalement suivi à la montée, la descente s'effectuant par la voie normale pour réaliser ainsi la traversée du Tour Noir.

PD. — Photo 52. — 4 h.

178. Du ref. d'Argentière, suivre l'itin. 181 du col du Tour Noir jusque dans la partie médiane du glacier des Améthystes. Remonter le glacier en obliquant à droite dans le haut, jusque dans son angle supérieur SE, pour gagner la base du couloir S du col Supérieur du Tour Noir.

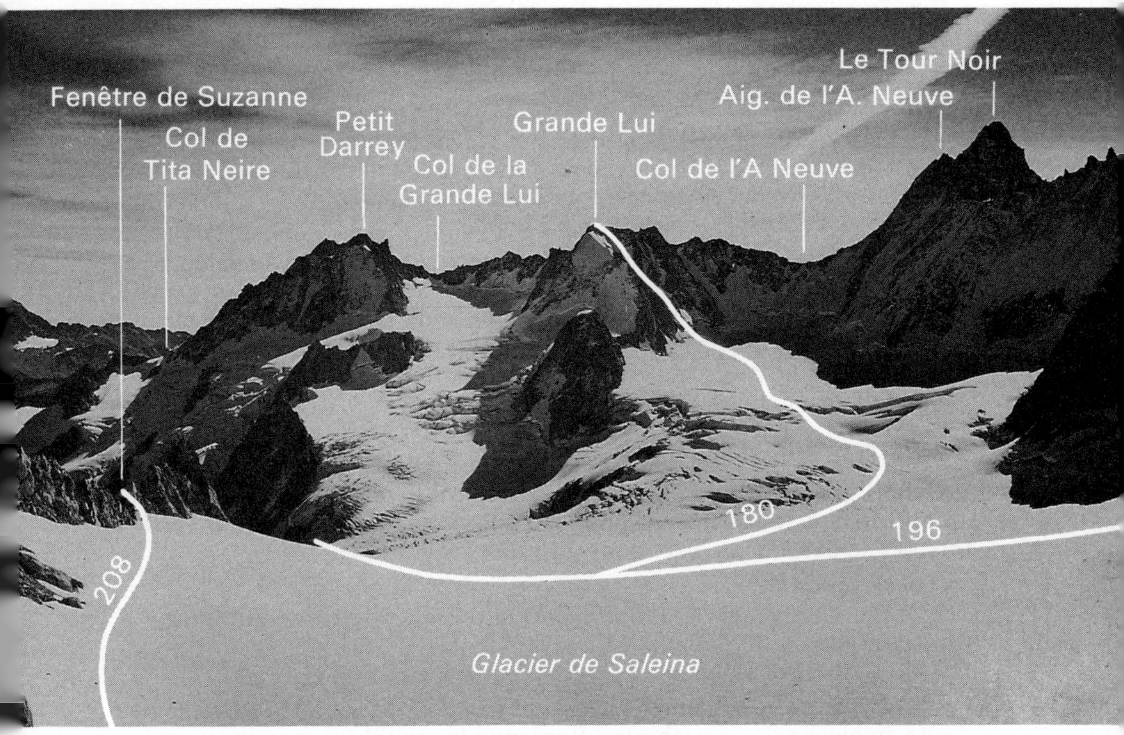

51. Grande Lui, versant N.

Remonter ce couloir neigeux, raide mais peu difficile, jusqu'au col (3 690 m). Suivre alors l'arête N du Tour Noir facile, puis son flanc W à proximité de l'arête (rochers délités mêlés de glace, parfois délicats), jusqu'à l'arête sommitale dont les gros blocs mènent au sommet.

Grande Lui 3 509 m

Sommet neigeux facile et beau belvédère.

Par le versant S (voie normale)

V. Attinger, E. Colomb et L. Kurz avec François Biselx, Justin et Joseph Bessard, 3 juin 1889.

Jolie course facile pour débutants.

F. — 3 h.

179. De la cabane de l'A Neuve, suivre le sentier qui traverse au NNW, et remonter une large combe neigeuse, puis la branche secondaire N du glacier de l'A Neuve, sous les Darreys. Le glacier devient assez raide. Obliquer à gauche entre le Petit Darrey et l'îlot rocheux 3 040 m, pour atteindre le plateau supérieur. S'élever alors au N jusqu'au pied du col de Saleina, puis à gauche du couloir de ce col, par de la neige et des rochers, directement au sommet de la Grande Lui.

Par le versant W

J. Kugy avec Daniel Maquignaz et Julien Proment, fin juillet 1896.

C'est l'itinéraire le plus pratique au départ de la cabane de Saleina, et l'une des jolies courses de neige du bassin de Saleina.

PD. — Photos 51, 55. — 3 h à 3 h 30.

180. De la cabane de Saleina, descendre sur le glacier de Saleina par le sentier (ou névés). Remonter le glacier de Saleina par sa rive gauche, jusqu'à hauteur de la Fenêtre de Saleina, puis obliquer franchement à gauche (S) vers le col de l'A Neuve. Peu avant le pied de ce col, aller encore à gauche vers la base du versant W de la Grande Lui. Le gravir par un couloir de neige, ou par des rochers brisés.

Col du Tour Noir 3 535 m

Sans grand intérêt comme passage, ce col peut néanmoins constituer un but de course intéressant pour des débutants ; le parcours du versant français se déroule en effet dans un cadre magnifique.

Par le versant SW

H. B. George et R. J. S. Macdonald avec Melchior Anderegg et Christian Almer, 22 juillet 1863.

F. — Photos 52, 56. — 2 h 30.

181. Du ref. d'Argentière, le sentier part à l'E et rejoint la moraine rive droite du glacier des Améthystes. Remonter la crête de sa moraine jusqu'en haut. Aborder le glacier des Améthystes et le remonter assez près de la base S de l'Aig. d'Argentière. On aperçoit le col. Aller dans sa direction par des névés faciles. Passer une petite rimaye et remonter une courte pente d'éboulis jusqu'au col.

Aiguille d'Argentière 3 902 m

Splendide sommet, de structure complexe mais très régulière, offrant des itinéraires très beaux et variés.

L'arête faîtière porte 3 sommets : W (3 877 m), central (3 902 m, point culminant), S (3 841 m). On distingue 5 arêtes (SW au sommet W ou arête Charlet-Straton, NW au sommet W, NE, SE ou arête de Flèche Rousse, SW ou arête du Jardin), et autant de faces dont la plus belle est la face N au-dessus du glacier de Saleina.

L'arête du Jardin porte plusieurs pointes secondaires, dont les faces d'orientation générale S sont parcourues par de nombreux itinéraires d'escalade, pour la plupart récemment ouverts.

Par le versant SW (voie normale par le glacier du Milieu)

Lionel Dècle et Y. A. Hutchinson avec Abraham Imseng et Laurent Lanier, 14 août 1880, à la descente.

52. Le Tour Noir, versant W.

Très bel itinéraire glaciaire, assez commode et rapide. Il est extrêmement fréquenté. Les pentes supérieures sont assez raides.

PD+. — Photo 53. — 4 h.

182. Du ref. d'Argentière, gagner par un sentier (parfois mal tracé) sur les vieilles moraines, le glacier du Milieu. Le remonter en son centre puis vers la gauche pour longer l'arête SW du sommet W, région moins crevassée, jusqu'au petit plateau resserré entre les arêtes (2 h 30).

Revenir au centre par un crochet pour franchir la rimaye généralement facile. Remonter la pente neigeuse assez raide descendant de l'arête sommitale, en longeant les barres des rochers situés sous le sommet W. On débouche sur l'arête faîtière un peu à l'E du sommet W ; la suivre, neigeuse ou glacée, jusqu'au point culminant (1 h 30).

Par le versant W et l'arête NW

A. A. Reilly et Edward Whymper avec Michel Croz, Michel Payot et Henri Charlet, 15 juillet 1864.

C'est la voie de la première ascension, et la voie normalement suivie depuis la Suisse. Belle voie principalement glaciaire, avec un passage raide.

PD+. — Photos 53, 54. — 4 h 30 du ref. d'Argentière.

183. Du ref. d'Argentière, suivre l'itin. 195 du col du Chardonnet jusqu'au début du plateau supérieur du glacier du Chardonnet, et prendre à droite la branche S de ce glacier (2 h).

De la cabane de Saleina, gagner le col du Chardonnet par l'itin. 196, et descendre sur l'autre versant obliquement vers la gauche, en contournant l'éperon WSW qui divise en deux le glacier du Chardonnet, pour rejoindre sa branche S (2 h 30).

Remonter la branche S du glacier du Chardonnet, en contournant une zone crevassée par la droite. Revenir à gauche le long de l'éperon WSW, et atteindre la rimaye (3 500 m env.). La franchir et gagner le pied d'une pente de glace raide mais courte, sillonnée de 2 couloirs, qui donne accès à l'arête NW. Remonter l'arête entre les 2 couloirs, puis le couloir de gauche, et le couloir de droite, jusqu'à l'arête.

Suivre l'arête de neige facile jusqu'à ce qu'elle se perde dans la pente de la face N. De là, 2 passages :

a) remonter la pente de la face N, versant Saleina, jusqu'à l'arête sommitale près du sommet W ;

b) prendre l'arête rocheuse de droite, raide et mixte. Suivre alors l'arête faîtière neigeuse, jusqu'au sommet.

Par la face N

Jacques Lagarde et Henry de Ségogne, 2 août 1926, avec sortie à l'épaule NW ; Bobi Arsandeaux et Robert Gréloz, 10 août 1930, avec sortie directe.

Très belle face entièrement glaciaire, haute de 700 m. Elle se modifie profondément et rapidement au cours des années. Actuellement, le glacier suspendu est tourmenté et présente quelques zones de séracs. La pente moyenne est de 50°.

D (variable selon l'état des lieux). — Photo 54. — 3 à 6 h.

184. De la cabane de Saleina, suivre l'itin. 196 du col du Chardonnet pour gagner le pied de la face, juste à gauche de la pente finale du col (2 h).

Franchir la rimaye vers 3 200 m, à droite du glacier suspendu et presque à l'aplomb de l'épaule NW. S'élever directement jusqu'à mi-hauteur de la face, puis en oblique à gauche vers le sommet. — On peut aussi poursuivre jusqu'à l'épaule NW et sortir par l'arête NW, itin. 183. De toutes façons, l'itinéraire doit être adapté à l'état du glacier suspendu.

Par le versant E et l'arête NE, voie du couloir Barbey

A. Barbey avec Justin Bessard, 27 juin 1884.

Bel itinéraire, assez souvent parcouru depuis le glacier de Saleina.

53. Aiguille d'Argentière, versant W.

Étant donné l'orientation, il est nécessaire de partir très tôt. La pente du couloir est de 42°.

AD. — Photo 55. — 5 h 30 de la cabane.

185. De la cabane de Saleina, descendre par le sentier sur le glacier de Saleina. Le remonter par sa rive gauche, jusqu'à hauteur de la Fenêtre de Saleina. Obliquer alors franchement à gauche (S), contourner la base de l'arête NE de l'Aig. d'Argentière et atteindre le pied de la face E, à la base

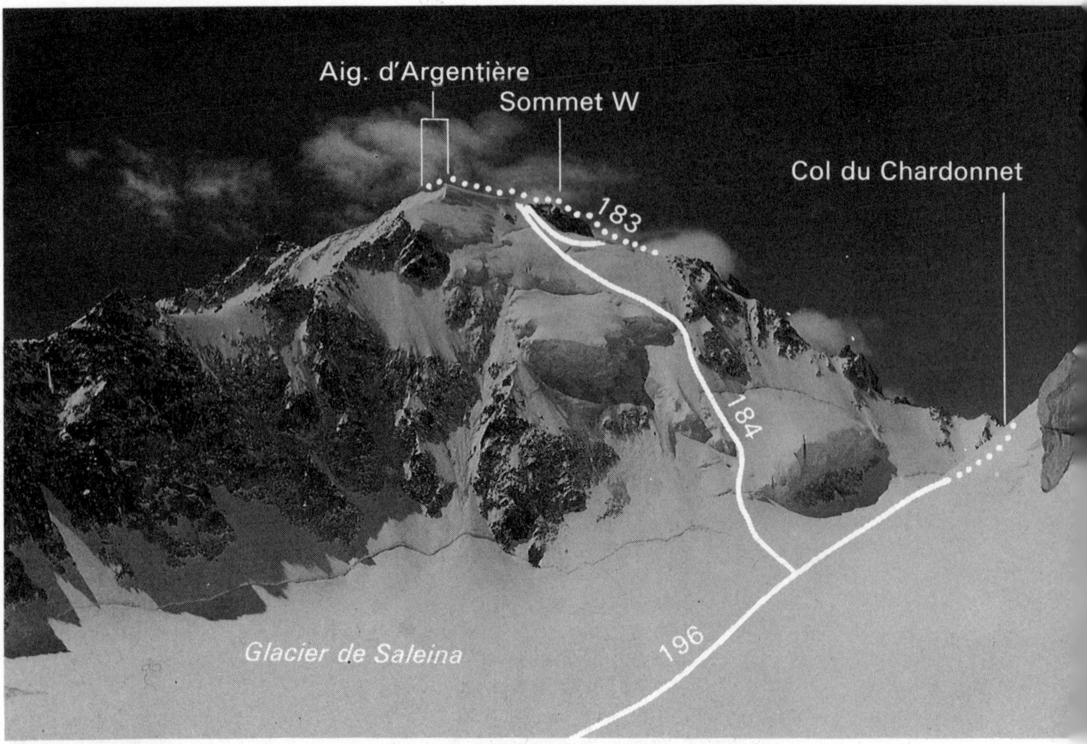

54. Aiguille d'Argentière, versant N.

du grand couloir neigeux issu de l'arête NE aux abords du sommet (couloir Barbey) (2 h).

Remonter ce couloir, raide, en utilisant partiellement les rochers rive gauche, jusqu'à l'arête NE. Suivre cette arête, rocheuse et facile, puis neigeuse et raide, jusqu'à l'arête faîtière.

Par le versant S et l'arête ESE (arête de Flèche Rousse)

G. H. Morse, J. H. Wicks et Cl. Wilson, 3 août 1893.

Belle course variée et intéressante, classique autrefois, aujourd'hui beaucoup moins parcourue.

AD. — Photos 55, 56. — 5 h de l'attaque.

186. Du ref. d'Argentière, suivre l'itin. 181 jusqu'aux pentes supérieures du glacier des Améthystes (2 h 30).

Atteindre l'arête à gauche des 3 gendarmes 3 618 m. Contourner le suivant versant Saleina, traverser les autres ou les contourner, de préférence versant Améthystes. On arrive à des pierrailles faciles bordées à gauche par un couloir de neige ou glace venant d'une selle neigeuse précédant la Flèche Rousse, sur une arête secondaire. Suivre le couloir ou sa rive gauche,

55. Aiguille d'Argentière, versant E.

tout près de l'arête jusqu'à la selle. — On peut éviter le couloir en passant sur l'arête secondaire de la rive droite.

S'élever droit vers le sommet dans des rochers raides relativement faciles, obliquer à gauche pour éviter un large surplomb. Passer à gauche sous la flèche penchée, et par des cailloux atteindre le sommet de la Flèche Rousse (3 879 m). Par quelques rochers et un rappel de 15 m sur un ressaut lisse et vertical, gagner la base de la Flèche Rousse puis facilement la selle 3 827 m. De là au point culminant.

Par le couloir en Y (versant S)

H. Cameré, seul, juillet 1922.

Belle course classique dans un couloir encaissé, haut de 450 m et incliné à 45°.

AD. — Photo 56. — 5 h 30 du refuge.

187. Du ref. d'Argentière, suivre l'itin. 181 du col du Tour Noir jusque sur le glacier des Améthystes (1 h 30).

Arrivé au pied du couloir en Y, le dépasser et contourner le petit éperon terminant à gauche l'arête des Flèches. Remonter une courte pente de neige et aborder bientôt des rochers brisés et une cheminée raide à gauche pour gagner la crête de l'éperon ; la suivre un peu (un passage délicat) et aborder le couloir de plain-pied au-dessus de sa partie basse et raide. — On peut remonter directement le couloir depuis le glacier, mais cette partie est exposée aux chutes de pierres. — Traverser la gouttière d'avalanches et remonter le couloir à gauche de cette gouttière. A la bifurcation de l'Y (les pierres viennent surtout de gauche), suivre la branche de droite et aborder dès que possible les rochers faciles formant une nervure dans le couloir. Une courte traversée à droite mène à la selle 3 827 m ; de là au sommet.

Par l'arête SW (arête du Jardin)

Marc-Antonin Azéma avec Armand Charlet, 27 août 1942.

Très belle et longue course d'arête, avec des gendarmes très détachés que l'on peut gravir ou non (le Yatagan et le Minaret). L'itinéraire décrit ici est celui que l'usage a fait adopter.

D. — Photos 53, 56. — 9 h.

188. Du ref. d'Argentière, par la moraine, contourner la base SE de la Pointe 3 159 m à l'extrémité de l'arête. Par un couloir, gagner la brèche au N de cette pointe. Attaquer légèrement en contrebas de la brèche, soit versant E par des rigoles, soit versant W par un dièdre de 40 m (III). De grandes dalles grises lisses (III) jusqu'à une petite arête, puis un crochet à gauche amènent au vaste Plateau peu incliné encombré de gros blocs.

Une entaille (la brèche du Plateau) le coupe brusquement. Descendre à une vire d'où un rappel de 20 m permet d'atteindre la brèche. Des blocs et fissures (III) ramènent à la seconde partie du Plateau. L'arête s'effile et vient buter contre un groupe de gendarmes très important : les 3 Gardes du Plateau et le Yatagan. Après une petite brèche (petits rappels utiles) escalader la fissure de gauche du 1er Garde (IV), obstruée de gros blocs en toit. Suivre l'arête (III), passer le sommet et descendre à la brèche suivante (petit rappel).

Descendre (rappel de 25 m) sur le versant Améthystes, traverser facilement jusqu'à de grandes dalles, escalader une fissure de 25 m (IV+), raide et exposée (prises peu solides), puis des rochers plus faciles jusqu'à l'arête ; la suivre, exposée et aérienne (IV), jusqu'au sommet du 2e Garde. Un rappel de 25 m et des rochers raides mènent à la brèche précédant le Yatagan. Contourner facilement le Yatagan par le versant Améthystes en passant à la brèche le séparant d'un gendarme proche du Minaret, situé en contrebas. On est au pied du Casque (4 h 30).

Traverser vers la droite par des rochers brisés vers la brèche au pied de la Reine, de cette brèche descendre facilement vers une nouvelle brèche au pied d'une tour bifide ; une traversée légèrement descendante de 15 m env. mène à une boîte aux lettres. Une cheminée étroite, lisse et verticale, de 10 m (IV), puis une dalle et une fissure coudée (IV), conduisent à des terrasses en vue de l'arête. La gagner à droite d'un petit gendarme par des dalles grises fissurées (IV) et des blocs coincés dans une cheminée (III). Suivre l'arête aérienne et raide (III) pour atteindre le sommet du Casque (3 668 m) (2 h 30).

Du Casque, descendre 10 m env. en oblique à droite jusqu'au bord de

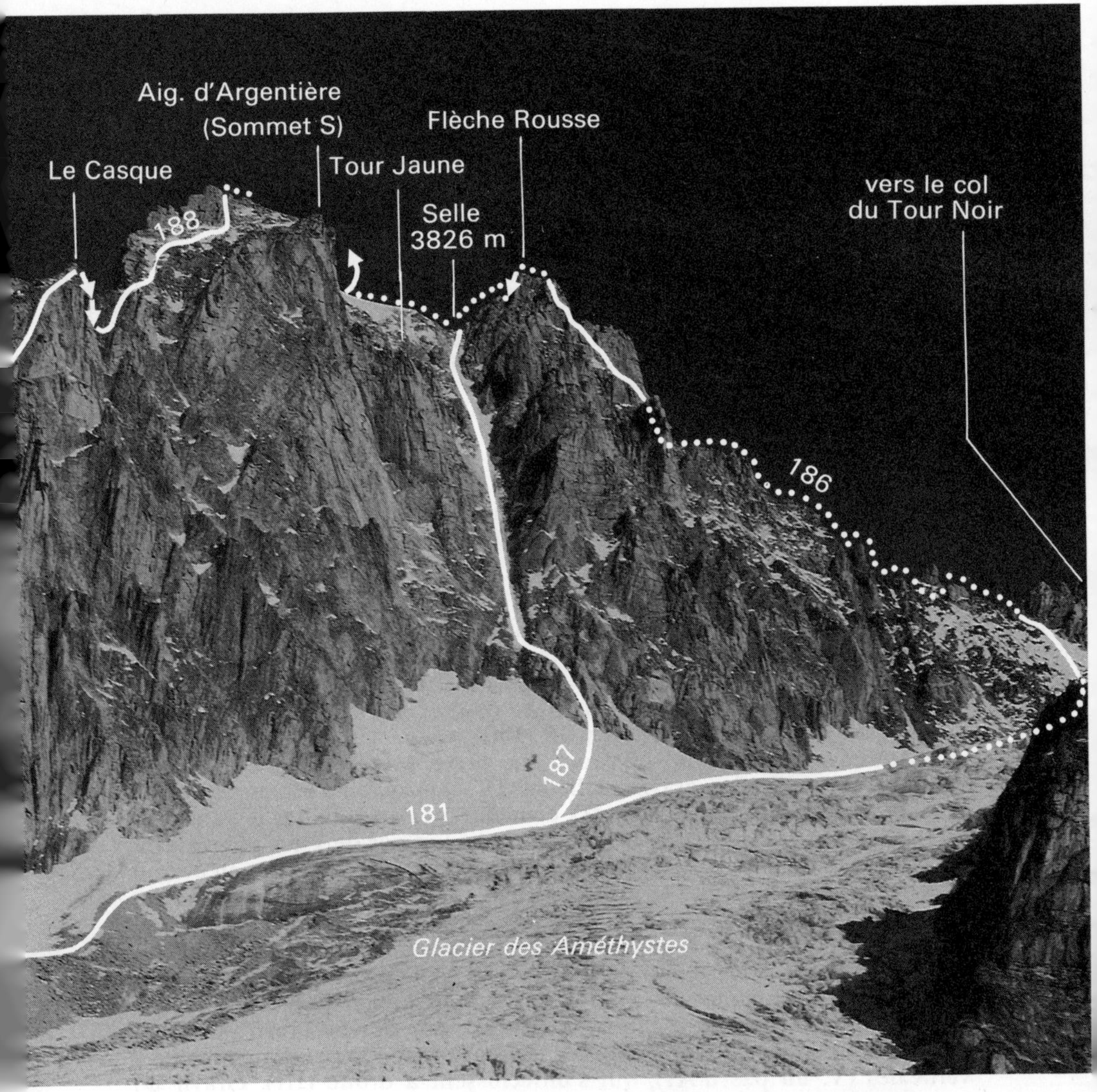

56. Aiguille d'Argentière, versant S.

grandes dalles grises. Par 2 rappels (pierres) de 30 et 25 m et une traversée, gagner la brèche (3 580 m env.) au pied du Casque. Monter à l'arête terminale par de mauvais rochers faciles et une courte pente de neige. Après la première dent, descendre dans la coupure suivante (rappel de 20 m). Du dernier groupe de 3 gendarmes, traverser à droite les 2 premiers par des vires discontinues assez faciles et escalader directement le dernier. Par une arête de neige ou de glace peu inclinée, gagner le sommet (2 h).

Le Minaret 3 450 m

Très belle pointe située légèrement en contrebas du Yatagan et de l'arête du Jardin. Elle domine le glacier des Améthystes par une face remarquable, haute de plus de 300 m ; 5 itinéraires ont été ouverts dans ce versant.

Voie de descente

189. Du sommet, rejoindre la brèche au N du Minaret (60 m, rappels). Traverser vers le couloir verglacé Casque-Yatagan et le descendre jusqu'au glacier des Améthystes, où l'on retrouve l'itin. 181 (2 h du sommet au refuge).

Par l'éperon SE

R. Mazars avec Gaston Rébuffat, P. de Cléry avec Hubert Cretton, 26 juillet 1966.

Magnifique escalade, raide et soutenue, libre avec un passage d'artif. La voie est en grande partie équipée équipée ; prendre des coinceurs. Le rocher est excellent, à part un passage.

TD. — Photo 57. — 6 h.

190. Du ref. d'Argentière, suivre l'itin. 181 jusqu'au pied du Minaret, juste là où on aborde le glacier des Améthystes. Gagner le pied de l'éperon SE (3 150 m env.). Par des vires faciles, rejoindre la base du sillon bien marqué, formant cheminée en haut et couloir en bas, qui descend de l'épaule de la 1re tour de l'éperon SE (1 h).

Attaquer le sillon au niveau d'une lame détachée à droite. Après quelques mètres faciles, gravir un dièdre (IV+) jusqu'à un replat. Gravir un second dièdre (un pas de V) et des cannelures (IV+). Éviter le surplomb du fond par la gauche et gravir les cannelures (un pas de V+), puis revenir à droite dans l'axe du sillon (V). Remonter la cheminée qui suit, en évitant le début surplombant par la gauche (V puis IV+) et en sortir à droite sur l'épaule de la 1re tour.

Gravir la paroi qui domine l'épaule, par des dalles raides (III puis V), et tirer à gauche pour rejoindre le fil même de l'éperon. Des petits murs (III) mènent au sommet de la 1re tour. Descendre dans la brèche.

Attaquer la 2e tour à gauche de l'arête, par des fissures (5-6 m), et franchir un petit surplomb (ensemble d'A1). Poursuivre par des cannelures verticales (V, un pas d'A1), qui s'infléchissent à droite (III). Gravir un feuillet (IV+), se rétablir sur une arête arrondie (V) et la remonter. Escalader un petit dièdre (V+) puis un petit mur, et gagner le sommet de la 2e tour. Descendre dans la brèche.

De là, 2 passages :

a) escalader un petit gendarme détaché (IV), descendre 2 m et franchir la dalle qui suit (V+), gagner un dièdre fissuré et le remonter (III) ;

b) descendre flanc droit sur 10 m env., traverser à droite (IV+) pour rejoindre une large vire sur la droite, puis revenir à gauche pour gagner (IV+) la fissure du dièdre précidé.

Une courte fissure (III+) ramène à l'arête. Gravir un petit dièdre à

57. Le Minaret, face S.

Les Gardes du Plateau
Le Yatagan
Le Minaret
La Reine
Le Cavalier
190

gauche (V), revenir à l'arête et prendre un dièdre légèrement surplombant avec 2 blocs coincés (V). Escalader la dalle qui suit (feuillet, IV+ et V, rétablissement de sortie délicat). Monter à droite et gravir un petit mur (III), puis une fissure en Dülfer (V, courte-échelle), au-dessus de laquelle une dalle ramène à l'arête peu inclinée mais très arrondie (rétablissement délicat, V+). Par l'arête, gagner le sommet.

Le Plateau 3 177 m

Le Plateau de l'arête du Jardin à l'Aig. d'Argentière est une zone peu inclinée marquant le sommet de la partie inférieure de l'arête du Jardin, comprise entre 3 200 m et 3 300 m d'altitude.

Le Plateau tombe sur la rive gauche du glacier du Milieu en un versant SW haut de 300 m env., dont la partie droite est striée de couloirs, mais présentant à gauche une belle face, très raide dans les 200 m inférieurs, et culminant au P. 3 177 m.

Une dizaine de voies ont été ouvertes dans cette face depuis 1967.

Voie de descente

Elle consiste à rejoindre l'attaque de l'arête du Jardin, versant Améthystes.

PD. — Photos 52, 58. — 1 h.

191. Du sommet de la face SW (P. 3 177 m), remonter le Plateau vers l'E pour découvrir une cheminée sur le versant des Améthystes (cairn). La descendre (40 m). Par une vire inclinée de 50 m, revenir à gauche sous des murs rouges (blocs en équilibre). De là par des dalles inclinées, rejoindre la brèche au N de la Pointe 3 159 m (rappel éventuel). Descendre le couloir E de cette brèche jusqu'à la moraine du glacier des Améthystes, et par le sentier revenir au refuge.

Par l'arête S

Herbert Feissner et Roland Ravanel, 20 août 1974.

Belle escalade extérieure de 300 m env., équipée. C'est la voie la plus facile de la face, elle longe en grande partie l'arête limitant à droite la face SW du P. 3 177 m.

D+. — Photo 58. — 3 à 4 h.

192. Du ref. d'Argentière, par le sentier du glacier du Milieu, gagner sa moraine latérale gauche, et la suivre jusqu'au pied de la face (20 mn).

Attaquer par une rampe grise et herbeuse, oblique à droite, que l'on suit sur quelques longueurs (III, pas de IV). Suivre une vire à droite (50 m), et remonter un couloir de neige en laissant à droite un gendarme (30 m). — On peut traverser le couloir et monter dans le flanc du gendarme. — De la brèche amont du gendarme, prendre une fissure (10 m, IV+) puis une dalle à gauche.

Traverser 10 m à gauche (IV) et remonter des cannelures (25 m, IV+/V). Poursuivre droit (20 m, dièdre et fissure, V puis IV+) et gagner une plate-forme inclinée. Au-dessus, après un gros bloc surplombant, prendre à gauche des fissures et des blocs (IV). Une cheminée avec bloc coincé (IV+) débouche sur de grandes terrasses.

58. Plateau d'Argentière, face S.

Pointe 3177 m
Le Plateau
191
192
193
Glacier
du Milieu

Monter vers la gauche (35 m, blocs, rocher fragile, III/IV). Poursuivre 15 m, traverser 3 m à gauche (délicat), atteindre et remonter un pilier décollé (IV+, un pas de V) ; bonne terrasse. Un dièdre moussu (IV/V) débouche 35 m plus haut à une terrasse ; jonction avec la voie du dièdre central. Gagner le Plateau en 2 longueurs (III).

Par la face SW, voie du « dièdre central »

Roland Ravanel et François Simatos, 29 juin 1972.

Cette voie remonte le grand dièdre évident, oblique au début, barré par un toit situé légèrement à droite de l'aplomb du sommet.

Très belle escalade, qui est devenue très classique. La voie est équipée ; prendre quelques coinceurs. Le rocher est en général excellent.

TD. — Photo 58. — 4 à 6 h.

193. Du ref. d'Argentière, par le sentier du glacier du Milieu, gagner sa moraine latérale gauche, et la suivre jusqu'au pied de la face (20 mn).

Gagner une vire herbeuse 20 m au-dessus. Gravir la fissure au fond du dièdre (IV). Atteindre une autre large fissure, la remonter (IV/V) et rejoindre une marche à gauche 30 m plus haut, à hauteur d'une tache claire (IV/V et un passage de VIa) (de l'attaque, 2 grandes longueurs). R2. Reprendre la fissure jusqu'à une niche (V/V+, soutenu). R3.

Par un feuillet cassé atteindre une grande terrasse à droite (V puis IV+). R4. Revenir à gauche à une marche dans le fond du dièdre et continuer jusqu'à une vire avec gros blocs à droite (IV/V puis V/V+). R5. Monter 15 à 20 m droit jusqu'à une zone surplombante (V/V+) et traverser 5-6 m à gauche pour se rétablir sur une marche (aérien, V/V+). R6.

Par des feuillets puis une mince fissure dans une dalle (10-15 m, IV et V), passer à gauche d'un toit (magnifique) ; la fissure s'élargit et se couche (V/IV+) pour venir buter contre un mur qui mène (V) à une grande terrasse (2 longueurs depuis la marche aérienne). R8.

La pente diminue. Continuer tout droit (25 m, IV/IV+, rocher peu solide). R9. Rejoindre à droite un couloir gris cannelé que l'on remonte sur quelques longueurs (III, pas de IV) jusqu'à la jonction avec l'arête S. Gagner le Plateau en 2 longueurs (III).

Pointe 3 159 m

Ce sommet se situe en contrebas et au S du Plateau . Il domine au N une brèche marquant le début de la boie de l'arête du Jardin. La voie de descente consiste à rejoindre cette brèche et son couloir E.

On dénombre une demi-douzaine d'itinéraires dans cette pointe et dans ses ressauts inférieurs.

Par l'arête du Génépi (S)

H. Biondi, P. Dardot, Roland Ravanel, 7 septembre 1977.

Belle escalade classique de 250 m. Elle se déroule plutôt dans une sorte de facette d'une antécime S, reliée par une courte arête aérienne à la Pointe 3 159 m. La voie est équipée sauf à l'attaque.

D. — Photo 52. — 4 h.

194. Du ref. d'Argentière, suivre la moraine du glacier des Améthystes, et gagner à gauche la base de la facette SE de l'antécime S de la pointe (20 mn).

Cette petite face a une base horizontale. Attaquer à son extrême-gauche et monter en légère oblique à droite (fissure) à une terrasse (V puis IV). Repartir aussitôt à gauche (IV+) puis aller en oblique à droite (fissures, V). Monter par une fissure sous un toit qu'on longe à droite (IV/IV+, puis V) et sortir à une large vire de blocs (III). Suivre cette vire à droite, puis s'élever en oblique à droite sur 2 longueurs (III) pour gagner le bord droit de la facette, que l'on remonte alors sur une longueur (IV+/V) jusqu'à une large plate-forme. La facette se transforme en une arête que l'on suit jusqu'à l'antécime S, sur 2 longueurs (un passage de IV+) en passant un moment flanc gauche.

De la brèche qui suit, descendre par un couloir facile sur le versant des Améthystes. — On peut aussi poursuivre par l'arête sur plusieurs longueurs (un rappel en surplomb), jusqu'à la Pointe 3 159 m (III, pas de IV). On rejoint la brèche N d'où part à l'E le couloir de descente.

Col du Chardonnet 3 323 m

Passage facile et très fréquenté. Il est utilisé en particulier, printemps comme été, pour réaliser le classique circuit des 3 cols, combiné avec la Fenêtre de Saleina et le col du Tour, du ref. d'Argentière au ref. Albert Ier, ou vice-versa.

S. Brandram et A. A. Reilly avec Jean Carrier, Henri Charlet et Alexandre Albrecht, 24 août 1863.

Par le versant SW

F. — Photo 53. — 2 h 30.

195. Du ref. d'Argentière, descendre la rive droite du glacier d'Argentière, dépasser l'arête SW du sommet W de l'Aig. d'Argentière (arête Charlet-Straton), et remonter par une moraine à la rive gauche du glacier du Chardonnet. Remonter le glacier du Chardonnet par sa rive gauche, puis venir progressivement vers le centre du glacier (assez crevassé). On débouche sur le plateau supérieur du glacier, en pentes douces et peu crevassées que l'on remonte jusqu'au col.

Par le versant E

F. — Photos 51, 54. — 2 h 15.

196. De la cabane de Saleina, descendre sur le glacier de Saleina par le sentier (ou névés). Remonter le glacier de Saleina par sa rive gauche, en passant au pied des pentes de la Fenêtre de Saleina et de la Fenêtre du Tour, et gagner le pied du court versant E du col du Chardonnet, haut de 60 m env. Franchir la rimaye (parfois délicate) et remonter le couloir du col s'il est enneigé ; sinon, passer à droite dans les rochers par une fissure oblique à droite, et plus haut à gauche par un petit mur fissuré et quelques ressauts faciles. — On peut aussi remonter le couloir de la brèche située au N du col.

Aiguille du Chardonnet 3 824 m

Très beau sommet, fréquemment gravi bien qu'aucun de ses itinéraires ne soit vraiment facile.

De structure complexe, il présente 5 arêtes plus ou moins marquées.

Par l'arête E (voie normale, arête Forbes)

L. H. et Th. Aubert avec Maurice Crettez, 30 juillet 1899 ; l'itinéraire classique est celui ouvert par P. Sisley avec Maurice et Joseph Crettez, 10 août 1899.

C'est l'une des plus belles arêtes classiques de la chaîne du Mont-Blanc. Les difficultés sont surtout d'ordre glaciaire (passage de la Bosse), mais l'arête sommitale mixte n'est pas à sous-estimer.

On la complète généralement par la descente de l'arête W, délicate et qui peut devenir dangereuse dans l'après-midi. Il est donc nécessaire d'arriver assez tôt au sommet.

AD. — Photo 59. — 6 h.

197. Du ref. Albert Ier, suivre l'itin. 200 du col du Tour jusqu'au pied de la dernière pente de ce col. Traverser le glacier du Tour en montant légèrement, pour franchir la grosse bosse du glacier, puis continuer à traverser horizontalement vers l'Aig. Forbes. Contourner l'éperon NW de cette aiguille, et remonter la branche glaciaire entre l'éperon précité et un rognon rocheux à droite, jusqu'à un replat neigeux au niveau de la Fenêtre Supérieure du Tour. Obliquer à droite et gagner l'arête de neige au-dessus du rognon rocheux. La remonter, elle bute contre la Bosse, bombement glaciaire haut de 50 m env., que l'on gravit (53°). Par des pentes douces (rimaye), gagner l'arête E à une brèche à droite du gendarme 3 703 m (3 h 30).

Gravir le premier gendarme (III), en descendre versant S, et suivre le fil de l'arête, cornichée, en traversant quelques gendarmes rocheux, jusqu'au dernier gendarme avant le sommet. Le contourner flanc S par une bande de neige, et par une courte cheminée facile gagner le sommet (2 h 30).

Par l'arête W (voie usuelle de descente)

P. W. Thomas avec Joseph Imboden et Jean-Marie Lochmatter, 1er août 1879.

Bel itinéraire principalement neigeux, que l'on utilise aujourd'hui presque exclusivement à la descente, pour traverser l'Aig. du Chardonnet.

AD–. — Photo 59. — 4 h.

198. Du sommet, suivre l'arête W sur 80 m env., jusqu'à une antécime. Par une courte descente en versant SW, gagner le large couloir de neige qui plonge, versant Argentière, sur le glacier du Trident. Le descendre en son centre (ou rive droite), sur 150 m env. de distance, et gagner à droite une côte neigeuse puis mixte, que l'on descend jusqu'à proximité de la barre rocheuse dominant les pentes de neige de l'Épaule W.

Descendre obliquement à droite en dépassant le haut d'un premier couloir, revenir à gauche (rochers enneigés), rejoindre et descendre le

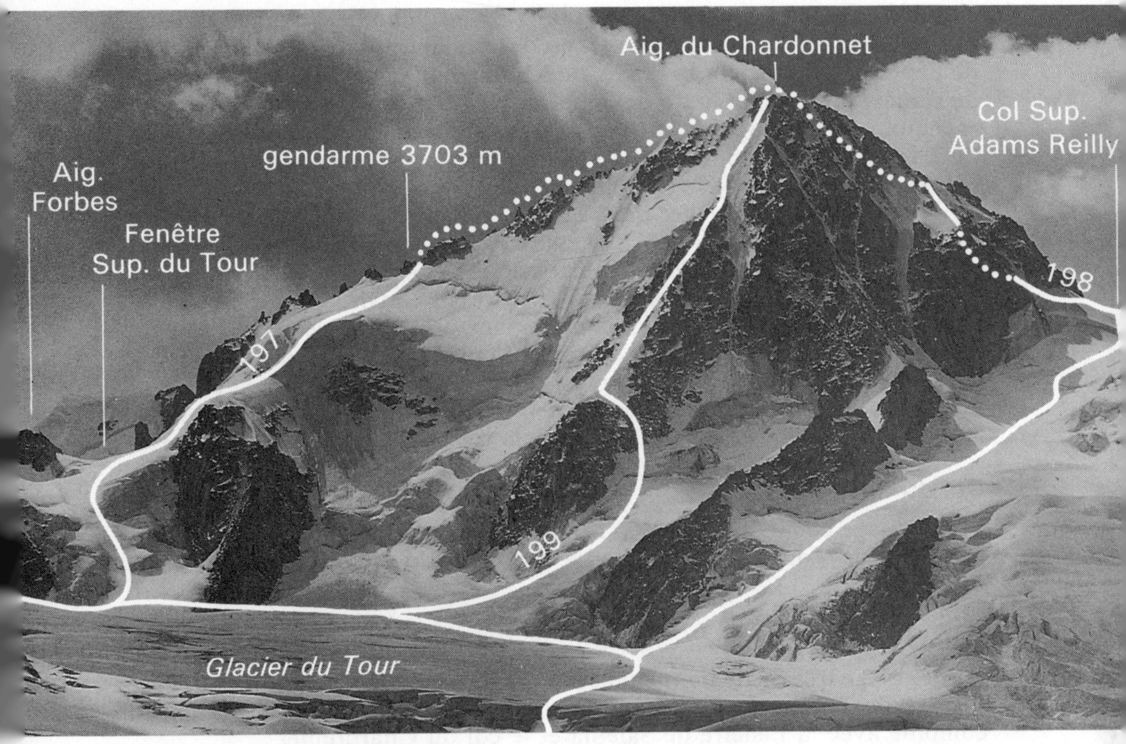

59. Aiguille du Chardonnet, versant N.

couloir précité, étroit et rocneux dans sa moitié inférieure (on peut aussi descendre le haut du couloir en rappel). Atteindre ainsi les pentes de l'Épaule W (3 587 m).

Par une arête de neige assez raide, rejoindre le col Supérieur Adams Reilly (3 478 m). Descendre alors, versant N, le petit glacier de l'Épaule (pentes raides et rimayes parfois délicates). Passer à droite (E) du rognon 3 214 m et rejoindre le glacier du Tour. Descendre la rive gauche du glacier du Tour jusqu'au niveau du col du Passon, où l'on retrouve l'itin. 14 d'accès d'hiver au ref. Albert Ier, ou bien remonter la rive gauche du glacier pour rejoindre l'itin. d'accès à la voie normale de l'arête Forbes (on passe sous des séracs). Ne pas traverser directement le glacier du Tour.

Par l'éperon N (éperon Migot)

A. Migot avec Camille Devouassoux, 28 juillet 1929.

Très bel itinéraire glaciaire, l'un des plus beaux de la chaîne du Mont-Blanc dans son ordre de difficulté. La pente est raide dans le haut, mais courte. C'est une excellente préparation pour des courses plus importantes. Cet itinéraire est très classique. Hauteur 450 m.

AD+. — Photo 59. — 6 h du refuge.

199. Du ref. Albert Ier, suivre l'itin. 197 jusqu'au-delà du pied de l'Aig. Forbes. Traverser encore à droite, en descendant pour contourner la base de l'éperon qui soutient la Bosse, puis horizontalement (dangereux, chutes de séracs) jusqu'à l'aplomb de l'éperon N, qui à sa base forme un éperon rocheux. — Du refuge, on peut aussi traverser le glacier du Tour vers le col du Passon, puis remonter la rive gauche du glacier jusqu'à ce point (plus crevassé, mais on évite le passage sous les séracs).

Faire un large crochet dans la baie glaciaire à droite, pour aborder l'éperon par son flanc W (3 375 m env.). Passer la rimaye et, par une pente raide et mixte, rejoindre l'arête neigeuse de l'éperon (2 h 30).

Remonter cette mince arête qui se redresse. Gravir, au-dessus à droite, les rochers raides et glacés du second ressaut, jusqu'au niveau de la tranche de séracs à gauche. Passer à droite sur des plaques et revenir à gauche sur le glacier suspendu. Le remonter, passer une rimaye, et gravir la pente de neige ou de glace terminale, raide (50°) et haute de 100 m, soit tout droit, soit en appuyant à gauche le long d'îlots rocheux, et gagner le sommet.

Col du Passon 3 028 m

Passage commode, utilisé surtout en hiver et au printemps pour gagner le glacier du Tour et le ref. Albert Ier au départ des Grands Montets.

Voir l'itin. 14.

Col du Tour 3 382 m

Passage très facile permettant la jonction entre le glacier du Tour et le Plateau du Trient. Il est utilisé pour réaliser le classique circuit des 3 cols, combiné avec la Fenêtre de Saleina et le col du Chardonnet.

1re traversée : R. C. Heath et Alfred Wills avec Auguste Balmat, François Cachat et Edouard Bellin, 1858.

Par le versant W

F. — 2 h.

200. Du ref. Albert Ier, suivre le sentier et aborder le glacier du Tour dans sa partie plate. Monter rive droite du glacier, passer au-dessus du Signal Reilly (2 883 m), et poursuivre obliquement par la rive droite, avec quelques détours pour éviter des crevasses, jusqu'au pied de l'éperon WSW des Aig. du Col du Tour. Contourner cet éperon et remonter des pentes de neige qui se redressent un peu à la fin. Aborder les rochers au niveau du col et à sa gauche (NW), monter obliquement à droite à l'arête faîtière et redescendre au col.

Par le versant E

F. — Photo 60. — 1 h à 1 h 15.

201. De la cabane du Trient, descendre au col d'Orny, puis traverser le Plateau du Trient (quelques crevasses), en montant insensiblement en direction du col du Tour, que l'on atteint, après une petite rimaye, par une courte pente de neige.

Aiguille Purtscheller 3 478 m

Svelte aiguille isolée, pyramidale, sur l'arête frontière entre les bassins du Tour et du Trient. Son arête S est une course classique, mais les voies de la face W, autrefois réputées, ont été rendues impraticables par des éboulements.

Voie normale par la face NE

Ludwig Purtscheller, seul, 17 juin 1890.

Courte escalade, qui n'est guère effectuée qu'à la descente. Elle sera décrite dans ce sens.

PD. — Photo 60.

202. Du sommet, par 2 rappels de 30 m, rejoindre la base du versant NE de l'aiguille, ou bien descendre en escalade par un couloir oblique peu marqué, suivi de gradins de rochers brisés. Descendre une courte pente de neige pour rejoindre le Plateau du Trient près du col Purtscheller. On retrouve la voie normale de l'Aig. du Tour, itin. 204. De là à la cabane du Trient (1 h 30) ou au ref. Albert Ier en traversant le col du Tour (2 h).

Par l'arête S

R. Aubert, R. Dittert et Francis Marullaz, 16 mai 1943 (voie originale) ; A. Berthoud et R. Marcoz, 31 juillet 1958 (arête intégrale). L'itinéraire décrit ci-dessous est une combinaison des deux.

Belle escalade, classique et très fréquentée, courte. Elle se pratique aussi bien au printemps, en faisant l'approche à ski.

D–. — Photo 60. — 2 h.

203. Du ref. Albert Ier, suivre l'itin. 200 du col du Tour jusqu'avant l'éperon WSW des Aig. du Col du Tour. Remonter la baie glaciaire entre cet éperon et un éperon parallèle à gauche, et par une pente raide gagner le col Supérieur du Tour (3 289 m) (2 h).

De la cabane du Trient, suivre l'itin. 201 du col du Tour jusqu'à la petite rimaye. Monter à droite pour contourner les Aig. du Col du Tour et atteindre de plain-pied le col Supérieur du Tour (1 h 30).

De ce col, suivre le Plateau du Trient vers le N et gagner l'arête S de l'Aig. Purtscheller au-delà des gendarmes inférieurs, à une brèche en V caractéristique.

Attaquer le 1er gendarme au centre de sa facette S, par une fissure (12 m, IV), traverser à droite en dalle (V–), gagner l'arête à droite et la remonter (IV/IV+) ; un « râteau de chèvre » à gauche mène au sommet du 1er gendarme. Rappel de 15 m sur la brèche qui suit, occupée par un gros bloc coincé. — La voie originale contourne ce gendarme par le flanc gauche (W).

Monter sur le bloc coincé, puis sur l'arête. Traverser une dalle à droite (IV) et rejoindre l'arête en haut du ressaut du 2e gendarme. — On peut l'escalader directement par une fissure à droite du fil (IV+). — Gravir la tête du gendarme, ou la contourner flanc gauche, et gagner la brèche suivante, au pied du 3e ressaut (surplombant dans le haut). La voie intégrale escalade ce ressaut tout droit.

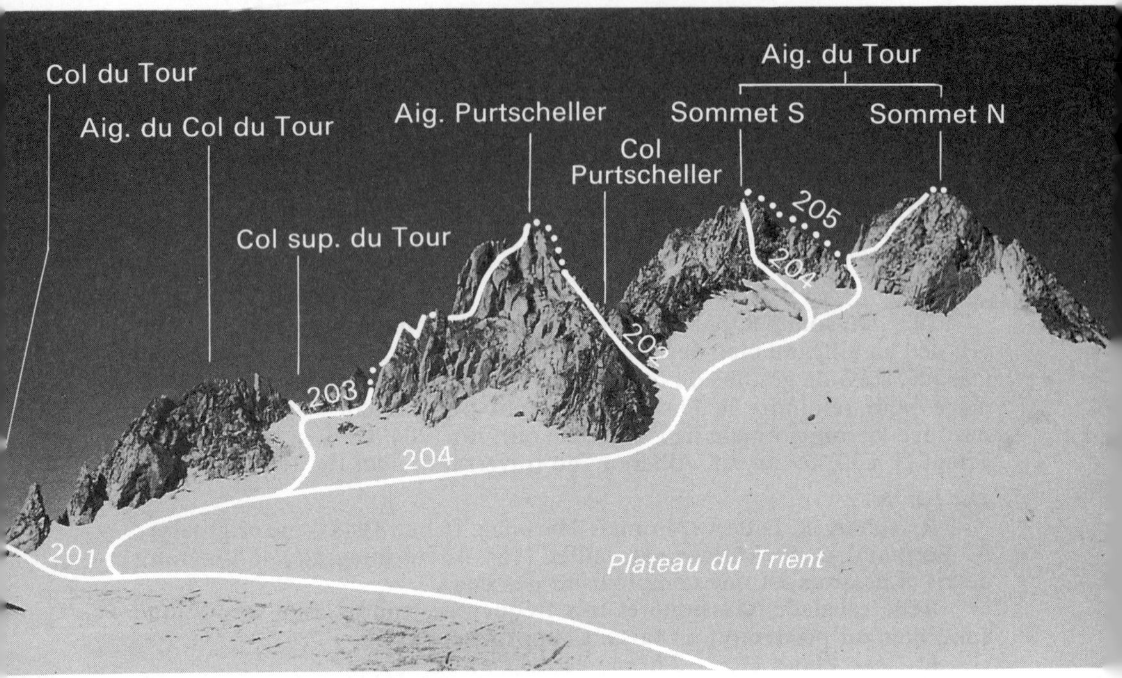

60. Aiguille du Tour, versant E.

Redescendre légèrement versant Trient et traverser (une longueur) par des vires commodes, jusqu'au pied d'une cheminée profonde, qui raye obliquement le flanc droit du ressaut sur toute sa hauteur. L'atteindre (IV) et la remonter (III, blocs coincés) jusqu'à la dernière brèche. Par un dièdre de rochers peu sûrs (8 m, III), gagner le sommet.

Aiguille du Tour 3 544 m

Sommet facile et très fréquenté. Il présente 2 cimes voisines : aiguille S (3 542 m), qui est le sommet classique, et aiguille N (3 544 m, point culminant), moins souvent gravi.

Voie normale de l'aiguille S

C. G. Heathcote avec Moritz Andermatten, 18 août 1864.

Elle est très fréquemment parcourue et n'offre pas de difficultés.

F. — Photo 60. — 2 h de la cabane du Trient.

204. De la cabane du Trient, suivre l'itin. 201 du col du Tour jusqu'à la petite rimaye. On rejoint ce point du ref. Albert Ier en traversant le col du Tour.

Longer à petite distance l'arête frontière par des pentes de neige faciles jusqu'au-delà du sommet, sous une petite épaule de l'arête faîtière à mi-distance entre l'aig. S et la brèche 3 493 m séparant les 2 aiguilles. Monter une pente de neige assez raide, passer la rimaye et gravir le versant E au mieux, par de gros blocs faciles, jusqu'au sommet.

Traversée à l'aiguille N

F. — Photo 60. — 1 h de circuit.

205. De l'aig. S, suivre l'arête NE facile jusqu'à la brèche 3 493 m séparant les 2 aiguilles. Passer versant Trient, prendre une vire ascendante à droite et remonter une nervure faiblement marquée, qui mène au sommet par des rochers faciles et des plaques de neige.

Revenir au niveau de la brèche 3 493 m, et descendre quelques rochers puis un couloir de neige assez incliné, jusqu'au Plateau du Trient (rimaye), où l'on retrouve l'itin. 204.

Par le versant SW, par le couloir de la Table

Belle course de neige, avec une fin rocheuse, très fréquentée.

PD. — 3 h 30 à 4 h du refuge.

206. Du ref. Albert Ier, suivre l'itin. 200, dépasser le pied de l'arête SW de l'Aig. du Tour et entrer sur le plateau neigeux du col Purtscheller. Le remonter et obliquer à gauche vers le pied du couloir de la Table. Gravir ce couloir, raide et généralement neigeux sur toute sa hauteur, en restant toujours à droite d'une profonde rigole (sortie à 50°) ; on débouche à une selle de l'arête W. Suivre cette arête, rocheuse, jusqu'au sommet.

Fenêtre de Saleina 3 261 m

Passage neigeux facile entre le Plateau du Trient et le glacier de Saleina. Fait partie du classique circuit des 3 cols, associé au col du Chardonnet et au col du Tour.

1re traversée : Michel Charlet, vers 1838.

Par le versant NW

F. — 1 h 15.

207. De la cabane du Trient, suivre l'itin. 201 du col du Tour et le quitter au niveau de la Fenêtre de Saleina qu'on atteint par des pentes douces.

Par le versant SW

F. — Photos 51, 62. — 2 h.

208. De la cabane de Saleina, descendre sur le glacier de Saleina par le sentier (ou un névé). Le traverser et remonter sa rive gauche par une moraine. Remonter les névés situés sous le versant S des Aig. Dorées, en oblique à gauche, pour franchir l'éperon S de l'Aig. de la Varappe par un tunnel naturel (Fenêtre de Suzanne). Traverser sous le versant SW de l'Aig. de la Varappe, jusqu'au pied de la Fenêtre de Saleina. Gagner ce col par la pente de neige à gauche (rimaye), ou par des rochers instables à droite si la rimaye présente des difficultés (fin de saison).

Aiguilles Dorées 3 519 m

Très belle chaîne, assez longue, portant plusieurs sommets d'W en E : Petite Aig. de la Fenêtre (3 335 m env.), Aig. de la Fenêtre (3 412 m), Aig. de la Varappe (3 519 m, point culminant), Aig. Penchées (3 505 m env.), Pointe Fynn (3 450 m env.), Tête Biselx (3 509 m), Aig. Sans Nom (3 444 m), col Copt (3 410 m env.), Trident (3 436 m), Aig. Javelle (3 435 m), et Tête Crettez (3 419 m).

Traversée des aiguilles (sens E-W)

V. A. Fynn et W. J. Murphy, 30 août 1892, dans le sens W-E.

Très belle course d'arête, assez fréquentée, avec des vues splendides. Le rocher est bon sauf sous les Aig. Penchées. Le sens E-W est le plus pratique et le plus intéressant.

AD+. — Photos 61, 62. — 10 h de la cabane à la cabane.

209. De la cabane du Trient, descendre au col d'Orny et gagner par un petit couloir neigeux la brèche Crettex, ouverte à l'W du col Droit, au pied de l'arête NE de la Tête Crettex. Par de gros blocs, rejoindre une autre brèche dominant le glacier des Plines. Descendre 3-4 m dans un petit couloir et traverser pour atteindre une grande vire du versant SE de la Tête Crettex. Suivre cette vire et traverser en montant (dalles et petites vires) dans ce versant, puis s'élever au pied du bloc sommital de la Tête Crettex. Monter au sommet et revenir au pied du bloc (2 h).

Par des vires faciles, gagner le pied de l'Aig. Javelle. Une profonde cheminée descend entre l'Aig. Javelle et un gros bloc détaché à droite. Attaquer une fissure pour gagner la base de la cheminée, gravir la cheminée (coincements), qui se transforme en dièdre encaissé redressé dans le haut. Gravir ce dièdre (ramonage et coincements) et sortir sur l'arête de droite (depuis le début de la fissure, IV soutenu et athlétique). Une fissure facile mène au sommet formé de 2 gros blocs (30 mn).

Revenir en rappel sur les vires au pied de l'Aig. Javelle et les suivre ; passer sous une brèche et monter sous le Trident jusqu'à une terrasse d'éboulis. De petites cheminées amènent sous le sommet, dont on peut gravir les 2 pointes (enjambée délicate et mur fissuré pour la pointe W). Revenir à la terrasse d'éboulis (1 h).

Suivre l'arête jusqu'à une dalle et prendre une vire étroite en contrebas versant S, qui mène au col Copt. Contourner un ressaut au-delà du col, par la pente glacée du couloir N, ou prendre des fissures qui entaillent le ressaut à gauche. Suivre l'arête neigeuse, en laissant à gauche les Aig. Sans Nom, et gagner la base de la Tête Biselx. Gravir ce sommet par un couloir-cheminée, rive gauche au début, puis en sortant à droite par une vire et un bloc surplombant (1 h).

Descendre à la brèche suivante par des plaques de la face W (III). Descendre la cheminée du versant S de cette brèche (III) et sa rive gauche jusqu'à une vire par laquelle on contourne la Pointe Fynn. Remonter à l'arête par une boîte aux lettres, et la suivre jusqu'à la brèche des Aig.

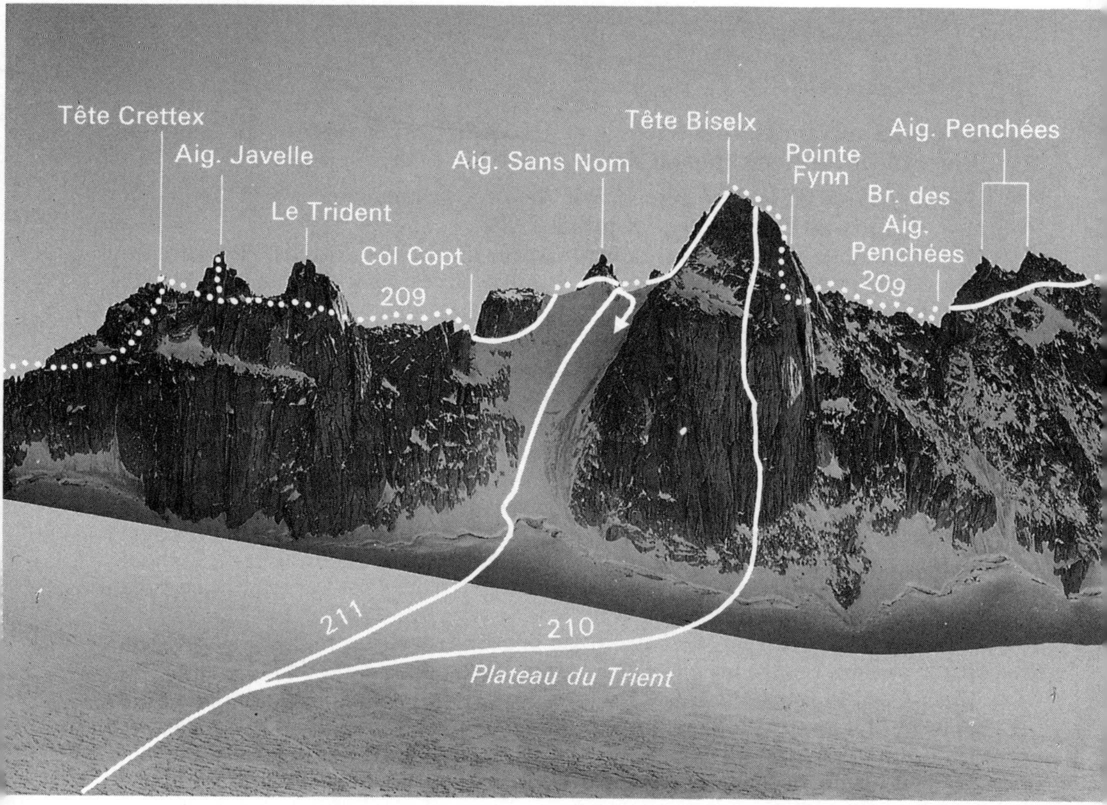

61. Aiguilles Dorées, versant NW.

Penchées. Remonter en écharpe la face N des Aig. Penchées et rejoindre l'arête entre les sommets E et Central. Contourner ce dernier par le N et reprendre l'arête au-delà du sommet W, qu'on peut gravir par une fissure (2 h).

Continuer par l'arête aiguë mais facile, contourner au N un groupe de gendarmes pointus et atteindre une vire de rochers brisés versant S, qui mène sous les blocs sommitaux de l'Aig. de la Varappe. Une cheminée (IV) mène au sommet E (point culminant des Aig. Dorées). Traverser au sommet W en terminant par une rampe du versant N (1 h).

Suivre l'arête sur 50 m env., puis l'arête NW raide à droite, descendre un ressaut et revenir à droite versant N. Poursuivre par l'arête (petites fissures, cheminées) jusqu'à un ressaut jaune. Le franchir à gauche puis obliquer à droite par des cheminées et couloirs jusqu'au-dessus de la rimaye (à droite de l'arête NW). Un rappel mène au Plateau du Trient (2 h).

Par années sèches, il vaut mieux obliquer à gauche, en bas du ressaut jaune, sur l'arête de la Fenêtre de Saleina, jusqu'à une cheminée oblique aboutissant à un couloir que l'on remonte. Contourner un ressaut versant

Trient, le suivant versant Saleina, et descendre vers le Plateau du Trient en longeant les rochers (rappel de 20 m pour la rimaye).

Par la face N de la Tête Biselx, voie Remy (« Dianetic »)

Claude et Yves Remy, 28 juillet 1983.

Très belle voie libre sur coinceurs, sur un excellent rocher. Prendre un jeu complet de coinceurs. Il existe 4 autres voies dans cette face haute de 300 m.

TD. — Photo 61. — 4 h 30.

210. De la cabane du Trient, descendre au col d'Orny et remonter le Plateau du Trient vers le pied de la face (45 mn).

Passer la rimaye (parfois délicate) et gagner des rochers brisés au pied d'un dièdre, le premier situé à droite du grand dièdre de la partie centrale de la face. R1. Escalader le dièdre (V/V+) jusqu'à une marche. R2. Suivre une écaille (V), rejoindre une zone de vires (on croise une autre voie qui part à gauche) et monter à droite du gros bloc qui domine. R3. Par un court dièdre, atteindre une écaille surplombante, la suivre et continuer dans une fissure (VIa) ; terrasse, R4. Gravir une large fissure (V+) et continuer dans une zone moins raide (bloc). R5.

Par des dalles, passer à droite de la grande terrasse inclinée (IV) ; vire, R6. Continuer entre les 2 larges fissures marquant le haut de la face, par de fines fissures (IV+) ; vire, R7. Une fissure à coincements de doigts (V−) et une zone mixte moins inclinée mènent à l'arête W. R8. Par l'arête, gagner le sommet.

Le retour se fait par le couloir N du col Copt (rappels, voir l'itin. 211).

Par le couloir N du col Copt

1re ascension du versant N : A. Barbey avec François Biselx et Henri Copt, 4 juillet 1882, par la rive droite du couloir. Les auteurs du 1er parcours du couloir lui-même sont inconnus.

Belle voie entièrement glaciaire, raide ; le couloir est souvent glacé. Le sommet du couloir est la crête neigeuse de part et d'autre des Aig. Sans Nom, plus haut que le col topographique et à l'W de celui-ci. Hauteur 250 m. Pente à 50°/55°.

D. — Photo 61. — 3 à 4 h de la cabane.

211. De la cabane du Trient, descendre au col d'Orny et remonter le Plateau du Trient jusqu'au pied du large couloir N du col Copt. Le remonter directement, en son centre (au mieux suivant les conditions) ; sortir à droite (W) des Aig. Sans Nom.

A la descente, rappels dans les rochers de la rive gauche du couloir (équipés).

Par l'arête S des Aig. Sans Nom (pointe S)

Guy Formaz et Christophe Vouilloz, 18 septembre 1961.

Belle escalade sur un rocher splendide et excellent.

AD. — Photo 22. — 2 h à 2 h 30.

212. De la cabane du Trient, descendre au col d'Orny et remonter au col S des Plines (3 260 m env., au S du Roc des Plines, nommé par erreur

62. Aiguilles Dorées, versant SE.

col Droit sur IGN). Descendre versant S sur le glacier des Plines et longer la base des Aig. Dorées vers le SW jusqu'à l'arête S des Aig. Sans Nom. Aborder celle-ci par un couloir d'éboulis issu d'une épaule où l'arête tourne au SE (1 h 30).

De la cabane de Saleina, descendre sur le glacier de Saleina et le traverser ; remonter la moraine de sa rive gauche et tourner à droite pour remonter une combe d'éboulis et de névés. Contourner par la droite la partie inférieure de l'arête et rejoindre le couloir précité (1 h 45).

Remonter le couloir jusqu'à l'arête. Celle-ci présente 2 contreforts parallèles sur les 2/3 de sa hauteur. Remonter l'arête principale de droite, qui domine les grandes dalles de la face SE, jusqu'à ce qu'elle se perde dans le ressaut sommital. Appuyer à gauche vers une terrasse, gravir un mur raide par un feuillet détaché. Une longueur sur une arête tranchante mène au sommet.

Descendre en rappel dans les rochers de la rive gauche du couloir N du col Copt (équipés).

Le Portalet 3 344 m

Magnifique belvédère.

Par le versant N et l'arête W (voie normale)

Th. Chapuis et E. Pellis, 16 août 1877.
C'est aussi la voie de descente.
F. — Photo 63. — 2 h 30 à 3 h.

213. De la cabane d'Orny, gagner les abords du col d'Orny et traverser le glacier d'Orny en direction du pied des rochers à l'W de la grande pente de glace du versant N. Les remonter jusqu'à l'arête W. Suivre celle-ci jusqu'au sommet.

Par le versant N direct

Mme R. Gréloz et Robert Gréloz, 9 septembre 1937.
Belle voie glaciaire, assez brève ; la face est haute de 350 m.
AD. — Photo 63. — 3 h 30.

214. De la cabane d'Orny, gagner par le sentier le glacier d'Orny. Le remonter rive gauche et le traverser horizontalement pour gagner le pied du versant N du Portalet.

Remonter la grande pente de neige ou de glace, raide (44°), d'abord directement puis en appuyant à gauche pour contourner un éperon rocheux, jusqu'au sommet.

Petit Clocher du Portalet 2 823 m

Magnifique obélisque de granit rougeâtre, remarquable par ses formes géométriques verticales. Il est parcouru par plusieurs itinéraires, qui à l'exception de la voie normale par l'arête W, sont tous de haute difficulté et se déroulent dans une grande ambiance, malgré la faible hauteur relative.

Par l'arête W (voie de descente)

Maurice Crettez et Émile Revaz, 26 août 1897.
Cet itinéraire offre peu d'intérêt à la montée ; il est presque exclusivement suivi à la descente.

215. Du sommet, suivre l'arête W et faire un premier rappel. Poursuivre le long de l'arête jusqu'au sommet du ressaut médian. Rappel de 40 m en versant S jusqu'à des vires herbeuses. Ces vires permettent de contourner le Monolithe de l'arête W, les suivre sur 60 m et revenir à l'arête non loin de la brèche séparant le Petit Clocher du Grand Clocher du Portalet.

De cette brèche, descendre le couloir rocheux de son versant N (facile) pour revenir à la base des parois et retrouver l'itin. d'approche. — Photo 64.

Par la face N, voie Remy (« État de Choc »)

Claude et Yves Remy, 25-26 juillet 1983.

La face N est parcourue par 5 itinéraires. La voie Remy est la plus à gauche, et se développe dans la zone la plus lisse et verticale de la paroi. C'est une escalade superbe et athlétique, rappelant les plus belles escalades du Yosemite. Elle est en partie équipée (pitons et 6 spits) ; prendre des

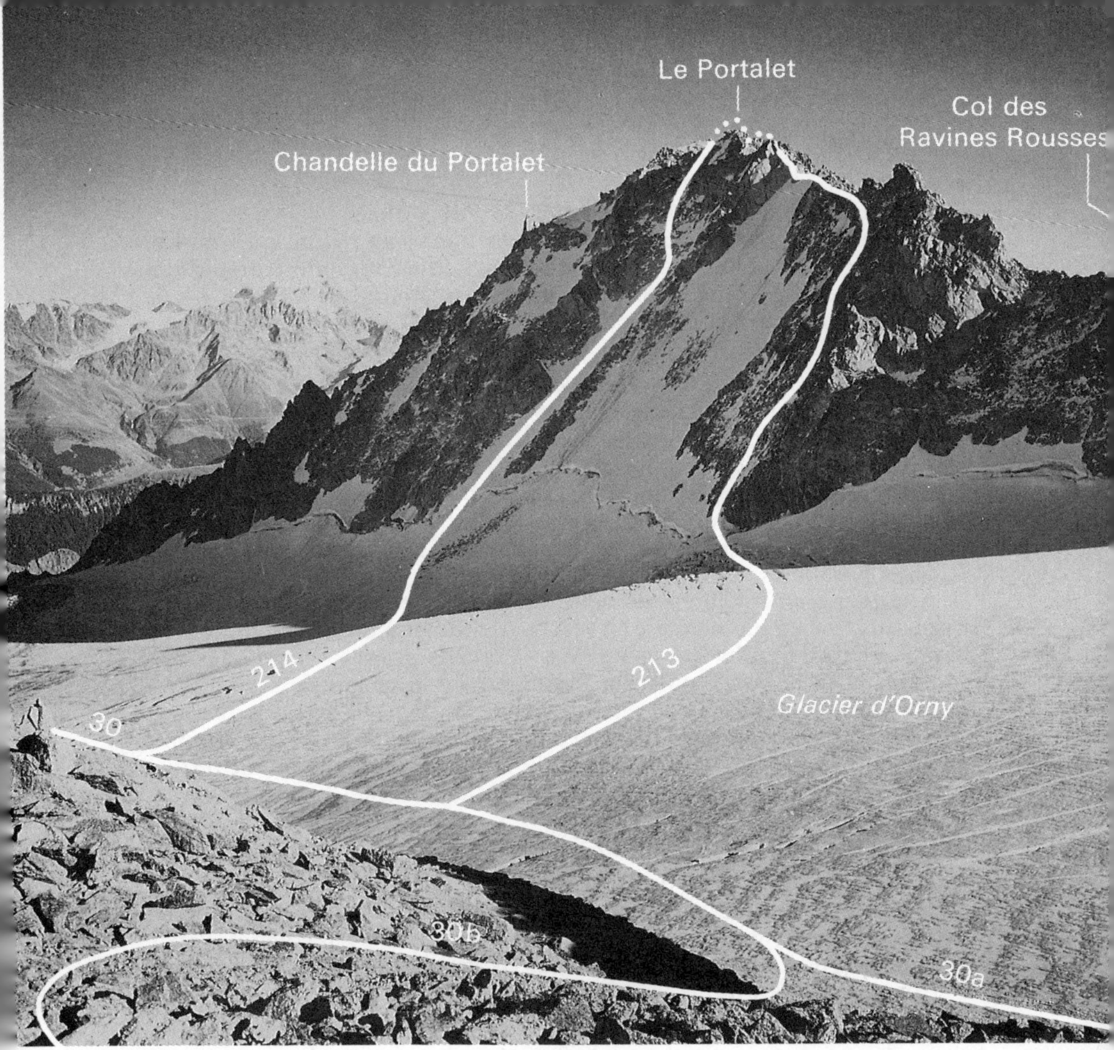

63. Le Portalet, versant N.

coinceurs, dont de gros excentrics, et des Friends jusqu'au n° 4.

EX–.

216. De la cabane d'Orny, suivre l'itin. 217 jusqu'au pied du socle. Gravir le socle en 3 longueurs (III et IV) jusqu'aux terrasses à la base de la face N.

Une première longueur (VIa) mène à une vire. Au-dessus à gauche, prendre une ligne de fissures qui rayent la paroi, le long de l'arête NE la séparant de la face E, jusque dans la zone sommitale moins redressée : 6 grandes longueurs, très soutenues, du V+ au VIIb. Sortir au sommet plus facilement (IV+).

Par la face E

Italo Gamboni et Michel Vaucher, 23 juillet 1958.

Très belle escalade avec une longueur d'artif au début, puis en libre dans une ligne de cheminées très esthétiques (escalade intérieure, athlétique ; sac déconseillé). La voie est en partie équipée ; prendre un jeu complet de coinceurs et des Friends. Hauteur 200 m.

TD+. — 5 à 6 h.

217. De la cabane d'Orny, redescendre au niveau de l'ancienne cabane (lac d'Orny), traverser le glacier d'Orny et plusieurs moraines pour gagner le pied des parois par des pentes raides d'herbe et d'éboulis.

Le socle forme un ressaut de 50 m, le contourner par la gauche et revenir au-dessus, ou l'escalader à l'aplomb de la face N et traverser à gauche (III et IV). Monter à la base de la face E. Sa partie droite, lisse et verticale, est fendue par une grande cheminée, réduite dans le bas à 2 fissures parallèles.

Attaquer 5 m à gauche de celle de gauche, et monter 20 m par une fissure plus fine en pleine dalle (A1/A2) ; penduler à droite pour rejoindre, 5 m plus bas, un feuillet qui mène (V+/VIa) à la grande fissure-cheminée. Remonter la fissure (V), passer à l'intérieur de la cheminée (IV+ à V+, blocs coincés). Quand elle se rétrécit, en sortir (V+) et prendre une autre cheminée un peu à gauche (IV). Revenir dans celle de droite, en remonter le fond pour sortir, sous des blocs et feuillets coincés, à une bonne terrasse sous le sommet, que l'on atteint alors plus facilement.

Par l'arête SE

Michel Rey et Christophe Vouilloz, 15 juin 1961. Cette arête a été explorée en plusieurs fois, de 1956 à 1961.

Très bel itinéraire, très élégant, sur un excellent rocher. Les premiers parcours avaient été effectués avec plus ou moins de recours à l'artif ; l'arête se parcourt aujourd'hui en libre. La voie est en principe équipée.

ED−. — Photo 64. — 4 à 5 h.

218. De la cabane d'Orny, suivre l'itin. 217 jusqu'en haut du ressaut de base de la face E (petite épaule). Traverser sous la face E par un rebord incliné sur le vide et, par un pas délicat, atteindre le pied de l'arête SE (2 h). — On peut aussi gagner ce point en traversant la brèche Petit Clocher-Grand Clocher (un rappel à la descente du versant S).

Attaquer par des gradins un peu à gauche du fil (III) jusqu'à une petite niche de quartz, traverser à droite (3 m, V+), et gravir une fissure de 15 m (VIb). R1. Éviter à gauche un toit (V+), prendre une fissure à gauche (V+) ou une autre fissure à droite (A1), et sortir par un feuillet sur des terrasses (IV+). R2.

Après des blocs, gravir un dièdre (VIb/VIc), traverser à droite sous le toit qui le ferme (VIb) et remonter des feuillets (IV+). R3. Arriver sous une dalle jaune surplombante (VIa), traverser à gauche (5 m, exposé) et par un mur de 2 m gagner une vire d'où l'on peut s'échapper en face S. R4.

Par des cannelures (20 m, V−), gagner le fil de l'arête. R5. Suivre le fil, traverser à gauche et remonter d'autres cannelures sur 20 m (IV+

64. Petit Clocher du Portalet, versant S.

Petit Clocher du Portalet
"Le Monolithe"
Brèche
Petit-Grand Clocher
215
218

exposé). R6. Traverser à droite et gravir une fissure de 6 m (VIa puis V+), et après un petit ressaut (V) rejoindre à droite le fil de l'arête, que l'on suit sur une longueur (IV/IV+) ; terrasse avec blocs, R8. Une dalle et une cheminée (30 m, V puis IV+) mènent au sommet.

Pointe d'Orny 3 270 m

Belvédère classique du bassin du Trient. S'atteint très facilement depuis la cabane du Trient.

Depuis le val d'Arpette par la Fenêtre du Chamois

C'est une voie de retour classique sur le val d'Arpette, depuis la cabane du Trient. On peut l'utiliser à la descente après l'ascension de l'un des couloirs du versant N.

F. — 2 h 30 du sommet à Champex.

219. De la Pointe d'Orny, descendre le plateau sommital en longeant l'arête de la Petite Pointe d'Orny et rejoindre les névés à l'W de cette pointe. Traverser sous celle-ci une pente raide mais courte jusqu'à la Fenêtre du Chamois (2 985 m).

De la Fenêtre, descendre le raide couloir de neige (glace) de son versant NE, ou prendre les rochers de sa rive gauche en quittant l'arête entre 2 petites pointes. Rejoindre ainsi le val d'Arpette, on retrouve les névés (traces) et le sentier (voir l'itin. 221) que l'on suit jusqu'à Champex.

Par le versant NE

F. et J.-C. Matthey, 17 mai 1964.

Le versant N des Pointes et des Aiguilles d'Orny est strié de couloirs raides qui constituent d'intéressantes courses de neige, sans grosses difficultés. Celui décrit ci-dessous aboutit le plus près du sommet, il est très esthétique et haut de 700 m au total.

PD+. — 5 h 30 de Champex.

220. De Champex, suivre l'itin. 221 du col des Ecandies jusqu'en vue du col (2 450 m env.). Obliquer à gauche vers le large couloir N du col séparant la Pointe d'Orny de l'Aig. d'Orny, nommé glacier d'Arpette. Le remonter jusqu'à mi-hauteur (40°), puis gravir un couloir affluent sur la droite, invisible du bas, plus étroit et plus raide (45°). On sort à 50 m du sommet, que l'on gagne facilement par les rochers de l'arête N.

Col des Ecandies 2 796 m

Passage très fréquenté, qui constitue la voie d'accès à l'arête des Ecandies. Aucune difficulté.

Par le versant E

221. De Champex (gare de départ du télésiège de la Breya), gagner par une route le Relais du Val d'Arpette (dortoirs). Suivre alors le sentier du val d'Arpette, jusqu'à une bifurcation. Laisser à droite le sentier de la Fenêtre d'Arpette (tour du Mont-Blanc) et prendre celui de gauche qui contourne l'éperon E de la Pointe des Ecandies. Remonter la combe des Ecandies (éboulis et névés) jusqu'au col. 3 h 15.

Par le versant W

222. Du col de la Forclaz, suivre le sentier qui rejoint la vallée du Trient puis s'élève sur sa rive droite, au-dessus de la langue terminale du glacier du Trient, par les chalets de Vésevey. Poursuivre dans la même direction jusque sur la rive droite du glacier, et gagner le col par quelques rochers.

Pointe des Ecandies 2 873 m

La Pointe des Ecandies est reliée au col des Ecandies par une longue arête très découpée, hérissée de gendarmes, et coupée en deux par une brèche Médiane. Le rocher est excellent, surtout dans la première partie qui est la plus souvent parcourue. Chaque partie de l'arête peut être traversée séparément, mais la seconde ne vaut la peine d'être parcourue que comme complément de la première. Cette traversée d'arêtes est très classique et est tout à fait recommandable. Les auteurs de la première traversée ne sont pas connus.

Traversée des arêtes, section S

D. — 3 à 4 h de traversée.

223. Du col des Ecandies, monter directement 15 m puis à droite, par une fissure, pour gagner un couloir qui mène à la brèche entre le 1er et le 2e gendarme. De la brèche, descendre un peu versant Trient et par une petite cheminée, gagner la brèche entre le 2e et le 3e gendarme. De là, aller-retour au 2e gendarme par son arête N (IV, rappel à la descente).

Gravir le 3e gendarme par une cheminée profonde et lisse (pénible, IV), en sortir versant Arpette. Rappel de 15 m sur la brèche suivante. Le 4e gendarme, en dehors de la ligne de crête, s'escalade par sa face SE. De la brèche précitée, suivre l'arête jusqu'à une lame verticale de 5-6 m, le « Rasoir » ; par un feuillet (IV) atteindre le large sommet.

Descendre sur le fil par une dalle délicate, suivre l'arête puis une vire versant Trient et revenir à l'arête au-dessus d'un petit ressaut ; escalader un mur à gauche d'un gros bloc. Le gendarme suivant se gravit en opposition par son arête W (V) ou se contourne versant Trient.

Plus loin, franchir une coupure de l'arête par un saut impressionnant mais peu difficile (le « Saut de l'Ange »). Contourner une grosse tour par une vire facile versant Trient et atteindre la brèche au-delà de cette tour (qui peut se gravir par des fissures versant Trient, IV+).

De la brèche, escalader un ressaut de dalles de 25 m :

a) versant Trient : gros bloc surplombant, dièdre de 4 m, traversée de 2 m à gauche en dalle puis 2 fissures jusqu'à une petite brèche (passages de V) ;

b) versant Arpette : traversée de 4 m en dalle, une fissure (IV) jusqu'à une plate-forme, une vire ascendante à droite et une cheminée menant à la brèche précitée.

Traverser 2-3 m et prendre une fissure oblique à gauche menant sous le sommet du ressaut.

Par l'arête ou de petites vires, atteindre le point culminant de la section méridionale de l'arête. Descendre à l'E par une cheminée (ramonage ou rappel, ou une fissure à gauche) et par des vires puis l'arête, atteindre la brèche Médiane.

De la brèche Médiane, poursuivre au point culminant par l'itin. 224, ou descendre sans difficulté sur le val d'Arpette.

Traversée des arêtes, section N

AD. — 2 à 3 h de traversée.

224. De la brèche médiane (voir l'itin. 223), gravir le mur qui domine par un gendarme détaché, une niche de rochers rouges à gauche et un bloc coincé. Poursuivre en oblique à droite par des fissures (IV) jusqu'à une arête descendant du 1er gendarme versant Arpette.

Par des gradins, gagner un couloir séparant ce 1er gendarme d'un plus petit. De là, on gravit facilement le 1er gendarme. Par la face raide bordant le couloir, gagner la brèche précédent le 2e gendarme. Attaquer directement et rejoindre à droite une petite vire dominant la brèche entre le 2e et le 3e gendarme ; y descendre.

Pour gravir le 3e gendarme, plusieurs solutions :

a) prendre une vire et des dalles à droite, revenir à gauche à une encoche de l'arête (gros bloc détaché) et surmonter directement le ressaut (courte-échelle, IV+) ;

b) même chose, mais de l'encoche traverser à gauche en dalle (délicat) et atteindre une plate-forme par un feuillet et une fisure (IV) ;

c) de la brèche, descendre un peu versant Arpette, gravir un couloir-cheminée surplombant, passer le surplomb à gauche et s'élever sous le bloc sommital.

Suivre l'arête plus facile, hérissée de petits monolithes, dont un aérien, avec une longue dalle rainurée de 40 m.

Gravir le dernier grand ressaut versant Arpette par une fissure (III), une petite descente en couloir, et un dièdre (III). Poursuivre par des vires herbeuses et un dièdre-cheminée, et gagner le sommet à quelque distance.

Pour descendre : revenir un peu en arrière, et descendre sur le val d'Arpette par des gazons et un couloir de pierrailles longeant le pied des parois.

Index alphabétique

Table des photographies

Toutes les photographies
sont de François Labande.

Table des matières

Du même auteur

AUX ÉDITIONS ARTHAUD

Cent Sommets (*épuisé*)
Grandes Courses (*épuisé*)
Ski sauvage

En collaboration avec
L. DEVIES et M. LALOUE
Le Massif des Écrins, tomes 1 et II, III et IV

CHEZ D'AUTRES ÉDITEURS

Ski de randonnée, Ouest Suisse (Olizane)

En collaboration avec
P. ELOUARD et J.-L URQUIZAR
Escalades en Chablais, (Urquizar)

Achevé d'imprimer le 9 mars 1990
sur les presses de Aubin Imprimeur à Ligugé-Poitiers
Brochage par Aubin Imprimeur
N° d'éditeur : 2034 - N° d'imprimeur : P 34710
Imprimé en France